# Philosophie de la signification

Tome II

En couverture :
Walker Evans (Américain, 1903-1975)
Highway Corner, Reedsville, West Virginia, 1935
Photographie argentique sur gélatine
25.4 x 20.6 cm
Getty Museum Collection
Digital image courtesy of Getty's Open Content Program
Domaine Public

# Philosophie de la signification

Tome II

# Livre II

## La musique de l'etre

## INTRODUCTION

Dans le livre I, consacré à la connaissance, nous avons cherché à saisir et à définir ce que signifie l'acte de penser. Pour aborder cette question, nous avons pris pour point de départ la conception la plus élémentaire et la plus immédiate du monde : celle du monisme. L'idée fondamentale des monismes (matérialistes, idéalistes, psychologistes...) consistait à penser que nos interactions avec le monde pouvaient être exprimées de manière monolithique et unifiée au sein d'un système global cohérent. Le monisme faisait l'hypothèse que les systèmes formels, par leur logique interne, se suffisaient à eux-mêmes et n'avaient besoin d'aucune confirmation extérieure. Paradoxalement, en dépit de l'idée fondamentale d'agnosticisme des systèmes monistes eu égard à l'idée de vérité, nous avons vu que l'ensemble des systèmes de pensées monistes supposaient en réalité une normativité qui ne pouvait être entièrement réduite au système lui-même. Les matérialistes comme les formalistes, même s'ils supposaient que la matière (ou le formalisme mathématique) pouvait constituer une matrice d'explication suffisante du monde, étaient toujours en réalité plus ou moins conduits à supposer ou à accepter l'idée d'une cohérence interne du système, idée qui faisait déjà référence au critère de la normativité et qui renvoyait donc à la question de la vérité. Si, pourtant, les monistes étaient si réticents à admettre l'idée de vérité, c'est que cette idée apportait précisément un démenti à la possibilité d'un système moniste : prétendre valider ou invalider un système revenait en réalité à se mettre en position d'observateur, c'est-à-dire à se placer en dehors du système.

La preuve de l'incomplétude des systèmes formels ayant été établie dès les années 1930, on aurait pu s'attendre à ce que les conséquences épistémologiques d'une telle preuve finissent par imprégner les milieux scientifiques. L'aspiration à l'unification des sciences et des savoirs était cependant si forte dans la première moitié du XX$^{\text{ème}}$ siècle que les difficultés fondamentales mises en lumière par les théorèmes d'incomplétude (qui ne faisaient que formaliser au sein des mathématiques une idée qui avait déjà été discutée au sein de la philosophie, en particulier la philosophie critique) furent contournées ou ignorées. A rebours de la conception moniste du monde, il nous faut bien pourtant désormais admettre la structure fondamentalement duale du monde : les mathématiques et les mathématiciens, la matière et la règle, le sujet et l'objet, le signifiant et le signifié, le locuteur et l'interlocuteur, la cause et son effet, la conscience et le temps, la conscience et l'espace, l'homme et le langage, l'homme et les systèmes. Cette dualité, nous l'avons vu, est la condition fondamentale du dynamisme et la racine active de toutes les constructions systémiques à étages. La question de la vérité est ainsi intimement liée à la problématique de la dualité, c'est-à-dire à la possibilité que nous avons de nous extraire des choses pour tenter de les dire.

J'avais signalé, dans mon introduction au livre I, que la musique avait été pour moi une clé d'entrée dans la problématique générale de la vérité (c'est d'ailleurs approximativement à la millième écoute du titre *Hotel California* des Eagles que me vint l'idée de ce livre). A la lumière des développements de notre critique de la connaissance, cette affirmation nous semble désormais sans doute encore plus paradoxale que lors de notre propos liminaire. Comment en effet la musique, qui est l'art non-figuratif par excellence, et sans doute celui qui est le moins directement lié au problème de la signification, et donc de la vérité, peut-elle constituer une clé d'entrée à la question de la vérité ? Dans la musique, la question de la structure de la vérité, envisagée sous une forme duale, ne se manifeste pas de manière explicite. Il en résulte une difficulté légitime à identifier, de prime abord, ce qui, en elle, pourrait ouvrir à la problématique de la correspondance — celle de la vérité comme « accord » entre un discours et son objet. Et pour cause : la musique, à la différence du langage propositionnel, ne se rapporte à aucun objet extérieur qui lui préexisterait. Elle ne correspond à rien, n'imite rien. Il y a bien pourtant, dans la musique comme dans le langage ou dans les mathématiques, un critère de référence externe, qui n'est pas directement le vrai, mais qui est ce que nous appelons « le beau » (idée que nous aurons pour tâche de définir dans le présent livre). En adoptant une méthode proche de celle du livre premier, nous tenterons d'abord de comprendre ce que pourrait signifier la musique du point de vue matérialiste et moniste pour tenter ensuite de progresser dans notre réflexion à partir des contradictions que nous aurons identifiées à la suite de notre analyse de ces théories.

## LA MUSIQUE DU POINT DE VUE MATERIALISTE

## QU'EST-CE QUE L'ESTHETIQUE DU POINT DE VUE MONISTE ?

### 1.

Dans la perspective matérialiste – et selon ses prolongements épistémologiques qui le conduisent vers le réductionnisme et le psychologisme –, la musique et l'art en général ne sauraient être appréhendés autrement qu'à l'intérieur d'un système à niveau unique de signification. L'auditeur, le spectateur ou le lecteur ne sont alors plus considérés comme des sujets autonomes, capables d'apprécier et d'évaluer l'œuvre en elle-même. En tant que simples maillons d'un système déterminé par des lois matérielles, ils sont dépossédés de leur capacité à juger et à sentir. La faculté de perception esthétique se trouve ainsi subsumée sous un principe unificateur supérieur : la matière elle-même. Ce ne sont plus l'individu ou la subjectivité qui décident, mais l'organisation physique sous-jacente : l'atome, la protéine, le neurone, et plus largement le système neuronal tout entier. Dès lors, le sujet humain devient le jouet de processus matériels qui déterminent ses réactions avant même qu'il en ait conscience, comme si la matière, opérant « dans son dos », lui imposait ses choix et son expérience esthétique, réduisant ainsi toute création et toute réception artistique à des mécanismes impersonnels et aveugles. Toute théorie musicale matérialiste repose ainsi sur des présupposés déterministes fort, qui réduisent l'homme (ses émotions, ses sentiments, ses jugements) à une chaîne de commandement naturelle (et matérielle). La musique et l'art en général sont dès lors envisagés comme des systèmes très élaborés d'attentes et de récompenses, systèmes au sein desquels l'homme, comme le chien docile et bien dressé qui attend son sucre, espère avec anxiété l'heureuse résolution de la tension dans laquelle l'œuvre (poétique, littéraire, figurative) ou, pour ce qui concerne notre propos, la phrase musicale l'a placé. Cette théorisation matérialiste de l'art et de la musique en particulier a trouvé une formulation assez complète dans un dialogue entre le neuroscientifique Jean-Pierre Changeux et les musiciens Pierre Boulez et Philippe Manoury, dont la recension est parue en 2014 sous le titre : *Les neurones enchantés, Le cerveau et la musique*[1]. Au début du dialogue, Jean-Pierre Changeux souligne que les recherches en neurosciences sur les systèmes de récompense ont mis en évidence non seulement le phénomène de la récompense elle-même, mais aussi celui de l'anticipation de la récompense. Selon Changeux, l'anticipation joue un rôle fondamental dans les mécanismes cognitifs et comportementaux, en influençant les processus de motivation et d'apprentissage bien en amont de la satisfaction effective d'un besoin ou d'un désir. Changeux affirme ainsi : « du fait de l'existence d'une cohérence entre les parties et le tout dans l'œuvre d'art, l'amorçage de la composition par un fragment, par exemple mélodique, comme un début de phrase, crée une attente de complétion de la composition ou du sens de la phrase. Si celle-ci n'intervient pas, note-t-il par ailleurs, ou n'est pas appropriée — on dit qu'elle est incongrue —, une onde

---

[1] Op. cit., éditions Odile Jacob, Paris

particulière apparait à l'électroencéphalogramme (EEG) : l'onde N400[2] ». Il existe donc bien, selon Changeux une « physiologie de l'attente de la récompense, dont l'artiste sait jouer pour "manipuler" les émotions de l'auditeur ». Le cadre théorique est ainsi posé : l'homme, à l'image cheval de dressage, est manipulé par l'artiste, dont l'unique dessin est de récompenser ou de surprendre son (potentiel) auditoire. L'œuvre d'art, est donc d'emblée comprise dans sa dimension systémique, le système en question relevant pour Changeux d'un jeu de création, de prolongation ou de résolution d'une tension avec laquelle l'artiste composerait (notons au passage que Jean-Pierre Changeux évoque, sans vraiment relever le point, l'existence d'une cohérence entre les parties et le tout dans l'œuvre d'art, existence qui précisément provoque l'attente de l'auditeur et qui relève bien du critère de la légalité dont nous avons vu qu'il ne pouvait être réduit à la matière ou au signal dont il procède). Pour Jean-Pierre Changeux, l'œuvre musicale et sa structure harmonique sont en réalité le reflet des dispositions profondes et innées du cerveau. Ainsi, par exemple, détaille Changeux, « les intervalles consonants produisent une activité neurale, des trains d'impulsions électriques nerveuses d'amplitudes plus robustes que les intervalles dissonants[3] ». En partant de ces prédispositions pratico-légales, le cerveau du mélomane tente de dégager, à la manière de ce que pourrait faire une machine bien entraînée, les formes et les règles de l'œuvre. Cette capacité à déceler les règles (les thèmes, la répétition des formes…) dans l'œuvre

---

[2] Op. cit., pp. 14 sq.
[3] Ibid., p. 67

procède, affirme Changeux, de ce qu'on appelle l'apprentissage par renforcement. Signalons que ces modèles d'apprentissage par renforcement ont notamment été développés par les informaticiens Richard S. Sutton et Andrew G. Barto[4] qui ont beaucoup contribué aux travaux sur l'apprentissage automatique des machines. Jean-Pierre Changeux, avec l'aide de Stanislas Dehaene, avait lui-même tenté de construire un organisme formel (un programme d'ordinateur) qui réussisse une tâche telle que celle appelée « le tri des cartes du Wisconsin », où le sujet sélectionnait une carte gagnante d'après une règle qu'il découvrait en jouant. Selon le mécanisme proposé pour ce choix, détaillait Changeux, les actions possibles étaient codées par des états d'activités spontanées de groupes de neurones qui variaient d'un moment à l'autre ; ce sont des « pré-représentations » anticipant les actions à venir. Dans *Les neurones enchantés*, Jean-Pierre Changeux compare précisément ces programmes d'apprentissage par renforcement (qui procèdent par tâtonnements inductifs) aux dispositions du mélomane qui découvre ou réécoute une œuvre. Comme dans le programme d'apprentissage de la machine, « le bon choix entraîne une récompense positive, la stabilisation de l'anticipation qui l'a produite et l'élimination des autres[5] ». En réalité, selon Changeux, le « programme musical »

---

[4] Richard S. Sutton est un pionnier de l'apprentissage par renforcement. Il est connu pour ses travaux fondamentaux dans ce domaine, notamment l'algorithme TD (Temporal Difference) et ses contributions à la théorie de l'apprentissage par renforcement. Sutton est également l'auteur principal du livre *Reinforcement Learning: an Introduction*, coécrit avec Andrew G. Barto, qui est considéré comme une référence essentielle dans le domaine.
[5] Ibid., p. 141

est à l'image de ces livres pour enfant dont nous sommes les héros, où chaque proposition (chaque phrase musicale) entraîne son lot de possibilités (et d'impossibilités) que l'artiste résout au bout d'un court instant, satisfaisant ainsi la curiosité de l'auditeur qui, s'étant projeté dans différentes directions possibles, attendait fébrilement la fin du suspense dans lequel le compositeur malicieux l'avait placé.

Dans son échange avec Changeux, Pierre Boulez, bien qu'adoptant des positions parfois différentes de celles de son interlocuteur, accrédite à sa manière l'idée selon laquelle l'œuvre musicale serait fondée sur l'anticipation des attentes de l'auditeur. Ainsi affirme-t-il par exemple, qu'au sein de l'œuvre musicale, « l'attente doit être trompée ». Il ajoute : « lorsqu'on attend quelque chose, on est rassuré quand cela arrive. Puis survient l'inattendu, et l'on est non pas déçu, mais surpris, parce que cela force à aller plus loin ». Pour Pierre Boulez, le compositeur doit aller au-delà des attentes de l'auditeur, le pousser à « aller plus loin ». Cependant, même s'il nuance le propos de Jean-Pierre Changeux, (notamment sur l'idée d'une satisfaction systématique des attentes de l'auditeur), Pierre Boulez accepte sa problématique : la musique est comprise comme un jeu de satisfaction, de report ou de déception d'une attente créée par le compositeur. Dès lors cependant que l'œuvre musicale est comprise comme un ensemble organisé de signaux dont le cerveau s'amuserait à décoder des règles de cohérence[6] sans objet, à la

---

[6] Sans pour autant d'ailleurs que soit formalisé à aucun moment de problématique concrète de la règle et de la norme chez Jean-Pierre Changeux (au sens de *qu'est-ce que la norme ?* et de comment nous pouvons la comprendre).

manière d'une machine entraînée, le compositeur reste, en quelque sorte, au *degré zéro* de la signification. Selon cette conception (très limitative) de l'art, toute œuvre « relève ainsi d'un codage et a besoin d'un décodeur[7] », le décodeur étant notre propre cerveau qui, ne s'élevant pas au niveau de la signification, est considéré comme une machine entrainée à ressentir la satisfaction, la frustration ou la déception.

---

[7] Ibid., p. 71

## LA MUSIQUE EST-ELLE LE FRUIT D'UN PROCESSUS EVOLUTIF DARWINIEN ?

## 2.

L'EVOLUTION EN MUSIQUE — Si nous acceptons l'hypothèse moniste, il nous faut alors considérer l'idée selon laquelle la musique est le fruit d'une évolution matérielle et mécanique. En d'autres termes, il nous faut appréhender la musique non pas dans sa dimension signifiante, mais au contraire la considérer comme un jeu de signaux et de *stimuli* qui entraîneraient chez l'auditeur des réactions préconditionnées. Dans *Les neurones enchantés*, Jean-Pierre Changeux se place bien d'emblée dans la perspective de ce processus historique de la musique : « la musique, affirme-t-il, est l'une des formes les plus éminentes de la culture ou, plutôt, des cultures, lesquelles se sont considérablement transformées en quelques siècles seulement, en particulier en Occident[8] ». En soulignant cette perspective (sur laquelle nous reviendrons plus tard du point de vue de la signification de la musique), Jean-Pierre Changeux veut établir une forme de parallélisme entre l'histoire de la musique et l'histoire de la constitution physique du cerveau humain. Ce parallélisme, qui est seulement suggéré au début du livre, est abordé de manière tout à fait directe dans un chapitre plus tardif intitulé *Darwinisme mental et invention musicale* dans lequel Jean-Pierre Changeux suggère que le processus de création musicale pourrait relever de l'épigénétique, c'est-à-dire d'un processus de sélection naturelle qui, bien qu'il soit de nature mécanique, échapperait aux

---

[8] Ibid., p. 17

critères classiques de l'hérédité (l'épigénétique est un processus de sélection qui prend notamment en compte le rôle des comportements et de l'environnement sur les transformations physiques du cerveau). Il affirme par exemple : « dans le cas de l'évolution des espèces, les changements ont lieu au niveau du génome ; dans le cas de l'évolution mentale qui nous intéresse, ceux-ci ont lieu au niveau des neurones et des contacts synaptiques chez un même individu. Dans le premier cas, ils sont génétiques ; dans le second, ils ont été qualifiés d'épigénétiques[9] ». En somme, explique Jean-Pierre Changeux, la créativité est un mécanisme de sélection qui s'apparente à un processus sélectif au niveau des connexions mentales. Jean-Pierre Changeux note également qu'au cours du développement postnatal, une évolution darwinienne a lieu au niveau des connexions entre cellules nerveuses, avec des phases d'exubérance où la variabilité est maximale, suivies de phases de sélection, de stabilisation et d'élimination sélective de connexions. C'est ce que Changeux appelle « le darwinisme mental ». Or, suggère-t-il, c'est précisément une évolution darwinienne des représentations mentales qui pourrait avoir lieu dans la tête du compositeur. En somme, le compositeur, à l'image du très jeune enfant, serait le terrain de jeu d'un vaste processus de sélection neuronale qui aurait lieu, pour ainsi dire, à son insu, dans son cerveau. La créativité serait donc, selon Changeux, un processus fondamentalement historique à double titre : elle serait d'une part tributaire de la grande histoire de la culture en général et de celle de la musique en particulier et serait d'autre part liée à la

---

[9] Ibid., p. 127

petite histoire du créateur, à l'héritage culturel dont il est le produit et qui se concrétise dans le processus épigénétique qui le conduit à l'expression de sa propre créativité. En somme, le processus de création relèverait d'un grand mouvement historique dont le compositeur ne serait que l'un des multiples maillons physiques. Dans cette approche, c'est bien sûr l'élément d'explication sensible et matériel qui est privilégié. C'est la raison pour laquelle Jean-Pierre Changeux insiste à plusieurs reprises sur la dimension physique et formelle de la musique (les ondes, les fréquences, les rapports numériques entre les notes). La musique se limite en un sens à son expression matérielle et au jeu de réactions en chaîne qu'elle suscite. Cependant, il manque dans l'approche de Jean-Pierre Changeux — comme en général dans tous les discours monistes — un maillon essentiel de la réflexion, maillon qui constitue à notre sens l'angle mort de la pensée philosophique de Changeux. Si nous admettons que la musique résulte d'un double processus sélectif et qu'elle repose, entre autres, sur un mécanisme de sélection neuronale, il convient alors de se demander, d'une part, quels sont les critères qui orientent cette sélectivité et, d'autre part, si ces critères relèvent d'une contingence arbitraire ou s'ils participent d'une normativité sous-jacente. Or, lorsque ces questions sont posées aux neuroscientifiques ou aux philosophes de la conscience (nous pensons par exemple au philosophe de l'esprit américain Daniel Dennett[10] qui est abondement cité par les neuroscientifiques français) la réponse donnée fait généralement appel à des justifications environ-

---

[10] Voir par exemple à ce sujet Daniel Dennett, *Théorie évolutionniste de la liberté*

nementales et sociales qui viennent en réalité conforter le présupposé fondamental du darwinisme qui est celui de la survie de l'espèce.

Chez Daniel Dennett, la morale, par exemple, est décrite comme une prolongation de l'instinct de survie du groupe évolué. Pour Dennett, la valorisation des comportements dits « vertueux » est ainsi liée à l'intérêt bien perçu du groupe qui, en tant que groupe, recherche une forme de stabilité interne contre les agressions externes (conception morale qui le rapproche de la conception classique des utilitaristes). Il y a ainsi chez les néodarwinistes l'idée que c'est toujours la superstructure « nature » qui agit à travers les hommes et les groupes humains et non les humains eux-mêmes. Toutefois, nous avons montré que même cette hypothèse implique une norme externe, celle que l'environnement impose aux êtres qui tentent de s'y adapter. En effet, pour qu'un groupe reconnaisse son propre intérêt, il faut nécessairement qu'il perçoive une relation d'intérêt vis-à-vis d'un élément extérieur à lui. Dès lors, loin de s'inscrire dans une perspective strictement moniste, cette conception repose en réalité sur une structure duale, impliquant une interaction entre un principe interne (le groupe, l'individu) et un cadre normatif extérieur (l'environnement). Dans le cas de la musique, l'hypothèse darwiniste apparaît encore plus fragile que dans celui de la morale. Il est en effet difficile d'identifier un lien incontestable entre la création musicale et la survie du groupe, et plus encore de concevoir une théorie esthétique reposant sur des critères purement fonctionnels, relevant d'une logique cachée de domination et de conservation. Certes, nous ne nions pas les liens historiques entre la musique et le tribalisme. Longtemps, la musique s'est inscrite dans une logique collective, voire guerrière, marquée par l'usage des percussions, des motifs rythmiques répétitifs et des structures incantatoires. Toutefois, cette origine ne suffit pas à épuiser la signification de la musique, ni à expliquer ses développements ultérieurs et la diversité de ses formes. De la même manière que l'origine subjective de la connaissance ne saurait disqualifier ses manifestations les plus objectives — notamment dans le formalisme scientifique —, l'ancrage tribal de la musique ne permet pas d'en saisir l'essence ni d'en limiter la portée à une simple fonction adaptative.

Dans un livre intitulé *La distinction*[11], paru en 1979, Pierre Bourdieu avait tenté une telle réduction de la musique à ses fonctions sociales (pour ne pas dire tribales). Au début de l'ouvrage, Bourdieu se livrait ainsi à une tentative de destruction en règle de la philosophie esthétique de Kant. Pour Bourdieu, le jugement esthétique n'existait pas en tant que tel. Il était en fait d'emblée ramené à un jugement social codifié. La philosophie de Kant, expliquait Bourdieu, avait pour conséquence de séparer les hommes en deux : ceux qui ont la faculté de juger (les bourgeois, voire les grands bourgeois) et ceux qui ne l'ont pas (les prolétaires). Pour Bourdieu, les classes les plus favorisées recevaient par leur éducation l'ensemble des codes qui leur permettaient de décrypter et de comprendre des œuvres d'art dont l'appréciation était supposée réservée à une élite. Ainsi, la prétendue aptitude de l'élite à

---

[11] Pierre Bourdieu, *La distinction, critique sociale du jugement*, 1979.

émettre des jugements esthétiques procédait en réalité pour Bourdieu de l'héritage de « contenus socio-culturels » que le système scolaire et universitaire valorisait, transmettait et reproduisait. Dans *La reproduction* (1970), cette idée de transmission de contenus socialement déterminés est théorisée sous le concept de « violence symbolique ». Nous retrouvons ainsi chez Bourdieu une théorie des groupes (ou des classes) qui est en fait dérivée de la théorie moniste darwiniste : les individus ne sont pas libres de leur choix (esthétiques, musicaux), ils sont uniquement le jouet de mécanismes qui les dépassent, mais dont on ne définit toujours pas les critères normatifs (la problématique de la normativité est d'ailleurs plus généralement la grande impensée de la philosophie des années 1960 et 1970[12]). Si Bourdieu expliquait par exemple que les classes populaires préféraient *Le beau Danube bleu* de Strauss au *Clavecin bien tempéré* de Bach qui était la chasse gardée de la bourgeoisie et de ceux qui avaient fait des études supérieures, il ne proposait pas de grille de lecture susceptible d'expliquer les trajectoires individuelles qui dessinaient les statistiques de groupe (pourquoi un ouvrier préfèrera le *Clavecin bien tempéré* au *Beau Danube bleu* par exemple) ni d'ailleurs les préférences collectives pour telle ou telle œuvre d'un même artiste (pourquoi par exemple l'ouvrier préfèrera-t-il le *Beau Danube bleu* de Strauss à *Simplicius,* du même auteur ou encore pourquoi le bourgeois préfèrera-t-il le *Clavecin bien tempéré* aux *Concertos Brandebourgeois* de Bach ?). Si la grille de lecture de Bourdieu n'est certes pas à rejeter entièrement (on peut en effet difficilement contester

---

[12] Voir à ce sujet Geoffroy de Clisson, *Les Anti-humanistes ou l'avènement des Contre-Lumières*, L'Harmattan, 2021

que la musique soit un phénomène social et qu'à ce titre, elle puisse engendrer des comportements de classes ou de groupes sociaux, les comportements de classes pouvant très bien être des « propriétés émergentes » de groupes sociaux constitués), elle échouait à expliquer les phénomènes de préférences individuelles et collectives, bref, elle ne traitait pas de la problématique du goût (le terme de goût étant employé ici non pas dans le sens « bourgeois » du « bon goût », mais dans le sens d'une préférence individuelle ou collective).

Chez Murray Gell-Mann (physicien américain que nous mentionnions plus tôt dans le livre I et qui est surtout connu pour ses travaux sur la théorie des quarks et pour ses contributions et ses découvertes concernant la classification des particules élémentaires et leurs interactions qui lui valurent le Prix Nobel de physique en 1963), nous retrouvons certaines observations typiques des théories monistes, qui, si elles ne sont pas totalement dénuées de vérité (notre remarque est tout aussi valable pour Bourdieu), prêtent tout de même à sourire tant elles paraissent réductrices : « De la même manière, écrit par exemple Gell-Mann en établissant un parallèle entre les critiques positives et le succès d'une œuvre ou d'un artiste, les prix ou les commentaires pourraient avoir une influence sur les goûts (conscients ou inconscients) du sujet humain et les faire changer. Le programme, l'ordinateur, le sujet humain, le marché ou la critique constitueraient alors un système adaptatif complexe, avec des humains dans la boucle. En fait, un système de ce genre peut faire office de caricature grossière de la manière dont opère parfois le processus créateur d'artistes réels[13]. » En somme, pour Gell-Mann, la définition du goût était le résultat d'un processus systémique complexe à plusieurs entrées « avec des humains dans la boucle ». Le rôle des humains n'étant pas réellement défini, nous comprenons que, dans la perspective de Gell-Mann, l'homme (le consommateur) n'avait qu'un rôle assez anecdotique dans la définition de ses propres inclinations esthétiques. Seulement chez Gell-Mann comme chez Bourdieu, nulle trace d'une théorie esthétique ni même l'esquisse d'une explication acceptable des préférences individuelles. Tout ce qui en somme, ne correspond pas au calibre du crible (qui a lui-même été déduit d'une analyse « intuitive » sans doute assez sommaire) est entièrement négligé. Chez Gell-Mann, les goûts individuels pourraient à la rigueur se déduire de manière linéaire, comme dans un immense tableau à entrées multiples qui, s'il était suffisamment précis renseignerait le sociologue ou le scientifique de manière presque infaillible sur les préférences de groupes ou de sous-groupes sociaux donnés. Non seulement ce tableau à entrées multiples pourrait expliquer nos goûts, mais il fournirait aussi (la conséquence est d'une implacable logique) une approximation « de la manière dont opère parfois le processus créateur d'artistes réels ». Après tout, peut-on réellement donner tort à Pierre Bourdieu et à Murray Gell-Mann ? La description sommaire qu'ils donnent des mécanismes de formation du goût et des préférences autant que de ceux qui régissent le processus de création artistique ne correspond-elle pas finalement à ce que l'art est généralement devenu : un

---

[13] Murray Gell-Mann, *Le Quark et le jaguar*, p. 333

immense marché segmenté qui identifie les besoins et les préférences autant qu'il les crée, une machine publicitaire systémique et segmentante ?

Il serait illusoire de nier que l'art en général, et la musique en particulier, occupent une place centrale dans les dynamiques économiques contemporaines. Devenus des produits de consommation à part entière, ils s'inscrivent pleinement dans la logique de ce que l'on désigne aujourd'hui sous le nom d'industrie musicale. Dans ce cadre, les œuvres musicales – qu'il s'agisse de leur genre, de leurs thèmes ou de leurs arrangements – sont largement déterminées par les attentes des catégories de public ciblées. Ainsi, par un curieux retour des choses, l'industrie musicale applique avec une rigueur quasi-mécanique un principe que Bourdieu avait mis en lumière : non plus l'artiste et son public, mais bien chaque public et son artiste. Cette logique révèle à quel point la production culturelle s'articule autour de la structure sociale du goût, parfois avec plus de systématicité que ne l'aurait lui-même anticipé Bourdieu. Cette grille de lecture (un peu déprimante, il faut bien l'avouer) suffit-elle à définir ce qu'est la musique ? Fort heureusement non. En se limitant à une approche purement structurelle, voire super-structurelle, les analyses monistes – qu'elles s'ancrent dans un matérialisme historique marxiste (comme chez Bourdieu) ou dans un matérialisme scientifique (comme chez Gell-Mann) – font l'impasse sur un élément fondamental : l'expérience esthétique. Or, ignorer l'existence de cette expérience revient également à occulter la question de ses causes, qui ne sauraient être entièrement ramenées à une explication mécaniste ou utilitariste. Comme nous l'avons souligné, inscrire l'expérience esthétique dans une logique darwinienne de la survie s'avère pour le moins problématique, à moins d'en redéfinir profondément le cadre. Ainsi, en réduisant la musique à un simple produit de déterminismes sociaux ou biologiques, ces approches font abstraction de ce qui, précisément, lui confère son irréductibilité et sa signification propre. Une telle réduction laisse en suspens la question de l'origine et de la portée de l'expérience musicale, qui ne peut être pleinement comprise sans interroger les mécanismes sous-jacents à sa perception et à son intelligibilité.

La problématique de la signification et de l'intelligibilité de la musique est pourtant abordée, bien que de manière implicite, par Jean-Pierre Changeux, lorsqu'il met en avant les prédispositions génétiques du cerveau à percevoir et à interpréter les sons. Il rappelle ainsi que le fœtus, dès la vingt-quatrième semaine de grossesse, est capable de distinguer des sons et des mélodies, et de réagir aux variations rythmiques, tandis que le nouveau-né peut détecter une fausse note dans une séquence musicale. Cette réflexion s'étend également aux processus sélectifs du cerveau, notamment les mécanismes épigénétiques, qui, dans l'apprentissage de la musique (comme dans celui du langage), renforcent certaines connexions synaptiques tout en en laissant d'autres inactives, ces dernières demeurant, pour ainsi dire, « lettre morte ». Deux problématiques font ici à notre avis néanmoins défaut aux réflexions de Changeux. D'abord, nous l'avons signalé, Jean-Pierre Changeux aborde le problème du jugement esthétique en termes de punition et de récompense (ce qui constitue le « niveau 0 » de la signification : je réagis aux *stimuli* en fonction de l'effet qu'ils produisent sur mon corps, avec en toile de fond l'idée qu'il faut assurer la survie de mon corps, et donc obtenir ce sucre dont j'ai tant besoin) au lieu d'aborder le problème en termes de plaisir et déplaisir (qui serait ici le *niveau 1* de la signification, la notion de plaisir et de déplaisir ouvrant sur une problématique plus large de la conscience du plaisir et donc de ces critères non immédiatement physiques). Ensuite, Jean-Pierre Changeux néglige à notre avis le critère normatif de la sélectivité des chemins neuronaux. Il est certes admis qu'à une réalité signifiante doit correspondre une réalité physique, mais cela ne répond pas à une question essentielle : quelle est la cause objective de cette réalité physique ? Plus précisément, dans le cas de la musique, quels sont les critères qui régissent la sélectivité neuronale et les connexions synaptiques associées ? Changeux nous répondrait sans doute que ces critères sont environnementaux et sociaux : le mélomane grandit dans un contexte culturel donné, il est exposé dès sa naissance à des mélodies, apprend à les reconnaître, à les apprécier et, progressivement, intègre les gammes et harmonies propres à sa culture musicale. Autrement dit, son cerveau s'adapte à un système de valeurs esthétiques préexistant, façonné par son environnement. Toutefois, une telle réponse ne ferait que déplacer le problème au lieu de le résoudre. Affirmer que la musique est un phénomène culturel n'explique en rien les critères de la sélection culturelle elle-même. Qu'est-ce qui détermine la valorisation et la transmission de certaines structures sonores, tandis que d'autres disparaissent ? Cette question reste ouverte tant que les goûts et les préférences musicales sont considérés comme de simples constructions culturelles propres à chaque groupe, sans que leur genèse ni les principes qui orientent leur sélection ne soient véritablement élucidés. Nous nous heurtons ici au problème récurrent des systèmes monistes, où la justification par autoréférence conduit à des contradictions insolubles. En l'occurrence, la véritable question que nous pourrions poser à Changeux et aux théoriciens monistes de la musique est la suivante : d'où vient la première ligne mélodique et pourquoi notre cerveau l'a-t-il identifiée comme telle ?

### 3.

LA MUSIQUE ET LE HASARD — En revenant aux fondements épistémologiques du darwinisme, nous sommes confrontés à la question du hasard, ou plus précisément au problème de l'organisation de la matière à partir du chaos. La grande question que suscitent le darwinisme et le néodarwinisme (question à laquelle aucune des théories matérialistes ne répond d'ailleurs jamais vraiment directement) est : de quelle manière et à quelles conditions peut-on passer de l'inorganisation à l'organisation et de l'organisation et à l'organisme. Comment en somme peut-on évoluer ? Nous savons que les darwinistes en restent à des considérations matérielles qui sont les présupposés méthodologiques de leur doctrine : c'est la matière qui s'organise d'elle-même par on ne sait quel processus légal qui lui préexisterait, cette organisation (qui relève tout de même, y compris dans le darwinisme, d'une forme de miracle, un jeu à zéro joueur, décrit, mais non expliqué) est déjà contenue en puissance dans ce qu'on pourrait appeler la prédéfinition cosmique de la matière (le philosophe américain Thomas Nagel, sans pour autant adopter les présupposés matérialistes du darwinisme[14], parle lui d'un « univers fécondé »), ou alors n'y est pas contenue en puissance et en « émerge » comme une propriété *ex post*.

Dans cette perspective matérialiste, défendue par les darwinistes et néodarwinistes (et notamment par Jean-Pierre Changeux dans *Les neurones enchantés*), la musique est perçue comme le produit d'une évolution de la matière. Celle-ci, par un enchaînement fortuit d'événements favorables, parvient à s'organiser d'elle-même et trouve dans la musique une extension naturelle de cette organisation, de la même manière que le langage pouvait être vu comme une manifestation externe de la structuration de l'être. Si nous demeurons dans cette perspective évolutionniste, nous pouvons fort bien décrire l'émergence de la musique en en faisant l'une des formes de l'expression de l'organisme sensible, c'est-à-dire une forme de langage. Nous ne sommes en réalité pas loin d'adhérer à ce point de vue. En effet, l'idée de la musique comme expression fondamentale de l'être (les darwinistes parleraient sans doute plutôt d'organismes sensibles, nous pouvons nous entendre sur ce point) nous semble correspondre

---

[14] Thomas Nagel est un philosophe américain né en 1937, connu pour ses travaux en philosophie de l'esprit, épistémologie et éthique. Il critique le réductionnisme matérialiste, notamment dans son célèbre article *What is it Like to Be a Bat?* (1974), où il affirme que la conscience subjective ne peut être expliquée uniquement par des processus physiques. Défenseur d'un réalisme moral et épistémologique, il remet en cause l'approche strictement naturaliste du monde. Son ouvrage *Mind and Cosmos* (2012) prolonge cette critique en suggérant que l'univers pourrait contenir des principes téléologiques irréductibles au seul hasard et à la sélection naturelle.

à l'une des dimensions premières de la musique, comme nous le verrons plus loin. Nous souscrivons par ailleurs à l'idée que la musique est une forme d'organisation, un *logos* qui procède de notre capacité à formaliser les choses, à exprimer le monde. Ce *logos*, cette logique qui nous détermine en tant qu'être sensibles est aussi ce qui détermine la musique en tant qu'expression de l'être (c'est le principe de raison légiférée et légiférante que nous exposions dans le livre I). Se demander ce qu'est le *logos*, le langage ou la logique, c'est toujours s'interroger sur notre mode d'appréhension, de perception et d'expression du monde.

Pourtant, si nous suggérons, comme les néo-darwinistes, que la musique est une sorte de langage organisé, nous ne pouvons pas, comme eux, faire l'économie de la définition du langage et de sa signification. Les néodarwinistes, en restant au niveau de la matière, suggéraient ou tentaient d'établir que le langage est contingent, relatif à une certaine forme d'organisation de l'être par rapport au monde. Mais cette organisation de l'être par rapport au monde est-elle vraiment « relative » ? Et si oui à quoi ? Peu importe la manière dont nous tournons (inlassablement) la question, nous arrivons toujours à l'impasse logique du monisme. Contre cette vision, nous avons souligné dans le livre I que nous sommes organisés par rapport à une réalité qui nous est externe et que nous tentons de décoder de manière *non contingente*. Si, en effet, le décodage était contingent (relatif, sans règle…), nous ne pourrions pas avoir de monde commun, nous ne pourrions pas avoir de réalité consistante, ou alors (plus probablement), notre décodage serait faux et ineffectif :

il ne nous permettrait pas de survivre dans le monde qui nous a engendrés. Nous savons qu'il n'en va pas ainsi : l'organisme se constitue toujours par rapport à une réalité à laquelle il s'adapte (c'est l'une des manifestations du dualisme *radical* — dualisme pragmatiquement déduit). Il n'est pas « contingent », il entretient au contraire une relation d'effectivité avec le réel (c'est d'ailleurs cette relation d'effectivité qui, dans le darwinisme, est le facteur objectif de l'évolution des espèces). Le terme de relativité n'est donc pas ici synonyme de relativisme (tout comme chez Einstein, quoique dans un sens fort différent !). Nous nous organisons (nous devenons des organismes) *relativement à* l'environnement qui nous préexiste. Cela ne signifie pas que notre organisation soit dénuée de structure ou livrée au hasard. Bien au contraire, elle repose sur des principes ordonnés, même si ces derniers ne se réduisent pas à un cadre unique ou absolu. L'idée de relativité fait ici référence au mode de la *relation* et non pas au mode de la contingence ou de l'anomie. Il y a bien une *règle* de l'adaptation, comme il y a une *règle* au sein de tout formalisme. C'est la *nature* de cette règle qu'il s'agit de qualifier et c'est bien là ce qui fait défaut aux théoriciens de l'épistémologie darwiniste.

Si, pour reprendre le fil de notre réflexion sur la musique, nous reconnaissons qu'elle relève d'un certain formalisme – en ce sens qu'elle obéit, elle aussi, à des règles, notamment celles de l'harmonie –, il serait toutefois erroné de concevoir ce formalisme comme purement contingent. Certes, plusieurs types d'harmonies sont concevables, de la même manière qu'un même cadre théorique peut donner lieu à différentes séries d'axiomes entraînant des systèmes distincts. Ainsi, le système tonal, fondé sur les échelles diatoniques majeures et mineures et sur une hiérarchisation des accords, qui a structuré la musique occidentale depuis le XVII$^{ème}$ siècle, ne saurait être considéré comme un système absolu (à partir duquel, par exemple, nous pourrions déduire tous les autres systèmes). Il s'inscrit plutôt dans une pluralité de systèmes harmoniques et rythmiques, dont aucun ne peut prétendre, en soi, à une supériorité intrinsèque sur les autres. Le système modal, par exemple, qui remonte à la musique médiévale et à celle de la Renaissance (système que nous retrouvons parfois dans le jazz moderne ou la musique populaire) se fonde sur des schémas d'intervalles distincts par rapport à ceux du système tonal (moins de hiérarchies tonales, accords plus statiques). Le système atonal, popularisé au début du XX$^{ème}$ siècle par des artistes comme Arnold Schoenberg (notamment par le dodécaphonisme) est caractérisé, lui, par une absence de note tonique centrale dans la mélodie, l'utilisation de séries de douze tons (dans le dodécaphonisme) et d'accords complexes et dissonants. Nous pouvons encore citer les systèmes quartal et quintal (accords construits uniquement sur des intervalles de quartes et de quintes), le système d'harmonie fonctionnelle (dans lequel chaque accord a une fonction spécifique, les mouvements étant analysés en termes de progression des fonctions harmoniques), le système microtonal (dans lequel les intervalles sont plus petits que le demi-ton traditionnel : quart de ton, huitième de ton…) et bien sûr les systèmes de gammes non-occidentales (la musique arabe par exemple, qui utilise des maqâms, des échelles avec micro-intervalles, la musique indienne, qui utilise des râgas, des cadres mélodiques spécifiques et codifiés ou encore la musique Gamelan balinaise qui utilise des échelles pentatoniques particulières — slendro et pelog). Pourtant, la coexistence de ces harmonies n'est le signe d'aucun « relativisme » (si nous définissons le relativisme comme une affaire de points de vue, c'est-à-dire une arme de disqualification de l'idée de vérité, même « relative »). Au contraire, ces systèmes harmoniques obéissent bien à des règles prédéfinies (les règles harmoniques), de la même manière que les systèmes mathématiques sont fondés sur des jeux d'axiomes qui font émerger d'autres règles. Ce sont ces règles qui, précisément, définissent le système harmonique en question. Nous pourrions encore arguer du fait qu'il pourrait exister une infinité de systèmes avec des règles différentes. Cependant, dans tous les systèmes harmoniques, il existe bien des axiomes harmoniques (ce sont précisément ces axiomes qui définissent l'harmonie et construisent le système formel).

La composition d'une mélodie, suppose en premier lieu le choix d'un système harmonique et n'est pas, à ce simple titre, le fruit d'un hasard complet (on choisit un système harmonique parmi une infinité de systèmes harmoniques possibles, mais cette infinité de systèmes harmoniques est plus contrainte et moins ouverte que l'infinité des successions possibles de notes qui seraient jouées en dehors d'un système harmonique donné). Par ailleurs, au sein même d'un système harmonique donné, la musique obéit à un certain nombre de règles tacites (règles dans la composition de la phrase musicale, règles rythmiques, thématiques…), qui elles-mêmes dépendent de l'intention du compositeur. C'est en effet toujours le compositeur qui opère un choix intentionnel parmi un ensemble de possibilités contraintes — quand il ne décide pas d'ailleurs de briser ses contraintes en introduisant dans la mélodie un accident, en changeant le rythme, la structure ou la gamme. En d'autres termes, le développement du discours musical échappe au hasard à double titre, d'abord dans la mesure où précisément, il se constitue comme *logos* structuré (qui obéit à des règles qu'il se crée lui-même), ensuite dans la mesure où il répond à une intention consciente du compositeur (le compositeur ne pianote pas des combinaisons à l'aveugle, comme le scientifique qui fait des hypothèses, il a une idée confuse de ce qu'il cherche). Lorsque, par exemple, Bellini compose *Norma*, il n'effectue pas un choix arbitraire parmi une infinité de mélodies possibles. Il s'engage au contraire dans une narration qui suppose à la fois le choix d'une harmonie, d'une tonalité, d'un style et qui est en même temps guidée par des règles internes qui se précisent d'elles-mêmes au fur et à mesure de la progression de la narration. Le compositeur est en cela libre — il décide intentionnellement de ses choix harmoniques et narratifs — et contraint dans la mesure où une s'impose à lui une logique interne (celle du narratif de l'œuvre). En un sens, le compositeur cherche plutôt qu'il ne compose. Keith Richards, célèbre guitariste des Rolling Stones, racontait ainsi qu'il pouvait répéter une ligne mélodique durant plusieurs heures avant de trouver la « bonne » séquence, c'est-à-dire le bon *riff*. La ligne mélodique, le thème, le rythme se révèlent ainsi au musicien selon une logique propre. L'œuvre se conçoit comme une rencontre qui est à la fois le fruit de l'imagination productive qui suggère les formes, et de la conscience rétroactivement critique de l'artiste qui les saisit au vol. Au moment où l'artiste rencontre sa ligne mélodique (son thème, son rythme), il *sait* qu'il a trouvé sa *vérité*. Cette trouvaille doit tout au hasard et à la fois ne doit rien au hasard. Nous en revenons à la problématique de l'intentionnalité que nous avons évoquée à de nombreuses reprises dans le livre I, problématique qui suppose de considérer l'idée d'une

(Ctrl + Clic sur l'image pour la version en ligne)

 séparation ontologique entre l'homme et ses produits (culturels, artistiques) que le matérialisme refuse par principe. Dès lors cependant que nous prenons acte de ce refus, il nous devient impossible de décrire la problématique de la signification sans tomber dans des contradictions et des incohérences (que peut signifier en effet un énoncé en dehors de tout système signifiant ?).

Y A-T-IL UNE VERITE MUSICALE ?

> « Le vrai c'est ce que l'on croit ; quand on ne croit plus à rien, néant ! Il reste la sensation, mais la sensation analysée, poussière de diamant ! »
>
> Remy de Gourmont, *Sixtine, Roman de la vie cérébrale*, 1890

LA LEGISLATION A L'ŒUVRE : LA MUSIQUE EST-ELLE UN FORMALISME ?

4.

LA MUSIQUE COMME STRUCTURE DE L'ESSENCE NUMERALE DU MONDE — Nous avons vu que la problématique de la composition musicale, si nous tentions de la développer en restant dans une perspective matérialiste et darwinienne butait sur deux obstacles principaux : le problème de la règle d'une part, c'est-à-dire de l'organisation de la musique dans un système normé (non-réductible à la matière pure, par conséquent), le problème de la signification (signification pourtant sans objet dont nous devrons préciser les contours) d'autre part, que nous avons rattaché au thème de la créativité. Nous nous attachons désormais à examiner la proposition selon laquelle la musique se développe en référence à un système normé, c'est-à-dire qu'elle relève, selon la théorie que nous avons développée dans le livre I, d'une certaine forme de vérité.

L'œuvre musicale, conçue non pas comme manifestation hasardeuse (comme pourrait l'être le son du vent, par exemple, qui jouerait des notes à travers l'entrebâillement d'une fenêtre) mais comme acte volontaire et signifiant, se développe toujours à partir d'une idée, la représentation abstraite (ou concrète) d'une mélodie. Elle présente des régularités signifiantes qui finissent par dessiner un système de règles (harmoniques et légales pour commencer) et expriment à ce titre une certaine forme de légalité. Les musiques disharmoniques ou atonales, que nous avons évoquées au chapitre précédent, ne vont-elles pas cependant à l'encontre de cette vision légaliste de la musique ? Signalons d'abord qu'une musique est dite disharmonique lorsqu'elle ne respecte pas les règles traditionnelles de l'harmonie. La disharmonie peut se matérialiser par l'usage d'accords instables, dissonants ou non résolus, par des enchaînements d'accords qui ne suivent pas les relations harmoniques classiques (sans logique fonctionnelle claire) ou encore par un équilibre sonore perturbé par des contrastes brutaux ou des combinaisons de sons discordantes. Une œuvre disharmonique peut être tonale, mais elle joue sur la tension extrême ou l'absence de résolution des accords (certains passages du *Sacre du printemps* de Stravinsky sont par exemple disharmoniques mais restent en partie « tonaux »). Une musique est atonale lorsqu'elle ne repose sur aucune tonalité spécifique, c'est-à-dire qu'il n'y a pas de ton central vers lequel graviteraient les notes et les accords. Une musique atonale est marquée par l'absence de hiérarchie entre les notes (aucune dominante ni tonique), par une dissolution des cadences harmoniques fonctionnelles (pas de tension ou de résolution classique) ou par une exploration de nouvelles logiques structurelles, comme les séries dodécaphoniques (Schoenberg, Webern, Berg). Une musique atonale peut être très organisée et cohérente sur un plan structurel, mais elle évite toute référence à un système tonal traditionnel (le *Pierrot lunaire* de Schoenberg est une œuvre atonale qui ne suit aucun système tonal conventionnel). Peut-on vraiment dire cependant que les musiques atonales et disharmoniques échappent à tout critère normatif ?

À y regarder de plus près, le *Pierrot lunaire* d'Arnold Schoenberg ou *Le marteau sans maître* de Pierre Boulez, bien qu'ils ne s'inscrivent pas dans le cadre conceptuel de la musique harmonique traditionnelle, ne relèvent pas pour autant du pur arbitraire. Chacune de ces œuvres repose sur des structures propres de légalité,

(Ctrl + Clic sur l'image pour la version en ligne)

qu'il s'agisse du principe sériel chez Schoenberg ou des modèles formels et des jeux de permutations rigoureusement organisés chez Boulez. Ainsi, leur cohérence musicale ne réside plus dans l'harmonie fonctionnelle classique, mais dans des systèmes internes de relations et de contraintes, qui confèrent à ces œuvres leur logique et leur intelligibilité. Dans le *Pierrot lunaire*, Schoenberg ne s'appuie sur aucune tonalité dominante, mais il organise son discours musical à travers des motifs et des cellules mélodiques récurrents, développés et transformés tout au long de l'œuvre. Si ces motifs ne se rattachent à aucun système tonal, ils instaurent néanmoins une cohérence interne, garantissant l'unité du discours musical. De même, *Le marteau sans maître* de Boulez repose sur un sérialisme intégral, où chaque paramètre sonore – hauteurs, durées, dynamiques, timbres – est soumis à une organisation rigoureuse fondée sur des séries prédéterminées. Ici encore, l'absence de repères harmoniques classiques n'équivaut pas à une absence de structure (au contraire, la structure reste présente et instaure une forme de légalité immanente). Ces œuvres illustrent l'idée selon laquelle même en dehors du cadre tonal, la musique conserve ses principes d'organisation interne, qui assurent son intelligibilité et sa cohérence. Avec *Le marteau sans maître*, Pierre Boulez, en revendiquant par ailleurs une intertextualité avec les poèmes de René Char (du même titre), se place d'emblée dans la problématique de la signification et de la correspondance (l'anarchie apparente du propos n'implique donc pas l'anarchie de son support expressif).

Que dire cependant des œuvres anarchiques ou aléatoires ? Ont-elles une cohérence interne, une intentionnalité signifiante ? Dans l'œuvre de John Cage intitulée *4'33*, l'interprète ne joue pas une note pendant quatre minutes et trente-trois secondes, laissant le

(Ctrl + Clic sur l'image pour la version en ligne)

silence et les bruits ambiants remplir l'espace sonore. John Cage, influencé par la culture bouddhiste zen, encourage l'auditoire à pratiquer l'écoute attentive, en prenant conscience de chaque son, indépendamment de sa source ou de sa nature. Cage a été l'un des pionniers de l'utilisation de l'indétermination et du hasard dans la musique. *4'33* est l'un des exemples les plus représentatifs de cette approche, chaque performance de l'œuvre étant, par définition, unique (puisque les bruits ambiants ne sont bien entendu jamais les mêmes). Avec *4'33*, Cage remet en question les frontières de ce que nous appelons « musique » et incite l'auditoire à considérer tous les sons, même les plus ordinaires, comme potentiellement musicaux. En somme, Cage se trouve ici à la limite du critère d'intentionnalité de la musique. Le brouhaha ambiant ne relève certes pas de ce critère intentionnel (à l'image du vent qui siffle en s'engouffrant par l'ouverture d'une fenêtre), il est cependant voulu par le « compositeur » qui le désigne comme « digne d'intérêt ». L'auditeur (qui est aussi dans ce cas acteur de la pièce, lui-même participant sans doute au brouhaha en allant de son propre commentaire sur l'œuvre), choisit d'accepter ou de refuser la proposition du compositeur. S'il accepte la proposition, c'est qu'il la trouve, lui aussi, digne d'*intérêt*. Il choisit ainsi de lui donner un sens, une signification, entrant du même coup dans la dialectique de l'intentionnalité. Dans cette acceptation, il y a encore l'assentiment à une règle implicite, celle de l'absence de règle musicale qui repose (tout de même) sur un contrat tacite entre le compositeur et l'auditeur. Or, dès lors que l'auditeur accepte ce contrat tacite, il consent à entrer dans un monde signifiant et régulé dans lequel l'absence de règle se définit en fait par rapport à des règles préexistantes (celles par exemple qui consistent à faire jouer l'orchestre plutôt que l'auditoire).

Dans l'univers qui est le nôtre, celui de la signification, l'absence de normativité est un fantasme, l'aléatoire se définissant toujours par rapport au régulier. Cette relation explique les difficultés inhérentes à la production intentionnelle d'une série véritablement aléatoire. En effet, les nombres dits aléatoires ne peuvent être générés qu'à partir de phénomènes physiques intrinsèquement imprévisibles — encore faudrait-il préciser ce que peut signifier l'« intrinsèquement aléatoire » dans un monde déterministe. Des processus comme le mouvement brownien, le bruit thermique, les fluctuations des circuits électriques ou la désintégration radioactive sont souvent utilisés pour fournir une source d'aléa. En l'absence de ces phénomènes physiques, toute tentative de création aléatoire aboutit à des séquences pseudo-aléatoires, qui ne sont que des simulations mathématiques des propriétés de l'aléatoire. Ainsi, l'univers de la signification, qui est aussi celui de l'intentionnalité, est par essence inséparable d'une forme d'organisation. Dans le cas de l'œuvre de Cage, si le contenu de l'œuvre est aléatoire (encore que l'on pourrait sans doute identifier des régularités d'une « prestation » à une autre), ce n'est pas le cas de l'œuvre elle-même qui relève bien d'une intention artistique ou intellectuelle. En un sens, l'œuvre *4'33* fait penser à ces cadres de tableaux vides que nous trouvons parfois devant un monument touristique ou un paysage. L'intérêt de l'œuvre ne tient pas tant à son contenu en lui-même (le paysage ou le brouhaha ne sont pas ici l'objet principal de notre attention) qu'à l'intention de l'artiste, qui nous engage à porter un regard renouvelé sur un élément qu'il n'a pas directement façonné. En ce sens, l'artiste ne crée pas seulement une œuvre, il nous convie à une posture d'observation active, faisant de nous les spectateurs attentifs du monde. En d'autres termes, la signification de l'œuvre est étagée, l'intention de l'artiste prenant en quelque sorte le pas sur le contenu de l'œuvre elle-même.

Si nous mettons à part les œuvres atonales ou disharmoniques qui représentent pour nous des cas limites de la théorie musicale (et qui relèvent malgré tout du critère de la légalité comme nous avons tenté de le démontrer), nous faisons le constat que la plupart des œuvres musicales se développent à partir d'un système de règles harmoniques, tonales, rythmiques, et expriment à ce titre une certaine forme de légalité. Ainsi, par exemple, Jean-Pierre Changeux fait-il remarquer, à juste titre, que « les intervalles d'octave, de quinte et de quarte s'expriment en termes de rapport numériques simples, 2/1, 3/2 et 4/3[15] ». Il ajoute cependant : « si les intervalles sont perçus comme consonants ou dissonants, c'est toujours par rapport à une grammaire donnée et non en soi[16] », idée à laquelle nous souscrivons. Les consonances et dissonances ne sont pas absolues (ce qui est dissonant dans un système harmonique donné peut se révéler consonant dans un autre système et inversement), elles sont relatives à un système harmonique donné qui définit précisément ce qui est dissonant et ce qui ne l'est pas — encore qu'il faudrait sans doute établir une différence, si nous acceptons l'idée que notre faculté à déceler les fausses notes est « innée », entre ce qui nous parait naturellement dissonant, mais que nous sommes prêts à accepter comme tel dans un système harmonique donné et ce qui parait dissonant au sein d'un système qui a défini la dissonance comme telle. Jean-Pierre Changeux relève lui-même à ce sujet les « performances du bébé qui montre des prédispositions pour reconnaître la quinte juste ou préférer la gamme majeure[17] », il note encore que l'« on trouve des prédispositions génétiques à reconnaître une "fausse

---

[15] Pierre Boulez, Jean-Pierre Changeux, Philippe Manoury, *Les neurones enchantés, Le cerveau et la musique*, p. 21
[16] Ibid., p. 21
[17] Ibid., p. 70

note", dans une mélodie et à percevoir les caractéristiques temporelles — rythmiques — de la musique[18] ».

Comment dès lors concilier ce qui semble relever d'une prédisposition génétique pour un système par rapport à un autre (pour un type particulier d'harmonie) avec le caractère relatif (non absolu) des systèmes ? Il nous semble que ces prédispositions, loin de constituer une forme d'absoluité correspondent en réalité à des habitudes et des critères hérités de notre constitution sensible. En d'autres termes, il sera sans doute plus aisé pour nous, humains, de percevoir des sons dont les fréquences vibratoires sont comprises entre 20 Hz et 20 000 Hz que les sons qui sont en dehors de cette fourchette (infrasons ou ultrasons), de la même manière, que nous aurons des préférences innées pour la gamme majeure (préférence qui d'ailleurs évoluent avec l'âge, le mode mineur étant typiquement celui de la nostalgie ou de la mélancolie). La manière dont nous percevons la musique est donc indéniablement liée à nos prédispositions sensibles et à nos habitudes de perception, comme notre manière de concevoir l'espace et le temps se trouvait liée à la configuration formelle de notre sensibilité et à l'expérience de nos sens. Cependant, cette prédisposition sensible tout comme nos habitudes de perception ne disqualifient pas pour autant notre rapport au son et à la mélodie. Ici encore la relativité n'entraine pas le relativisme. Le critère de relativité indique au contraire que « tout le système se tient », c'est-à-dire qu'il peut être exprimé, traduit, modifié par transformations logiques successives (comme par les géométries le peuvent entre elles).

---

[18] Ibid., p. 213

De fait, une fois que nous avons admis une harmonie, que nous nous sommes accoutumés à des rapports qui nous paraissent réguliers ou logiques, toute déviation par rapport à ces rapports sera perçue comme « en dehors de la règle » (ce pas de côté par rapport à la règle pouvant très bien d'ailleurs avoir sa signification propre dans le cadre de l'œuvre). Ce que nous percevons comme une déviation par rapport à la règle pourra ainsi être expliqué de manière objective : les dissonances se perçoivent comme une rupture de fréquences des rapports admis. Si nous sommes subjectivement « conditionnés » ou initialement programmés à privilégier certains rapports (jugés consonants) à d'autres rapports (jugés dissonants), nous sommes néanmoins capables d'objectiver les raisons logiques des harmonies privilégiées (par les rapports ondulatoires numériques). Le problème de la dissonance de la septième harmonique de la gamme naturelle, par exemple (la gamme diatonique appelée aussi gamme de Pythagore fondée sur les rapports de fréquence des harmoniques naturels, perçue par notre système sensible comme légèrement désaccordée — trop basse — par rapport à la septième mineure de l'accord tempéré égal), s'il peut au premier abord sembler conforter une approche subjectiviste de la perception sonore, trouve en réalité une explication rigoureuse dans les rapports numériques qui sous-tendent l'acoustique[19].

---

[19] Une harmonique est une composante sonore supplémentaire qui accompagne une onde sonore principale, appelée la fondamentale. Lorsqu'un son est produit, comme celui d'un instrument de musique ou de la voix humaine, il

contient généralement non seulement la fréquence fondamentale principale, mais aussi une série de fréquences plus élevées, qui sont des multiples entiers de la fréquence fondamentale.

Chaque harmonique a une fréquence qui est un multiple entier de la fréquence fondamentale. Par exemple, si la fréquence fondamentale est 100 Hz, les harmoniques seront à 200 Hz (2e harmonique), 300 Hz (3e harmonique), 400 Hz (4e harmonique), etc.

Les harmoniques ont une amplitude (intensité) qui diminue à mesure que leur numéro d'ordre augmente. Cela signifie que les harmoniques supérieures sont généralement moins audibles que les premières.

Les harmoniques sont essentielles pour déterminer la qualité tonale d'un son, souvent appelée timbre ou couleur sonore. C'est ce qui permet de distinguer la même note jouée sur différents instruments ou chantée par différentes voix. Elles contribuent à enrichir le son en lui donnant sa caractéristique unique et identifiable. Elles jouent notamment un rôle crucial dans la reconnaissance et la différenciation des instruments de musique et des voix. Lorsque la corde d'une guitare, par exemple, est jouée, elle vibre non seulement à sa fréquence fondamentale mais aussi à plusieurs de ses harmoniques. Ce sont ces harmoniques qui donnent à chaque instrument à cordes son timbre distinctif.

Le décalage perceptible à la septième harmonique dans la série des harmoniques naturelles est lié à la manière dont les fréquences des harmoniques interagissent avec notre perception auditive et avec les standards d'accordage utilisés en musique.

Dans l'accordage tempéré égal* (le système d'accordage le plus courant dans la musique occidentale), les intervalles entre les notes de la gamme sont divisés de manière égale. Cela signifie que chaque demi-ton est ajusté pour être équidistant dans une échelle logarithmique. Cependant, les harmoniques naturelles ne suivent pas exactement cette distribution égale des intervalles (elles sont des multiples entiers de la fréquence fondamentale d'un son).

La septième harmonique est particulièrement problématique car son intervalle par rapport à la fondamentale (environ une septième mineure) ne correspond pas exactement à l'intervalle utilisé dans l'accordage tempéré égal. En accord tempéré égal, une septième mineure est légèrement plus large que celle produite par la septième harmonique. Cela crée une dissonance perceptible lorsque la septième harmonique est jouée ou entendue dans le contexte d'une gamme tempérée. Notre perception auditive est sensible aux petites différences de fréquence et d'intervalle, surtout dans le contexte de la musique où nous sommes habitués à un accordage précis. La dissonance causée par la septième harmonique peut être perçue comme un décalage ou une discordance auditive, car elle ne correspond pas parfaitement à l'intervalle attendu dans l'accordage tempéré égal.

Les harmoniques plus basses (1 à 6) sont généralement bien intégrées dans la structure harmonique et mélodique de la musique. Elles correspondent relativement bien aux intervalles de l'accordage tempéré égal, elles ne causent pas de dissonance perceptible. Après la septième harmonique, les harmoniques plus élevées (8 et au-delà) sont moins perceptibles pour la plupart des gens et sont souvent plus faibles en amplitude. Leurs effets sur la perception harmonique sont donc moindres comparés aux harmoniques plus basses.

*La gamme naturelle, issue de l'accord des intervalles selon les rapports simples des fréquences (comme 2:1 pour l'octave, 3:2 pour la quinte, etc.), produit des sons très purs. Cependant, ces intervalles exacts entraînent des problèmes : les « commas » musicales.

La somme des quintes naturelles (par exemple, en superposant des quintes pures successives) ne revient pas exactement à l'octave, en raison de ce qu'on appelle la « coma pythagoricienne ». Cela signifie que les cycles harmoniques se désaccordent progressivement. La gamme naturelle fonctionne bien dans une seule tonalité ou un petit nombre de tonalités proches. Si l'on change de tonalité, certaines notes deviennent fausses à l'oreille, ce qui limite la modulation et la liberté harmonique. La gamme tempérée (et plus précisément le tempérament égal, standard en musique moderne) divise l'octave en 12 intervalles égaux en termes de fréquences (chaque demi-ton correspond à un rapport de fréquence constant de $2^{1/12}$). Toutes les quintes, quartes,

Une fois de plus, l'origine subjective de toute perception n'est pas un argument définitif en faveur du relativisme. La subjectivité, nous l'avons déjà vu dans le problème de la connaissance, peut en fait très bien servir de fondement à l'expression d'une réalité objective. La citation (faussement) attribuée Leibniz selon laquelle la musique serait un « exercice d'arithmétique », celui qui s'y livre ignorant qu'il manie les nombres[20] traduit bien cette idée : la musique, le plus subjectif des arts, est en réalité tout entière construite sur des rapports objectifs. Les parallèles entre la connaissance objective (scientifique) et la musique sont d'ailleurs nombreux : comme le scientifique, le musicien cherche la parcimonie : la ligne mélodique est l'expression synthétique (« élégante » diraient les mathématiciens) d'une idée générale[21]. Comme le

---

tierces, etc., sont légèrement ajustées (désaccordées par rapport aux rapports simples) pour permettre une distribution homogène. Les musiciens peuvent ainsi changer de tonalité sans que certaines notes sonnent faux. Sur les instruments à clavier (comme le piano ou l'orgue), l'accord tempéré permet de jouer dans toutes les tonalités sans devoir réaccorder constamment l'instrument.

[20] Cité par Philippe Manoury, ibid., p. 22

[21] Le chanteur Prince aurait par exemple déclaré à ce sujet : "Creativity is more than just being different. Anybody can plan weird; that's easy. What's hard is to be as simple as Bach. Making the simple, awesomely simple, that's creativity." (La créativité, ce n'est pas juste être différent. N'importe qui peut imaginer quelque chose de bizarre ; c'est facile. Ce qui est difficile, c'est d'être aussi simple que Bach. Faire le simple, magnifiquement simple, voilà la créativité.)

Dans un documentaire paru en 2021 intitulé *Get Back*, nous assistons à un débat intéressant entre Paul McCartney et George Harrison concernant le processus de création musicale. Paul McCartney reproche notamment à George

scientifique, il opère une forme d'union entre la subjectivité de la perception et l'objectivité des rapports, comme le scientifique, enfin, il prétend à l'universalité de son discours (Jean-Pierre Changeux note à ce sujet l'« universalité du chant *Homo sapiens*, quels que soient la culture et le langage[22] »). Si les parallèles entre le scientifique, le chercheur et le musicien sont nombreux, il nous faut néanmoins comprendre et identifier ce qui différencie la recherche scientifique de la composition musicale. S'il est vrai que l'œuvre musicale est une manifestation immanente d'une forme de légalité, elle ne saurait néanmoins se réduire à cette manifestation. En écoutant une œuvre musicale géniale, nous ne nous m'extasierons sans doute pas de la même manière qu'en suivant le développement d'un calcul matriciel ou d'une belle intégrale. Si la mélodie est formalisme, elle n'est pas réductible à ce formalisme. Elle ne relève pas uniquement de la légalité dont elle procède.

---

Harrison, au cours des sessions d'enregistrement de l'album *Let it Be*, de vouloir surajouter des motifs musicaux avant d'avoir une ligne directrice mélodique claire. McCartney affirme qu'il faut « toujours partir de l'idée ». Nous ne prétendons pas, naturellement, trancher ici le débat entre ces deux génies (l'idée mélodique claire pouvant après tout très bien surgir de motifs qui paraissent d'abord sans cohérence). Il est simplement intéressant de noter, pour notre propos, cette recherche de clarté et de simplicité mélodique (recherche de la « ligne » ou du « thème » mélodique). Cf. *The Beatles : Get Back*, 2021, Peter Jackson, série en trois parties, tirée de plus 60 heures d'images inédites et de 150 heures d'audio tournées et enregistrées lors des séances de répétitions et d'enregistrements des Beatles, entre le 2 et le 31 janvier 1969.
[22] Ibid., p. 211

## 5.

> Le style est un bon outil pour dire ce que tu as à dire mais quand tu n'as plus rien à dire, le style est une pine qui bande mou devant le con mirobolant de l'univers.
>
> Charles Bukowski, Lettre à Douglas Blazek, 1965

A LA RECHERCHE DE LA FORME — Nous venons d'insister sur le caractère formel de l'œuvre musicale. Ce caractère formel se retrouve notamment dans les fondements harmoniques de la musique (qui peuvent se modéliser en rapports numériques), dans le rythme et dans la composition de l'ensemble d'une œuvre (dans l'agencement des phrases ou des parties entre elles). La forme de l'œuvre, cependant, ne se limite pas à la production de rapports numériques. Il ne faut pas mélanger ici deux acceptions sémantiques différentes du concept de forme : d'un côté la forme en tant que fondement du formalisme (c'est-à-dire en somme comme le *logos* des rapports qui régissent les systèmes formels), de l'autre, la forme en tant que motif du réel (motif perçu dans l'intuition sensible et formalisé par l'imagination productive, qui ne relève pas du formalisme systémique). A ces deux acceptions du terme « forme » on pourrait d'ailleurs en ajouter une troisième, celle qui se réfère au mode d'expression et qui s'oppose au *fond*. Pour le dire de matière schématique, nous pourrions affirmer que la forme « mécanique », en tant qu'elle relève des rapports logiques qui régissent un système donné, appartient au champ des jugements analytiques (dans le sens par exemple où l'on affirme que tel jugement est formellement correct), tandis que la forme en tant que « motif » relève d'une activité intuitive et synthétique de l'esprit. Si nous avons tenté d'établir le fait que la musique relève d'un certain formalisme (au sens premier, celui des rapports formels), nous devons également signaler que son rapport à la vérité ne s'arrête pas à ce premier formalisme. La musique, en d'autres termes, n'est pas uniquement un exercice arithmétique, elle est aussi et avant tout une recherche de la forme (motif). Il est frappant de voir, à ce sujet, les expériences que décrivent les artistes, la quasi-totalité d'entre eux insistant non pas sur la composition ou la création, mais sur la recherche (à l'image par exemple de Keith Richards qui pouvait passer plusieurs heures à trouver le bon *riff*). La composition musicale s'apparente à une activité de résolution de problème : le musicien, à l'image du scientifique, quand il trouve la bonne phrase, la bonne note ou la bonne ligne mélodique *sait* qu'il a trouvé. La forme s'impose à lui « comme une évidence ». Cela, bien sûr, nous renvoie aux remarques que nous faisions dans le livre I à propos des grandes découvertes scientifiques (voir livre I, § 38 – *Eurêka !*) : la vérité apparait à l'esprit du musicien comme à celle du scientifique : de manière soudaine, comme une illumination. Dans de nombreux cas, les grandes œuvres musicales sont ainsi le fait d'un songe ou d'une brusque épiphanie bien plus que le fruit d'une longue et laborieuse réflexion. Ainsi, Beethoven aurait eu l'intuition de l'*Ode à la joie* (la 9$^{ème}$ symphonie) alors qu'il était en promenade ; Paul McCartney révéla qu'il avait entendu la musique de *Yesterday* dans un rêve ; le *Clair de Lune* vint presque entièrement et en une seule fois à Claude Debussy sous l'inspiration de la lumière de la Lune, le thème de *Purple Haze* fut révélé Jimi Hendrix lors d'un rêve dans lequel il marchait sous la mer, tandis que la séquence acoustique de *Stairway to Heaven* fut inspirée à Jimmy Page presque entièrement lors d'une unique session d'improvisation (on pourrait multiplier les exemples à l'infini). Dans la grande majorité des cas, par ailleurs, les artistes furent d'emblée convaincus d'avoir *trouvé* une forme de vérité (sans adéquation). Dans un documentaire consacré à la composition de l'album *Dark Side of the Moon*, un journaliste demanda à Roger Waters s'il avait un regret concernant la composition de cet album, ce dernier répondit (avec la modestie qu'on lui connaît) : « j'aurais voulu, comme tout le monde, acheter l'album chez un disquaire, rentrer chez moi, le mettre sur ma platine vinyle et découvrir, sans jamais l'avoir écouté avant, l'album *Dark Side of the Moon* ». Son intuition était probablement la bonne, l'album se vendit à presque cinquante millions d'exemplaires et figure encore aujourd'hui parmi les cinq albums les plus vendus de tous les temps. Cette conviction d'avoir *trouvé* quelque chose est à mettre à notre sens en relation avec la recherche formelle (la recherche du motif, de la ligne mélodique), activité qui est une manifestation de notre faculté abstraite à nous représenter les formes par l'imagination. Comme dans le cas des « trouvailles » scientifiques, les « trouvailles » artistiques n'ont pas lieu, la plupart du temps, dans des contextes propices à la concentration ou à la réflexion formelle. La rencontre avec la forme ne semble pas être le résultat d'une activité de la raison, mais bien davantage celui d'une activité conjuguée de l'imagination et de l'entendement, ce qui donne l'impression à l'artiste que la forme lui est révélée « de l'extérieur » (« *there is someone in my head, but it's not me*[23]... »). Cela explique sans doute pourquoi, une partie des grandes œuvres musicales furent aussi le fruit d'états modifiés de conscience (nul besoin de rappeler l'usage répandu des psychotropes et notamment du LSD dans les années 1960 et 1970). Dans la recherche (et la découverte) des motifs formels, tout se passe en réalité comme si la forme précédait la trouvaille. Cette idée de préexistence de la forme est d'ailleurs assez largement répandue chez les sculpteurs. Michel-Ange, par exemple, considérait que la sculpture préexistait dans le bloc de marbre et que son rôle était de la libérer en lui donnant forme. Auguste Rodin croyait également que le sculpteur devait révéler la vérité intérieure du matériau et non imposer une forme externe. Brancusi, enfin, pensait que la forme idéale était présente dans le matériau brut. Son approche minimaliste visait à révéler cette forme essentielle. Chez la plupart des compositeurs, nous retrouvons cette idée selon laquelle la mélodie flotte dans l'air (« *is in the air* »), comme une forme contenue dans un bloc de marbre qu'il s'agirait de saisir et de révéler. Michael Jackson aurait par exemple déclaré, à propos du processus créatif « *don't write the music, let the music write itself*[24] ». Il y

---

[23] Paroles tirées de la chanson Brain Damage, figurant sur l'album *Dark Side of the Moon* des Pink Floyd :
*The lunatic is in my head*
*The lunatic is in my head*
*You raise the blade*
*You make the change*
*You rearrange me 'til I'm sane*
*You lock the door*
*And throw away the key*
*There's someone in my head, but it's not me*
[24] « N'écris pas de musique, laisse la musique s'écrire toute seule ».

a dans cette expérience de la composition, l'idée précisément que la musique ne se compose pas, mais qu'elle est révélée, qu'elle impose une logique propre, logique elle-même liée à une forme préexistante dont le musicien creuserait le sillon. Le musicien est en quelque sorte le relais d'une mélodie qui le précède et qu'il a pour tâche d'exprimer, et de transmettre, à l'image de l'antenne TSF de Guillaume Apollinaire[25]). L'artiste, le compositeur se met donc au service d'une forme dont il ne peut pas vérifier la validité autrement que par le sentiment d'avoir « trouvé ». C'est, à notre sens, indirectement l'une des idées fortes que développe Roland Barthes dans *Le degré zéro de l'écriture*. Pour Roland Barthes, en effet, l'écriture ne doit pas rechercher l'excellence de l'expression (l'excellence formelle dans le sens du respect du formalisme), ni la redondance de la « brillance » (l'idée d'une forme qui viendrait en un sens sublimer le fond par un mode d'expression emphatique que Roland Barthes qualifie, à juste titre, de surajouté et de redondant). Au contraire, le style doit se rapprocher de la neutralité pour se mettre tout entier au service du motif artistique (nous quittons ici le strict propos de Barthes). Il doit y avoir en somme une identité entre le style et la forme (le style n'est pas ajouté à la forme artistique, il n'est pas un ornement, il est soumis à la forme, en est une partie intégrante). Au début du *Degré zéro de l'écriture*, Roland Barthes cite en exemple les (célèbres) premières phrases de *L'Etranger* de Camus : « Aujourd'hui maman est morte. Ou peut-être hier, je ne sais pas. J'ai reçu un télégramme de l'asile : "Mère décédée. Enterrement

---

[25] « Je crois capter des ondes, venues d'un autre monde » dit le terrien en détresse !

demain. Sentiments distingués." Cela ne veut rien dire. C'était peut-être hier ». Ici, le style tout à fait neutre contraste avec l'importance tragique de la nouvelle. On pourrait d'ailleurs arguer contre Roland Barthes que, dans ce cas précis, le style est en désaccord avec ce qui est exprimé. Le désaccord, le décalage de style pourrait sembler créer précisément un « effet de style ». Pourtant, à notre avis, il n'en est rien. Certes, les deux premières phrases sont surprenantes et peuvent paraitre choquantes aux yeux d'un lecteur sensible. Cependant, une lecture attentive du passage nous apprend l'origine de la confusion du héros. Ce dernier ignore le moment précis de la mort de sa mère : il a reçu un télégramme de l'asile. Nous déduisions de ces quelques phrases que le télégramme n'est pas daté (ou qu'il ne précise pas la date de la mort de la mère du héros). Le héros souligne par ailleurs lui-même l'absurdité de la situation (« cela ne veut rien dire »). Si la nouvelle de la mort de la mère du héros est exprimée sans émotion particulière, il ne nous semble pas qu'il y ait une exagération de la froideur du héros (ou un effet de complaisance d'auteur). En d'autres termes, l'expression de la forme est en accord avec la forme (par parenthèse, nous ne souhaitons pas entrer ici dans la distinction traditionnelle entre le fond et la forme, cette distinction ne nous paraissant pas pertinente dans la mesure où elle a créé à notre avis une séparation artificielle entre deux éléments qui sont fusionnés dans le concept de forme que nous défendons ici : la forme artistique est pour nous le motif formel, motif qui subsume les catégories traditionnelles de forme – en tant que « style » – et de fond – en tant qu'objet du récit). Le héros est froid (il est l'étranger, c'est-à-dire qu'il assiste comme un étranger à sa vie qui se déroule devant lui comme un film), son langage est factuel : il n'y a pas de disharmonie ni d'effet de manche dans l'expression de la forme.

*Le parti pris des choses,* de Francis Ponge, procède en un sens de la même logique. Il s'agit, pour Francis Ponge, de se rapprocher au plus près des choses (des formes que nous leur donnons) mais aussi d'étudier ce que les choses provoquent en nous. Certes, l'objectif littéraire et poétique de Francis Ponge n'est pas d'atteindre, avec *Le parti pris des choses*, une chimérique neutralité de l'expression. Il y a bien, dans l'œuvre de Ponge, un *parti pris*. Seulement ce parti pris, n'est pas précisément celui de l'*ego* du poète qui, par des métaphores excessives ou par une surexaltation des choses, chercherait à devancer son œuvre. Ponge refuse la poésie lyrique et sentimentale, adoptant une approche presque phéno-ménologique des objets du quotidien (l'association entre Francis Ponge et la philosophie de Maurice Merleau-Ponty a d'ailleurs souvent été établie). Il cherche ainsi une vérité qui n'est pas celle du « style » ou de l'émotion poétique, mais celle de la justesse d'une expression qui se mettrait en résonance avec notre perception profonde et directe des choses.

C'est dans cette mise en résonance entre mon expérience de la chose et son expression formelle (musicale en un sens) que se trouve le *moment* de la forme artistique : la vérité de la phrase, de la mélodie, du poème, du personnage est atteinte lorsque cela « sonne juste ». L'œuvre, débarrassée de l'*ego* est alors investi du *moi* (le moi au service de la chose et non pas au service de lui-même). Ce qui importe, dès lors, n'est pas tant la neutralité de l'écriture que sa stricte correspondance descriptive avec la forme perçue (le réel formel, signifié). Il ne s'agit donc pas tant de se défaire à tout prix du *moi*, comme le souhaitait Roland Barthes, mais au contraire d'atteindre par une sorte de dépouillement de l'*ego*, un état de correspondance avec la vérité intrinsèque de la forme (artistique), état qui permet l'expression fidèle de la forme. Nous pouvons ainsi tout à fait concevoir des formes d'expression délibérément emphatiques ou des jeux de décalage comiques et incongrus (qui pourraient prendre par exemple la forme d'un décalage apparent entre le mode d'expression et le fond) sans pour autant que l'idée de neutralité de l'expression formelle s'en trouve altérée (la neutralité étant associée à l'idée de mise en sourdine de l'*ego* plutôt qu'à l'idée d'une platitude de l'expression). Il faut seulement, dans cette perspective, abandonner la fausse problématique de la forme et du fond au profit de celle de la recherche formelle, recherche qui inclut la forme *idéelle* en tant que motif et son expression en tant que « forme de la forme » (expression formelle du motif *idéel*). Autrement dit, dans l'entreprise artistique de dépouillement du moi, la forme et le fond viennent en même temps et sont indissociables l'un de l'autre : la forme (le « style ») n'est jamais « surajoutée » au fond, elle *est* le fond. Il peut certes exister des contresens malheureux. Par exemple, l'expression formelle d'un motif artistique peut être manquée par son interprète (à l'image du mauvais comédien du *Degré zéro de l'écriture*, qui jouerait une scène « triste » avec un ton ostensiblement triste). Dans ce cas, cependant, c'est l'intention de l'artiste qui est trahie. Si en revanche le fond est médiocre, il ne sera jamais sauvé par la forme[26] (la forme — ce que nous appelons le « style » — est à notre avis créée par le fond, elle en est une propriété émergente si l'on veut…). Ainsi, la recherche formelle n'est-elle ou ne doit-elle jamais être une recherche du « style » mais toujours une recherche de la forme en tant que motif primitif, c'est-à-dire en tant qu'intuition de la forme (intuition du « motif formel » et non pas du « style » qui est aussi communément appelé « forme », quoique dans une acception fort différente de celle que nous utilisons lorsque nous parlons de « forme » artistique).

---

[26] Dans ce cas, l'objet artistique « sonne faux ». Son expression formelle (son mode d'expression, la manière dont le motif est exprimé par le style littéraire par exemple ou par un effet de style musical) sonnera aussi inévitablement faux. La fausseté n'est pas seulement dans le décalage entre ce qu'on appelle un peu abusivement à notre avis « le fond et la forme », elle est déjà dans le motif, le type. Ainsi par exemple, un personnage de roman dont l'auteur voudrait nous faire un peu trop sentir qu'il est « faux », sonnera faux dans sa fausseté (de même qu'un personnage qui est décrit avec tous les attributs de la sincérité sonnera faux pour les mêmes raisons). En musique, un motif, un enchaînement rythmique vu et revu sonnera faux dans la mesure où il n'exprimera rien de plus qu'une redite qui traduira sans doute par ailleurs une forme de narcissisme (ou de paresse) chez l'auteur ou le compositeur qui veut faire « à la manière de » et se verrait bien en réalité « à la place de… ». L'idée même de « style » induit la fausseté. Le « style » tel que nous l'entendons lorsque par exemple nous affirmons « il a du style » est, le plus souvent, un emprunt, de la même manière que le personnage « faux » ou « sincère » pourrait paraître tiré d'un catalogue de personnages pour écrivains. Dans l'art comme ailleurs, il nous semble qu'il faille toujours revenir, pour paraphraser Gödel, « à la fontaine de l'intuition », c'est-à-dire interroger notre rapport au vécu (et pas seulement au vécu tel qu'il a déjà été exprimé et synthétisé par tel ou tel).

Ainsi, Pierre Boulez a-t-il raison de noter que l'activité d'écoute musicale est liée à notre capacité à identifier des formes : « on identifie une forme, le plus souvent après une écoute réitérée, mais parfois dès la première écoute[27] ». Cependant, il faut bien noter en regard de cette affirmation que notre activité de perception de formes est liée à l'activité artistique de production de formes. Nous ne percevons des formes que parce que le compositeur a bien voulu les produire, les créer ou les reconnaître. Cela fait penser à ce fameux aphorisme de Nietzsche, issu du *Gai savoir*[28] :

IL FAUT APPRENDRE A AIMER. — Voilà ce qui nous arrive en musique : il faut d'abord apprendre à entendre en général, un thème ou un motif, il faut le percevoir, le distinguer, l'isoler et le limiter en une vie propre ; puis il faut un effort et de la bonne volonté pour le supporter, malgré son étrangeté, pour exercer de la patience à l'égard de son aspect et de son expression, de la charité pour son étrangeté : — enfin arrive le moment où nous nous sommes habitués à lui, où nous l'attendons, où nous pressentons qu'il nous manquerait s'il faisait défaut ; et maintenant il continue à exercer sa contrainte et son charme et ne cesse point que nous n'en soyons devenus les amants humbles et ravis, qui ne veulent rien de mieux dans le monde que ce motif et encore ce motif. —

Ici l'amour (ou l'émotion musicale) est suscité par l'identification et la répétition d'un motif que nous avons appris à percevoir, isoler et circonscrire (soulignons ici que la forme se conçoit d'abord sur le mode de la délimitation). Ce motif ou ce thème est précisément ce que nous appelons « forme », cette

---

[27] Op. Cit., p. 105
[28] Op. Cit., § 334

forme étant elle-même liée à une intention, celle de l'artiste, qui s'efface – sans disparaître — pour se mettre au *diapason* de ce qu'il exprime.

6.

LA MUSIQUE COMME RENOUVELLEMENT ET DEPASSEMENT DE LA FORME — Si la composition musicale est, à notre avis, indéniablement liée à l'activité de recherche de formes, il y aurait néanmoins un paradoxe à en faire une activité purement déductive. Le compositeur n'est pas l'exact égal du mathématicien : son activité ne consiste pas à résoudre des problèmes formels ou à élaborer des théories à partir d'axiomes donnés. Alors que le mathématicien part de l'intuition sensible (comme nous avons tenté de l'établir dans le livre I) pour parvenir à un système formel cohérent qui lui permet, à partir d'un *corpus* logique prédéfini, de théoriser le réel (de l'appréhender de manière systémique et logique), le compositeur n'est pas d'emblée soumis à un cadre logique contraignant (il est libre, par exemple, de changer ses « axiomes » au milieu d'une œuvre, il n'a de comptes à rendre ni à la cohérence ni au réel). Par ailleurs, son champ des possibles ne se limite pas au réel observable : il possède au contraire une liberté de création formelle presque totale. C'est la raison pour laquelle l'œuvre artistique, bien que relevant d'un certain formalisme (d'une logique interne), n'est pas soumise, comme la proposition scientifique, au critère de la vérification ou de la réfutation. On ne *prouve* pas qu'une œuvre est vraie ou fausse. Contrairement à la proposition mathématique, la proposition artistique, et notamment musicale, est en prise directe avec la forme, elle ne pose pas la forme comme une hypothèse qu'il s'agirait de confirmer (comme Einstein dût par exemple poser l'hypothèse intuitive de la déformation de l'espace-temps dans sa théorie de la relativité), elle est *déjà* forme, proposition sans correspondance qu'il nous revient de juger comme telle (nous y reviendrons). Par conséquent, en tant que recherche de formes, l'activité de création musicale est déjà une proposition formelle qui doit dépasser le simple cadre des formes existantes (la création n'est pas répétition de l'existant ou variation à partir de l'existant. La répétition de la forme, les variations sur des formes déjà connues est ce que nous appelons académisme : une sorte de prison du beau). Comment, cependant, la forme pourrait-elle sans cesse se renouveler ? Comment en somme créer de nouvelles attentes, les décevoir ou les dépasser au sein de l'œuvre ? C'est la lourde tâche du compositeur, qui doit plonger, comme le poète, « au fond de l'inconnu pour trouver du nouveau[29] ».

Nous en revenons ici à la fameuse phrase de Kant selon laquelle : « le génie est le talent (don naturel) qui donne ses règles à l'art[30] ». Dans la musique, dans l'art en général, les règles, les normes ne sont jamais définitivement établies. Ce sont toujours les artistes qui, revenant « à la fontaine de l'intuition » créent de nouvelles règles à mesure qu'ils créent des œuvres nouvelles. On pourrait certes arguer du fait que certaines théories imposèrent leur cadre contraignant à

---

[29] « Nous voulons, tant ce feu nous brûle le cerveau,
Plonger au fond du gouffre, Enfer ou Ciel, qu'importe ?
Au fond de l'Inconnu pour trouver du nouveau ! »
Charles Baudelaire, *Les Fleurs du Mal*, *Le Voyage*
[30] Emmanuel Kant, *Critique de la faculté de juger*, § 46

de grandes œuvres. Au XVII^ème siècle, Le classicisme, par exemple, qui se caractérisait par une recherche d'équilibre, de mesure et d'harmonie héritée des œuvres de l'Antiquité grecque et romaine, constitua, dans l'art, l'un des exemples les plus parlants de rigidité normative. Les gardiens du temple du classicisme imposaient à la création théâtrale, la fameuse règle des trois unités : unité de temps (l'action devait se dérouler sur une journée de vingt-quatre heures), unité de lieu (l'action devait se dérouler dans un cadre géographique restreint) et unité d'action (une seule intrigue principale, sans intrigue secondaire complexe). Les règles du classicisme — qui furent (tardivement) théorisée par Nicolas Boileau dans *L'Art poétique* (1674) — exigeaient en outre la vraisemblance, la bienséance (la décence et la morale), dans un langage clair et pur. Les genres (tragiques, comiques) devaient être clairement séparés et les œuvres avoir une portée didactique. En somme, le classicisme possédait toutes les caractéristiques de l'académisme. La rigidité de son cadre et la raideur absurde de ses desseins auraient dû le marquer du sceau de la stérilité la plus certaine et la plus définitive. Ce fut pourtant durant la période classique que la France connut trois de ces plus grands poètes et dramaturges : Molière, Racine et Corneille (dont le moins que l'on puisse dire est qu'ils ne produisirent pas que des œuvres mineures). Comment expliquer l'émergence de tels génies dans un cadre théorique qui semblait si contraint et corseté ?

Il convient tout d'abord de souligner que, bien qu'elles aient probablement servi de cadre général aux œuvres dites « classiques » de Molière, Racine et Corneille, les règles du classicisme furent fréquemment adaptées ou transgressées. Molière, par exemple, mêla les genres tragique et comique, comme dans Dom Juan, et ne respecta qu'imparfaitement les unités de lieu et de temps. Par ailleurs, en critiquant les mœurs et les institutions de son époque, il s'écartait de l'idéal de bienséance traditionnel. De même, chez Racine, la complexité des intrigues et la violence des passions dérogeaient aux principes stricts du classicisme. Chez Corneille, enfin, l'unité d'action, la vraisemblance et la bienséance n'étaient pas systématiquement respectées. Jean Chapelain, l'un des membres influents de l'Académie française, fut ainsi particulièrement sévère à l'égard du *Cid*. Dans son ouvrage S*entiments de l'Académie sur la tragi-comédie du Cid* (1637), il reprocha notamment à Corneille de nombreuses infractions aux règles de la bienséance et de la vraisemblance. L'Académie française elle-même publia un rapport critiquant *Le Cid* pour son manque de respect des unités de temps, de lieu, et d'action, ainsi que pour son traitement jugé invraisemblable de l'honneur et de l'amour. Nicolas Boileau, bien qu'il n'ait pas été contemporain direct de la première représentation du *Cid*, reprocha également plus tard à Corneille son non-respect des règles classiques. L'intérêt des chefs-d'œuvre classiques résida ainsi sans doute autant dans l'acceptation du cadre que dans son dépassement, c'est-à-dire dans la transgression des règles qu'il édictait. Le classicisme musical connut un sort similaire : les grands compositeurs « classiques » (Haydn, Mozart, Beethoven) furent également (à l'image des dramaturges) ceux qui dérogèrent, par la structure de leurs œuvres, leurs innovations rythmiques, la libération des motifs musicaux, aux strictes règles du classicisme. La composition, dans le théâtre, comme dans la musique, ne pouvait donc pas réellement se concevoir dans le cadre rigide d'un *corpus* réglementaire qu'il s'agissait de respecter scrupuleusement. Elle était toujours en même temps (pour ce qui est des grandes œuvres *a minima*), dépassement du cadre, renouvellement de la forme. Ce renouvellement formel n'était certes pas anarchique ou anomique. L'artiste est bien celui qui invente les nouvelles règles (qui trouve les nouvelles formes). Il ne se soumet pas à un *corpus* de dogmes anciens, son action de création est en cela une action de dépassement.

Il est intéressant de souligner que, pour Kant, le génie artistique est avant tout un don naturel. En instituant de nouvelles règles, le génie se hisse à la hauteur de la nature elle-même : il en est en quelque sorte l'enfant, capable de produire, à son image, un nouveau réel (*Born a poor young, country boy/Mother Nature's son/All day long, I'm sitting, singing songs for everyone...* chantant les Beatles[31]). C'est précisément parce que l'artiste relève d'une *natura naturans* qu'il est en mesure de donner à l'art ses propres règles. Dans le cadre de la création artistique, la règle ne découle donc pas d'une intuition préexistante du réel, elle est le fruit de l'imagination productive, c'est-à-dire d'une génération spontanée de formes, proposées par l'imagination et ordonnées par l'entendement. Le génie, et avec lui toute création artistique, invente les formes et les détruit dans un mouvement perpétuel de dépassement formel. La création artistique est ainsi un processus de renouvellement continu, qui donne naissance à un nouveau

---

[31] *Mother Nature's Son*, White Album, The Beatles, 1968 : « Né pauvre et jeune, garçon de la campagne, Fils de Mère Nature, Toute la journée, je suis assis, chantant des chansons pour tout le monde. »

formalisme – à la fois formalisme du « motif » et formalisme entendu comme cohérence interne de l'œuvre –, doté de sa propre logique et de ses propres règles.

A ce titre, Ernst Cassirer a raison de noter que « dans la particularité de la fonction linguistique transparaît de nouveau la fonction *symbolique* universelle qui se déploie, comme *légalité immanente* (nous soulignons), dans l'art et la conscience mythique et religieuse, dans le langage et dans la connaissance[32] ». Comme le *logos*, en effet, l'art est légalité immanente en cela qu'il créé ses propres règles, ses propres contraintes, sa propre cohérence. Contrairement au langage commun, l'art – et la musique en particulier – n'est pas prisonnier des formes qu'il engendre. La création musicale est à la fois une proposition formelle et un dépassement de la forme. Elle est, en ce sens, « convulsive », au sens où l'entendait André Breton lorsqu'il concluait *L'Amour fou* par ces mots : « la beauté sera convulsive ou ne sera pas ». Créer, c'est avant tout se révolter contre la convention et le conventionnel. La création ne saurait être une simple application d'une règle formelle, mais un dépassement incessant, un mouvement de rupture et de renouvellement. La convulsion s'opère, selon nous, dans le va-et-vient intérieur de l'artiste entre l'intuition du motif artistique – une intuition esthétique, irréductible à l'analyse – et son expression formelle. C'est dans cette tension, entre surgissement intuitif et structuration de la forme, que réside l'essence même de la création. La convulsion de la beauté réside

---

[32] Ernst Cassirer, *Philosophie des formes symboliques*, Tome I, *Le langage*, p. 136

précisément dans ce refus d'un formalisme préexistant : elle est un dépassement en acte de la norme. En ce sens, la création est un mouvement d'émancipation, une tentative d'échapper à la tyrannie de la normalité, pour reprendre les mots de David Bowie. Toutefois, comme nous l'avons souligné, la musique et la composition musicale ne sont pas anomiques. Lorsqu'il crée une règle – même inédite –, l'artiste s'y trouve paradoxalement soumis. Cette règle devient pour lui une prison ouverte, un cadre dont il tente de s'affranchir tout en y restant indissolublement lié. Ce paradoxe de la règle se manifeste de manière particulièrement explicite dans l'interprétation musicale. En interprétant une mélodie, le musicien suit une partition, qui constitue la structure mécanique, le squelette de l'œuvre. Pourtant, son rôle ne se limite pas à une exécution fidèle : il doit donner vie à cette structure. Dans ce processus, la sensibilité de l'interprète, marque de son incarnation et de sa finitude, cherche à dépasser la stricte mécanique de l'œuvre, à rendre la partition signifiante sans en trahir l'intention. L'interprète est donc lui-même un créateur, confronté à une règle qu'il n'a pas instituée, mais avec laquelle il doit composer. Il ne peut ni s'y soumettre aveuglément ni s'en détourner totalement. L'interprétation devient ainsi un combat sans cesse renouvelé entre le musicien, qui cherche à insuffler une vie propre à l'œuvre, et la partition, qui lui impose un cadre structurant tout en restant une forme figée dont il doit s'émanciper sans pour autant la renier.

Le compositeur est, lui aussi, bien que différemment, un interprète, un exécutant de la règle qu'il crée lui-même. Il en est à la fois l'instaurateur et le premier serviteur, immédiatement assujetti à ce cadre qu'il peut pourtant, à tout moment, briser ou transcender – comme en témoignent, par exemple, les changements de rythme ou de tonalité. Ainsi, l'œuvre d'art, et plus particulièrement l'œuvre musicale, devient le lieu d'une tension perpétuelle entre la règle et son dépassement, la norme et son altération, oscillant sans cesse entre structure et liberté, contrainte et transgression. Elle est en cela spécifiquement humaine, en ce sens qu'elle est un point de rencontre entre la sensibilité et la forme, au sein duquel le formalisme devient à la fois un mode d'expression et un objet de dépassement incessant. C'est indirectement en ce sens que Nietzsche évoquait la coexistence, au sein l'œuvre d'art, des forces apolliniennes et dionysiaques[33]. L'apollinien est ce que nous appelons « forme » (la norme, la règle, la forme figée de l'œuvre achevée) tandis que le dionysiaque est ce que nous appelons imagination anarchique (la forme à l'œuvre, non encore organisée ni synthétisée). Dans la création artistique, l'imagination peut être dite « dionysiaque » dans la mesure où elle est d'abord une puissance de vie, une activité anarchique de création non encore synthétisée par la représentation d'une forme (artistique) concrète qui est l'œuvre, le résultat d'un processus créatif autonome[34]. Cette fusion, au sein de l'œuvre, de l'informe (de la puissance anarchique de

---

[33] Voir Friedrich Nietzsche, *La naissance de la tragédie*
[34] Signalons à ce sujet qu'Aristote insiste déjà dans *La Poétique* sur le caractère autonome de la création artistique. L'œuvre d'art ne doit pas fidélité aux événements historiques, elle est création de vérités universelles régies par des règles internes (qui seront reprises et formalisées dans le XVIIème siècle français). L'œuvre d'art, en particulier la tragédie, a par ailleurs sa finalité propre, finalité indépendante de sa fonction (cathartique dans le cas de la tragédie).

l'imagination) et de la forme (l'œuvre, la forme définitivement limitée, figée et signifiante) est précisément ce qui donne l'impression à l'auditeur ou au spectateur que l'œuvre est une démonstration. Elle est démonstration, non seulement en tant que présentation, exhibition (l'œuvre montre, présente, indique dans le sens latin du terme *demonstrare*), mais aussi en tant qu'elle se déroule selon une logique propre et autonome, à laquelle l'auditeur prend un plaisir certain. Pourtant, le plaisir esthétique de l'œuvre ne vient pas spécifiquement de la logique interne de l'œuvre (comme nous le suggérions un peu plus tôt, on ne tire pas le même plaisir à la résolution d'une équation qu'à l'écoute, par exemple, des *Variations de Goldberg*). La démonstration ne tient donc pas tant au déroulement formel de l'œuvre (déroulement formel qui, par certains aspects, pourrait relever d'une forme de mécanique) qu'à la monstration, à l'exhibition et au développement du motif de l'œuvre, motif qui la conduit et en fait la grandeur. En cela, la musique est une double protestation contre le non-sens : d'abord en tant qu'elle est démonstration d'une cohérence formelle (formalisable, mécanisable) ensuite et surtout en tant qu'elle est exposition du motif (de la forme) dont le créateur se fait, par sa sensibilité (par son incarnation sensible) le médiateur et le relais. L'œuvre musicale se tient ainsi à la croisée des mondes : le monde de la cohérence formelle d'une part (celui du paisible *logos* et des mathématiques), le monde de la sensibilité de l'autre (celui de l'incarnation, de la vie précaire qu'il faut protéger et défendre, celui du tragique aussi). Elle est en ce sens le bout du manteau de la causalité du réel, le reflet de la structure de la vérité.

## UNE VERITE SANS CORRESPONDANCE

> Mais précisément, cela n'est humain que profondément ; cela ne se pique pas de le paraître, ou de moins de paraître réel. Cela demeure une œuvre d'art.
>
> André Gide, *Les Faux-monnayeurs*, 1925

### 7.

L'ART EST MIMESIS SANS OBJET — La musique, en tant qu'art non-figuratif et pourtant signifiant, est au cœur de la problématique de l'art. Si, en effet, la musique ne montre rien de plus qu'elle-même (si elle n'est pas constituée de signes qui pointeraient vers un ensemble de significations externes), elle n'en demeure pas moins liée au problème de la vérité. Pour l'artiste, pour le compositeur et pour le créateur, il existe une *vérité* musicale. Nous avons vu que, dans le cadre du discours scientifique, la certitude d'avoir « trouvé » une vérité devait être confrontée de manière rétroactive à l'expérience du réel. Les schèmes de l'imagination du scientifique ne sont en effet valables que dans la mesure où ils correspondent à un certain agencement des faits. Rien de tel, cependant, dans le cas de la création musicale. Le musicien, l'artiste (y compris, en réalité, le peintre figuratif) ne disposent d'aucun élément de comparaison factuelle pour affirmer qu'ils ont « trouvé », c'est-à-dire qu'ils ont acquis une connaissance nouvelle et objective. Les formes artistiques, sont sans correspondance avec le réel. Elles peuvent certes reproduire des parties du réel, mais ce qui est proprement artistique dans la forme, ne relève pas de la *mimésis*, c'est-à-dire de l'imitation du réel. Cette idée d'un art non-mimétique, si elle au cœur de la problématique de l'art depuis l'Antiquité, trouve une formulation intéressante chez Jean Arp. Dans *Jours effeuillés*[35] (1966), Arp écrit par exemple : « Mes collages étaient faits entièrement en papier, et n'étaient ni dessinés ni peints. Ils n'étaient pas spéculatifs, j'étais hanté par l'idée de faire une chose absolue. Le cubisme introduisait dans ses papiers collés le trompe-l'œil, tandis que moi, je construisais avec des papiers mes réalités plastiques ». On sent bien, dans la description que fait Jean Arp de son activité artistique, que les collages ne se vivent pas sur le mode de la *mimesis* : ils ne sont pas spéculatifs, c'est-à-dire qu'ils ne postulent pas à une correspondance. Au contraire, Jean Arp entend présenter des « réalités plastiques » qui ne soient tributaires d'aucune forme d'imitation : « j'étais hanté, écrit-il, par l'idée d'une chose absolue ». Il ajoute plus loin : « Ces collages étaient des constructions statiques, symétriques, des portiques de végétations pathétiques ». La série d'œuvres que Arp entreprend alors marquent le début de ce qu'Arp nommera plus tard un « art concret » – un art anonyme qui ne copie pas la nature, mais la produit, telle « une plante qui produit un fruit[36] ». L'artiste, à l'image de la nature, ne copie pas, il est la nature en action (la *natura naturans*). Revendiqué également par les dadaïstes, ce déplacement de la *mimésis* à la *poïesis* devient l'idée centrale de l'œuvre d'Arp et le conduit, en 1917, à l'adoption d'un nouveau style biomorphique, que l'artiste qualifie de « formes décisives ». Il précise ainsi par exemple : « à Ascona, je

---

[35] Jean Arp, *Jours effeuillés, Poèmes, essais, souvenirs, 1920-1965*, 1966, Gallimard, p. 420 et pp. 430 sq.
[36] Jean Arp, *Art concret*, 1944, p. 183

dessinais au pinceau et à l'encre de Chine des branches cassées, des racines, des herbes et des pierres que le lac avait rejetées au rivage. Finalement, je simplifiais ces formes et unissais leur essence dans des ovales mouvants, symboles de la métamorphose et du devenir des corps[37] ». La démarche de Jean Arp est de trouver et de présenter des formes fondamentales. Il ne s'agit pas, pour autant, d'identifier des formes plus ou moins complexes pour en déterminer les propriétés numériques. De la même manière que le musicien n'est pas un mathématicien, le sculpteur n'est pas un géomètre. Il ne produit pas des structures géométriques, mais propose d'emblée des formes signifiantes par elle-même (nous reviendrons sur cette notion de signification des formes). Là où le géomètre présente des *patterns* idéaux (pré-signifiants) qui structurent son appréhension et sa compréhension du réel, le sculpteur présente des formes concrètes, achevées, qui sont déjà signifiantes par elles-mêmes. Les formes artistiques sont, autrement dit, des unités de sens qui résonnent dans notre sensibilité propre (dans notre réseau propre de significations). Cette résonance repose en réalité sur une correspondance : le motif, imparfaitement exprimé et relayé par l'œuvre d'art, constitue une projection sensible de l'artiste, la (re)production d'une vision abstraite nourrie à la fois par l'observation du monde et par une synthèse du signifiant. En un sens, l'œuvre *est* l'artiste : elle émane de son être profond, de cette part non-formelle de lui-même – celle qui ne se raconte pas aisément, pour reprendre une idée de Paul Ricœur, et à laquelle l'artiste n'a pas un accès immédiat, l'œuvre d'art

---

[37] Jean Arp, Wegweiser/Jalons, écrit en juin 1950 à Ascona, in *Jours effeuillés*, 1966, p. 357

n'étant jamais une simple autobiographie. Elle relève ainsi d'une *mimésis* sans objet, ou peut-être même d'une *mimésis* du sujet lui-même, une sorte de négatif photographique de son être. Cette résonance, qui condense et structure le *moi* de l'artiste dans l'œuvre, convoque à son tour le moi du spectateur ou de l'auditeur, établissant un écho entre l'histoire intime de celui qui reçoit l'œuvre et son propre réseau de significations. L'expérience esthétique devient alors le lieu d'une rencontre silencieuse entre deux subjectivités en quête d'un sens partagé.

Cette idée de résonance, de mise au diapason des structures profondes, offre sans doute un éclairage sur la notion de trouvaille artistique qu'André Breton développe notamment dans *Nadja* (1928) et *L'Amour fou* (1937). Chez Breton, c'est une découverte fortuite, imprévue et souvent merveilleuse qui joue, la plupart du temps, un rôle essentiel dans le processus de création. Loin d'être le simple fruit d'une intention maîtrisée, l'acte créatif apparaît comme un croisement entre hasard et nécessité, par lequel l'artiste, en quête de formes et de significations, rencontre ce qu'il ne cherchait pas encore. Cette trouvaille, qui résonne avec son monde intérieur, vient s'imposer à lui avec une évidence troublante, comme si l'œuvre se révélait à son créateur (remarquons que nous ne sommes pas très éloignés de la notion de sérendipité que nous avions discutée dans le livre I dans le cadre de la philosophie de la connaissance, voir livre I, § 38 – *Eurêka !*). Alors qu'il évoque le pouvoir d'incantation (notons ici encore la référence à la musique, à la résonance, le mot incantation provenant du latin *incantare* qui signifie « chanter des formules magiques ») qu'exerce sur lui

Rimbaud, André Breton, précise en note de bas de page de la réédition de 1963 de *Nadja*[38] : « Rien de moins, le mot incantation doit être pris au pied de la lettre. Pour moi, le monde extérieur composait à tout instant avec son monde qui, mieux même, sur lui faisait grille : sur mon parcours quotidien, à la lisière d'une ville qui était Nantes, s'instauraient avec le sien, ailleurs, de fulgurantes correspondances. Un angle de villas, leur avancée de jardins je les "reconnaissais" comme par son œil, des créatures apparemment bien vivantes une seconde plus tôt glissaient tout à coup dans son sillage, etc. » André Breton entre pour ainsi dire en « résonance » avec l'œuvre de Rimbaud en voyant la réalité comme il la verrait à travers l'œil du poète (l'art, dit Zola, est « la nature vue à travers un tempérament »). Cette expérience de la poésie de Rimbaud lui suggère d'ailleurs une nouvelle série de correspondances (outre l'angle de villas et leur avancée de jardins qui Breton pense « reconnaître »). Dans le passage qui suit immédiatement cette note, Breton rencontre une jeune fille qui « sans préambule » lui offre de lui réciter *Le dormeur du val*. Le héros évoque ensuite un dimanche avec un ami où il s'était rendu au marché aux puces de Saint-Ouen (marché sur lequel il achète un curieux objet, une sorte de semi-cylindre blanc, sans signification pour lui). Son attention se porte alors sur un exemplaire des *Œuvres complètes* de Rimbaud perdu dans un « mince étalage de chiffons, de photographies jaunies du siècle dernier, de livres sans valeur et de cuiller en fer[39] ». En feuilletant le livre, Breton y trouve

---

[38] André Breton, *Nadja*
[39] Ibid.

deux feuillets intercalés, une copie à la machine d'un poème de forme libre et des notations, au crayon, de réflexions sur Nietzsche. L'ouvrage n'est pas à vendre, c'est alors encore qu'une « jeune fille, très rieuse » fait irruption dans la promenade d'André Breton. Elle engage la conversation sur Shelley, Nietzsche, Rimbaud, les surréalistes et *Le paysan de Paris*. Cet épisode en rappelle subitement un autre au héros : « la suggestion en matière de jeu faite un jour à une dame, devant moi, d'offrir à la "Centrale Surréaliste" un des étonnants gants bleu ciel qu'elle portait pour nous faire visite à cette "Centrale"[40] ». Dans le souvenir de ce nouvel épisode, la femme consent à enlever son gant, ce qui plonge le héros dans une panique érotico-esthétique : « Je ne sais ce qu'alors, il put y avoir pour moi de redoutablement, de merveilleusement décisif dans la pensée de ce gant quittant pour toujours cette main[41]. » L'épisode prend une tournure encore plus intense lorsque la femme projette de laisser à l'endroit où elle avait posé son gant bleu, un gant de bronze qu'elle possédait : « gant de femme aussi, au poignet plié, aux doigts sans épaisseur, gant que je n'ai jamais pu m'empêcher de soulever, surpris toujours de son poids ». Peu après cet épisode, Louis Aragon fait observer à André Breton que

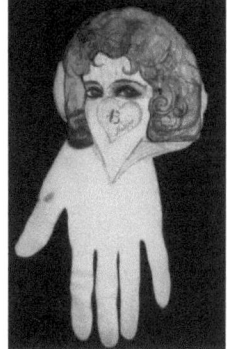

*Autoportrait*, Nadja, Henri Manuel, illustration de *Nadja* (domaine public, 2012)

---

[40] Ibid.
[41] Ibid.

l'enseigne d'un hôtel qui porte en caractères rouges les mots « MAISON ROUGE » est composée de caractères qui sont disposés de telle façon à ce que, sous une certaine obliquité de la route, « MAISON » est effacé et rouge se lit « POLICE ». Cette illusion d'optique, dit Breton, n'aurait été d'aucune importance si le même jour, une ou deux heures plus tard, la dame au gant ne l'avait pas mené devant un tableau changeant qui se trouvait dans la maison qu'elle venait de louer. C'est, écrit Breton, une gravure ancienne qui, vue de face, représente un tigre, mais qui, pour peu que l'on s'éloigne de quelques pas, représente un ange ou un vase selon qu'on se dirige vers la droite ou vers la gauche de la gravure. André Breton conclut : « Je signale pour finir, ces deux faits parce que pour moi, dans ces conditions, leur rapprochement était inévitable et parce qu'il me paraît tout particulièrement impossible d'établir de l'un à l'autre une corrélation rationnelle[42]. » Ainsi, les divagations d'André Breton le conduisent à opérer des correspondances non pas entre un discours et son objet comme dans le cas de la connaissance rationnelle ou des sciences physiques, par exemple, mais entre des objets ou des situations qui n'ont *a priori* aucune corrélation logique entre elles. Le surréalisme de Breton repose sur l'idée que le réel possède une signification plus vaste que celle que lui attribue la stricte rationalité logique, conférant ainsi aux objets une portée qui dépasse leur simple fonction ou apparence. En somme, André Breton rend les objets pour ainsi dire « sursignifiants ». L'expérience du quotidien, qui peut sembler à première vue banalement prosaïque – une promenade dans les rues de Nantes,

---

[42] Ibid., p.61

les puces de Saint-Ouen, un gant en bronze, l'enseigne lumineuse d'un hôtel... – se transforme en expérience poétique par un surinvestissement du sens. Le réel ne devient véritablement « mon réel » que lorsqu'il s'intègre à mon propre réseau de résonances et de significations poétiques, lesquelles ne s'appuient pas sur des liens logiques, mais exclusivement sur des associations esthétiques et métaphoriques. Dans l'activité artistique, c'est la capacité de l'esprit à établir des liens (des schèmes) qui est à l'œuvre. La réalité du vécu des objets surpasse toujours les objets en eux-mêmes (leur caractère prosaïque, leur usage, leur fonction). Ce réseau de correspondance qui est l'œuvre du « *moi* profond » du narrateur n'entre en résonance avec le lecteur que dans la mesure où ce dernier est capable de s'extraire d'une vision purement utilitaire du réel. A la fin du passage que nous avons longuement cité, André Breton insiste d'ailleurs de manière intéressante sur cette notion de disponibilité du *moi* : « l'événement, écrit-il, dont chacun est en droit d'attendre la révélation du sens de sa propre vie, cet événement que peut-être, je n'ai pas encore trouvé, mais sur la voie duquel je me cherche, *n'est pas au prix du travail*[43] ». La révélation du sens, écrit Breton « n'est pas au prix du travail » (c'est André Breton qui souligne). Elle n'apparait pas à l'esprit de celui dont le cerveau est occupé à la tâche (soit parce qu'il est anesthésié par le labeur, soit parce que son attention est accaparée à une tâche analytique ou mécanique). Elle ne peut se faire que lors d'un moment de divagation de l'esprit (nous retrouvons cette idée de divagation qui

---

[43] Ibid., p. 61, c'est André Breton qui souligne.

préside à la découverte de grandes théories philosophiques ou scientifiques).

### 8.

COMPOSITION OU RECHERCHE DU BEAU ? — Nous avons jusqu'à présent défendu l'idée selon laquelle le motif (le thème, la forme) artistique se communiquait à l'artiste ou au compositeur sur le mode de la révélation et exigeait une sorte de semi-passivité de la conscience, l'esprit de l'artiste devant se rendre à la fois disponible aux propositions qui lui viennent (ou qu'il se suggère à lui-même) et prêt à reconnaître et à saisir en lui ces propositions. Cette idée d'une œuvre « révélée » à l'artiste, qui est à mettre en regard avec notre conception non-formelle de la création et de la compréhension (nous employons ici le terme formel dans l'acception du formalisme analytique et logique), pose par ricochet la question du rôle de l'artiste dans la création. Le compositeur de musique, pour ne citer que lui, est-il un assembleur (acception qui renvoie au sens propre du terme composer, du latin *ponere* qui signifie « placer » et *cum* qui signifie « avec ») ou le messager passif de formes qui se révèlent à lui ?

Si nous acceptons l'idée selon laquelle les thèmes, motifs ou formes primitives de l'œuvre sont en quelque sorte « révélées » à l'artiste (qu'elles sont l'œuvre de l'imagination et d'une opération de synthèse esthétique de l'esprit plutôt que d'un effort analytique conscient), il nous faut en même temps reconnaître que la structure générale de l'œuvre d'art, et particulièrement de l'œuvre musicale, est aussi la manifestation d'un effort analytique de la raison qui critique de manière rétroactive et consciente les premières intuitions esthétiques de l'imagination. Dans le processus de création, l'artiste, à l'image du scientifique, se déporte de lui-même[44] pour considérer son œuvre dans sa signification et sa cohérence globale (de la même manière que le scientifique s'assurait de la cohérence et de la communicabilité de sa théorie en tentant de la considérer comme extérieure à lui-même). La considération rétroactive de l'œuvre porte, chez l'artiste sur la valeur des formes esthétiques (quelle est l'intention de la forme, vers quelles significations abstraites m'oriente-t-elle ?) aussi bien que sur l'agencement des formes entre elles (qui relève bien, à ce compte, de son travail de compositeur). C'est la raison pour laquelle nous pensons qu'il ne faut pas réduire l'œuvre et le processus créatif en général à la seule révélation de formes « préexistantes ». Si, en effet, l'une des aptitudes de l'artiste est de mettre son « moi superficiel » en retrait pour faciliter la perception de la forme ou du motif artistique, son activité ne se réduit pas à la captation de telles formes. L'artiste est certes, à l'image du voyant de Rimbaud, une sorte de réceptacle des formes (il se fait le spectateur, comme disait Rimbaud, des formes qui se créent en lui) mais il est aussi *celui* qui organise ces formes entre elles : c'est lui qui leur donne leur cohérence générale au sein d'une œuvre. Ainsi, l'œuvre d'art est toujours le produit combiné d'une passivité (moment esthétique de réception de la forme) aussi bien que d'une activité consciente de l'artiste (moment d'organisation du ou des motifs dans une construction signifiante). Par ailleurs, l'état de passivité de l'artiste

---

[44] Quelles objections, se demande par exemple le théoricien, mes pairs pourraient-ils faire à ma théorie ?

procède déjà d'une forme d'activité. A l'image du scientifique qui s'apprête à faire une découverte (et dont la conscience est dans un état de disponibilité, comme nous l'avons montré dans le livre I), l'artiste n'est pas passivement ouvert à n'importe quelle forme qui se présenterait à lui, il sait déjà qu'il cherche *quelque chose*. L'état de disponibilité dans lequel il se trouve est donc toujours déjà conditionné (consciemment ou inconsciemment) par cette recherche. Ainsi, même s'il n'est pas nécessairement dans une démarche active au moment où il fait la rencontre de la forme, l'artiste n'est pas ouvert à l'ensemble des possibles : il teste déjà inconsciemment des hypothèses. Ce n'est qu'une fois qu'il est parvenu à une combinaison favorable que l'hypothèse testée lui apparait comme « la bonne ». Or, cette combinaison ne pouvait être atteinte par un pur raisonnement analytique. Elle ne découlait pas d'un ensemble d'axiomes ou d'une chaîne logique déterminée. La combinaison que l'artiste cherchait ne pouvait pas, cependant, lui être donnée de manière analytique, elle ne se déduisait pas d'un ensemble d'axiomes ou d'un jeu d'hypothèses déterminées. C'est la raison pour laquelle l'artiste avait précisément besoin de se mettre en retrait de sa recherche (de quitter le mode analytique de sa conscience immédiate).

Dans cette quête de la forme réside l'une des grandes tensions du processus créatif. L'artiste n'évolue jamais dans un vide esthétique, mais se trouve toujours inscrit dans un « état des arts », c'est-à-dire un ensemble de formes et d'œuvres préexistantes qui influencent, consciemment ou inconsciemment, son travail. Face à cet héritage, l'artiste oscille entre deux attitudes opposées. La première consiste à embrasser l'histoire de l'art, à s'en imprégner au point d'en faire une matrice de son œuvre, au risque de tomber dans les facilités de la redite ou du pastiche (la création devient simple variation sur des formes déjà établies). La seconde consiste à tenter de faire table rase de toute influence (à supposer qu'un tel acte fut possible), pour ne chercher que le génie qui réside au fond de lui, au risque de s'enfermer dans une sorte de conformisme de l'*ego* (je suis unique… comme tout le monde). Ainsi, la tension entre héritage et innovation, entre influence et rupture, constitue l'un des dilemmes fondamentaux de la création artistique.

L'innovation, cependant, ne suffit pas à qualifier l'art. Si l'innovation n'entre en résonance ni avec le *moi* profond de l'artiste, ni avec celui de l'auditeur ou du spectateur, elle est condamnée à rester une structure morte, aride, sans signification concrète. Il y a toujours, en somme, dans la composition musicale, une recherche d'adéquation et de correspondance, même si cette correspondance est sans objet (elle n'est pas une correspondance avec un fait que nous pourrions expérimentalement vérifier, en revanche, elle est correspondance avec la vision de la forme que l'artiste cherche à matérialiser dans l'œuvre). La recherche expérimentale en musique, si elle est une activité nécessaire au dépassement des formes convenues, ne doit donc pas, à notre avis, s'enfermer dans une sorte de complaisance autoréférentielle (complaisance qui peut paradoxalement verser dans une forme de conformisme). Il nous semble en d'autres termes qu'un art qui ne serait que « rupture » ou destruction de la forme courrait le risque de ne plus rien signifier (qu'une série d'expériences sans lien avec une quelconque vision ou une forme que l'artiste tenterait de rendre signifiante[45]). Ce risque de conformisme par excès d'anticonformisme guette à notre avis l'ensemble des formes d'expression artistiques qui se concentreraient avant tout sur les aspects purement « formels » ou « stylistiques » de l'œuvre (comme si la forme de l'expression pouvait constituer à elle seule l'objet de l'art). C'est sans doute la critique que l'on pourrait formuler, par exemple, à l'endroit de la célèbre doctrine de « l'art pour l'art » qui fut celle de Leconte de Lisle et de ceux que l'on nomma à sa suite les Parnassiens[46]. L'importance décisive donnée à la forme, conjuguée à une doctrine de la séparation — que nous jugeons artificielle — entre « la forme et le fond » devait se traduire, d'après les Parnassiens, par un effacement du *moi* et de toute sentimentalité afin, disaient-ils, d'adopter une perspective plus universelle et objective (nous retrouvons ici le geste de Francis Ponge, seulement ce geste est malheureusement déconnecté, dans la théorie du Parnasse, de toute réalité concrète[47]). L'approche parnassienne de l'art nous fait ainsi penser en un sens à l'approche hilbertienne des mathématiques : tout n'y est que forme et extension de la forme. La conception parnassienne de la forme « pure » n'est-elle pas cependant illusoire ? Peut-on réellement

---

[45] Nous pensons par exemple, pour ne citer qu'eux, aux interminables solos de Yoko Ono dont, je l'avoue, le contenu artistique m'échappe.

[46] Doctrine selon laquelle l'art, et notamment la poésie devaient tendre à une perfection purement formelle (utilisation stricte des règles de la versification classique, y compris la métrique et la rime).

[47] Et pour cause, les Parnassiens décrivant souvent dans leur poèmes une réalité d'emprunt (thèmes inspirés par une Antiquité fantasmée, figures poétiques convenues…)

détacher la forme de ses conditions d'émergence historique comme on détacherait le signe de sa signification ?

Si le signe lui-même est toujours signe de quelque chose, le formalisme (l'expression formelle de l'art, c'est-à-dire en somme les règles de l'art) est, lui aussi, tributaire d'un « état des arts ». Or, il nous semble illusoire de prétendre que l'histoire de l'art progresserait vers un mode d'expression de plus en plus parfait ou idéal. La forme nous parait au contraire toujours tributaire de ce dont elle est le signe, c'est-à-dire de la réalité qu'elle soutient. A ce titre, l'alexandrin classique (avec césure à l'hémistiche), considéré par les Parnassiens comme la forme idéale en poésie (pour des raisons objectives[48] que nous pouvons certes discuter) ne constitue pas nécessairement l'horizon indépassable de l'expression poétique. Le poète, historiquement situé, est l'héritier de l'histoire de l'art. Il est libre cependant d'en faire évoluer les formes d'expression (nous pensons par exemple à l'utilisation irrégulière de l'alexandrin chez Baudelaire ou à l'apparition du vers impair chez Verlaine[49]). L'idée de forme parfaite, au

---

[48] Harmonie, équilibre, symétrie, musicalité…
[49] Nous faisons bien sûr référence au fameux poème de Verlaine, *Art Poétique* :

De la musique avant toute chose,
Et pour cela préfère l'Impair
Plus vague et plus soluble dans l'air,
Sans rien en lui qui pèse ou qui pose.

Quelques vers plus loin, Verlaine fait une référence critique à peine voilée aux Parnassiens :

Prends l'éloquence et tords-lui son cou !

sens de celle que recherche le Parnasse, est donc, pour nous, une chimère, une vue de l'esprit. La forme artistique (au sens du style de l'œuvre, ses conditions formelles d'expression) n'est jamais ni pure, ni parfaite. La perfection de l'expression, du point de vue de notre problématique de la signification, n'a pas réellement d'objet. L'art, en effet, n'est pas une recherche de la meilleure forme possible pour exprimer une réalité de la manière la plus fidèle ou la plus idéale qui soit, il est déjà toujours directement intuition d'une forme signifiante et organisation de cette forme au sein de l'œuvre (du récit artistique). Se poser la question de la perfection de la forme, de la même manière que s'interroger exclusivement sur les conditions de son dépassement dans l'œuvre, revient en quelque sorte à mettre la charrue avant (ou sans) les bœufs : la forme seule est dépourvue de signification.

---

Tu feras bien, en train d'énergie,
De rendre un peu la Rime assagie. Si l'on n'y veille, elle ira jusqu'où ?

## LA MUSIQUE OU LE LANGAGE DE L'ETRE

— Avez-vous remarqué que tout l'effort de la musique moderne est de rendre supportables, agréables même, certains accords que nous tenions d'abord pour discordants ?

— Précisément, ripostai-je ; tout doit enfin se rendre et se réduire à l'harmonie.

— A l'harmonie ! répéta-t-il en haussant les épaules. Je ne vois là qu'une accoutumance au mal, au péché. La sensibilité s'émousse ; la pureté se ternit ; les réactions se font moins vives ; on tolère, on accepte…

— Vous ne prétendez pourtant pas restreindre la musique à l'expression de la sérénité ? Dans ce cas un seul accord suffirait : un accord parfait continu.

— Un accord parfait continu ; oui, c'est cela : un accord parfait continu… Mais tout notre univers est en proie à la discordance, a t il ajouté tristement.

Je pris congé de lui. Il m'accompagna jusqu'à la porte et m'embrassant, murmura encore :

— Ah comme il faut attendre pour la résolution de l'accord !

André Gide, *Les Faux-monnayeurs*, 1925

MUSIQUE ET SIGNIFICATION

## 9.

LA MUSIQUE COMME RESEAU DE SIGNIFICATIONS — La musique, en tant qu'art non-représentatif, a, nous l'avons évoqué, un statut particulier parmi l'ensemble des arts. Si nous avons tenté de dégager la problématique de l'art de celle de la *mimésis*, et que par voie de conséquence, nous avons émis l'idée (relativement classique en philosophie) selon laquelle ce qu'il y a de proprement artistique dans l'œuvre ne relève pas de l'imitation (*mimésis*) mais d'une authentique création (*poïesis*), il nous faut néanmoins remarquer que la musique, contrairement aux autres arts (à l'exception peut-être de la danse, et, dans une certaine mesure, de l'architecture), n'est pas un art intermédié (et ne peut être intermédiée). La note, le rythme, ne désignent rien d'autre qu'eux-mêmes. Ils sont à la fois le signifiant et le signifié. Si, comme nous le pensons, la musique, comme l'ensemble des arts, s'élève au niveau de la signification, ce n'est donc pas dans la mesure où les notes ou les phrases musicales renverraient vers une signification externe, mais nécessairement (si tant est que nous acceptons de considérer la problématique de la signification dans le cadre de la création musicale) en tant qu'elles renvoient vers une signification interne, intrinsèque. Nous n'avons eu de cesse, notamment lors de livre I de tenter de démontrer au contraire que la problématique de la signification devait nécessairement s'envisager à travers le prisme du dualisme *radical* et du couple « signifié-signifiant ». Comment dès lors comprendre l'idée qu'il puisse y avoir une signification interne à une mélodie (mélodie qui ne désigne rien en dehors d'elle-même) ? Nous sommes ici au cœur de l'un des problèmes les plus fondamentaux de la question du dualisme. Si nous réduisions le dualisme à la problématique de la dualité entre le signifiant et le signifié, nous nous exposons en effet à un certain nombre d'objections, celle notamment qui consiste à affirmer que le dualisme entre le signifiant et le signifié n'en est pas un, dans la mesure précisément où il peut se formaliser par une fonction mathématique du type « $f(x) = y$ », dans lequel $f(x)$ est le signifié (fonction de la réalité $x$) et $y$ est le signifiant (désignation $y$ d'une réalité $x$). En réalité, le dualisme du couple « signifiant-signifié » repose un dualisme plus fondamental et non-formalisable qu'est le dualisme « animé-inanimé » qui lui-même implique le dualisme « matière qui pense – matière pensée ». Ce dualisme *radical*, qui fait l'objet des premiers chapitres du livre I, est en réalité celui à quoi nous confronte l'œuvre musicale. Lorsqu'en effet nous parlons d'une signification interne de l'œuvre, notre proposition a quelque chose d'impropre. Certes, la signification de l'œuvre peut être dite « interne » dans la mesure où elle n'est pas le signe d'autre chose qu'elle-même (comme pourrait l'être la peinture d'un paysage anglais), cependant la signification n'en est pas pour autant autonome ou autoréférentielle. Elle n'est pas comprise dans la chose elle-même, elle relève au contraire de l'intentionnalité (pour le compositeur ou l'artiste) et de l'interprétation de la chose. Ainsi, la signification de l'œuvre musicale se trouve bien comprise dans une structure dualiste intentionnalité-interprétation, qui est au cœur de la création et de la réception des œuvres artistiques (le compositeur étant le créateur mais aussi, nous l'avons évoqué, le premier auditeur de son œuvre, quoique d'une manière différente, cela va sans dire, de l'auditeur qui est totalement externe à l'œuvre).

Imaginons, pour illustrer notre propos, un ensemble de feux lumineux bleus, disposés les uns à côté des autres et qui s'allumeraient successivement, chacun à leur tour, de sorte que nous ayons l'impression que trois points bleus formant une ligne se déplacent de la gauche à la droite de la figure, comme illustré dans le schéma ci-contre. Si nous considérons les choses d'un point de vue strictement factuel, en dehors de toute problématique de la signification, nous voyons en fait des feux bleus s'allumer et s'éteindre à intervalles déterminés. Il n'existe pas, par conséquent, de ligne bleue qui traverserait la figure de gauche à droite (remarquons d'ailleurs que nous aurons toutes les peines du monde à fixer un ou plusieurs feux afin de les considérer dans leur clignotement unitaire, puisque notre conscience opère à notre corps défendant une liaison signifiante). D'un point de vue « désanthropologisé », donc, il n'y a pas de ligne traversante. Dans le cas qui nous occupe, ce « point de vue » est-il le bon ? Si nous avons en effet l'impression de voir une ligne bleue traverser une figure, c'est, selon toute probabilité parce que l'intention de l'ingénieur qui a conçu ce système était de nous faire percevoir cette ligne, de la même manière que lorsque nous regardons notre écran de télévision nous voyons immédiatement des images et non un ensemble de points qui s'allument, s'éteignent ou changent de couleur. Nous

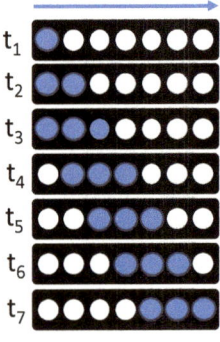

avons donc bien identifié ici deux niveaux distincts, le niveau factuel et matériel qui est celui du discours scientifique (il n'existe pas de ligne bleue, seulement des feux lumineux qui s'allument et s'éteignent à intervalles réguliers) et le niveau de la signification (qui est aussi celui de l'interprétation, niveau que nous ne pouvons atteindre qu'en acceptant l'intentionnalité de l'ingénieur et la projection signifiante opérée par le spectateur en visionnant le dispositif). Du point de vue de la science, il y aurait cependant un grand danger à ne pas considérer « ce niveau de la signification ». Si un scientifique venu d'une autre planète arrivait sur Terre avec pour tâche d'étudier ce curieux instrument qui envoie une quantité de signaux lumineux à la seconde, il aurait sans doute les plus grandes difficultés à comprendre le fonctionnement et la destination de l'objet s'il ne s'élevait pas lui-même au niveau de la signification (au niveau de ce que « signifient », pour les humains, l'ensemble de ces points, ce qui impliquerait pour le scientifique extra-terrestre de comprendre la manière dont leur liaison est opérée par le spectateur et intentionnellement réglée par l'ingénieur[50]).

---

[50] Si notre scientifique extra-terrestre était un bon statisticien, il verrait sans doute que la juxtaposition des couleurs et des intensités finirait par dessiner des formes et des groupes de formes. L'analyse statistique pourrait ainsi lui donner les clés du formalisme sans passer par d'abord par la problématique de la signification. Cependant, notons que (i) le rapport d'efficience entre énergie dépensée et résultat serait très défavorable si le scientifique refusait d'abord la problématique de la signification (la méthode analytique et déductive implique une dépense d'énergie bien plus importante que la méthode intuitive de reconnaissance formelle), (ii) dès lors que le scientifique identifierait des formes par sa méthode

Il en va en partie de même pour la musique. Si le son unitaire n'a pas de signification en lui-même, une succession de sons forment une mélodie, une phrase musicale, c'est-à-dire une unité structurée et cohérente qui exprime une idée musicale complète (comme une succession de pixels forment une image globale que l'on ne peut appréhender que dans sa dimension signifiante). La liaison signifiante entre les notes est bien opérée à la fois par le compositeur et par l'auditeur qui reçoit la composition d'emblée comme une proposition signifiante[51]. Dans *Les neurones enchantés*, Jean-Pierre Changeux admet lui-même cette dimension signifiante de la musique : « dans la perception de la musique, écrit-il, et dans la délectation musicale, se trouve un contenu de sens qui n'existe pas dans la simple production de sons[52]». Le terme de « délectation » employé par Jean-Pierre Changeux nous semble pourtant encore très lié au champ lexical du plaisir, c'est-à-dire de la simple réaction à un *stimulus* positif. Dans la suite du passage que nous citons, Jean-Pierre Changeux confirme cette orientation : « la réflexion sur cette organisation nous conduit, *bien entendu*[53], à essayer d'aller plus avant dans la compréhension des

---

analytique et statistique, il parviendrait *de facto* au niveau de la signification, l'identification de formes étant déjà un premier pas vers la signifiance.
[51] Dans *Les neurones enchantés*, Pierre Boulez s'exclame d'ailleurs à ce sujet : « Absolument ! Comme si un mi bémol était un mi bémol absolu ! Alors qu'il est relatif par rapport à tout ce qui se passe autour, à tout ce qui le met en valeur. », Op. cit., p. 126. Cela ne l'empêche pas, malheureusement de passer en grande partie de la problématique de la signification de l'œuvre.
[52] Op. cit., p. 109
[53] Nous soulignons

mécanismes nerveux centraux qui participent à la perception de la musique[54] ». Ce retour à la matérialité de la signification (à ses supports matériels, c'est-à-dire aussi à l'effet matériel que produit sur nous la mélodie), témoigne de la mauvaise compréhension de la problématique de la signification, mauvaise compréhension qui se traduit par une tentative systématique de réduire le problème à sa traduction matérielle (qui n'est qu'une partie du problème, partie que nous ne devons certes pas négliger, mais qui ne nous conduira pas isolément à comprendre la question du sens, comme le fait de considérer les points lumineux bleus dans leur alternance rythmée ne nous aidera pas à comprendre la question de la perception d'une ligne bleue). Si Jean-Pierre Changeux admet ainsi que notre « notre cerveau n'est pas simplement une oreille, mais [qu'] il reconstruit une organisation perçue de manière choisie, qu'il analyse[55] », il ne prend jamais réellement acte des implications épistémologiques de cette faculté de reconstruction et de liaison des éléments entre eux (bien qu'il rende compte de leurs manifestations matérielles complexes).

La musique étant originellement liée à la question du sens est en cela la négation même du réductionnisme. Cela signifie qu'on ne peut réduire la musique à l'effet qu'elle produit sur le spectateur (selon un jeu de *stimuli* qui comblerait ou décevrait les attentes de l'auditeur) sans passer par la problématique de la signification, problématique intrinsèquement duale (qui convoque l'idée que nous nous faisons de la mélodie aussi bien

---

[54] Ibid.
[55] Ibid., p. 115

que sa perception immédiate). Si le spectateur est ému, heureux, s'il s'estime trompé ou même s'il se sent en colère, ce n'est pas parce qu'il aura l'impression de se trouver dans la position de l'animal de foire, que l'on s'amuse à récompenser ou à décevoir, mais parce qu'il fera un libre usage de sa faculté (*idéelle*) de juger. L'homme, en s'élevant au niveau de la signification, dépasse le simple statut de l'animalité (l'animal lui-même dépassant d'ailleurs la stricte vision mécaniste et matérialiste des réductionnistes). Dans le tome III de *La philosophie des formes symboliques* (1929) Ernst Cassirer, évoquant l'idée de « prégnance symbolique » dans la perception des formes, écrit : « On ne peut jamais penser la pure visibilité en dehors d'une forme déterminée de la "vision" et indépendamment d'elle ; en tant que vécu "sensible" il est toujours déjà porteur d'un sens et en quelque sorte au service de celui-ci[56]. » En d'autres termes, pour Cassirer, la « visibilité » (le fait qu'un être sensible puisse percevoir *quelque chose*) est d'emblée liée à la « vision », c'est-à-dire à la projection signifiante de l'être sensible sur les choses (cela renvoie à nos développements sur la conscience dans le livre I, voir notamment le chapitre intitulé *Qu'est-ce qu'une chose ?*). On ne peut comprendre la perception sensible sans la relier d'emblée à la question du sens. Pour l'animal, comme pour les formes de vie les plus élémentaires, le monde est d'emblée perçu sur le mode de la différenciation, c'est-à-dire de la signification. Si cette différenciation n'est pas consciente dans les formes de vie élémentaires, elle le devient pour les animaux évolués qui se conçoivent comme des entités différenciées à défendre. C'est cette différenciation —

---

[56] Op. cit., pp. 226 sq.

consciente ou non — de l'organisme vis-à-vis de ce qui lui est extérieur qui induit la problématique de la signification, cette dernière étant liée aux questions fondamentales de survie et de reproduction. C'est ainsi, disons, de la « qualité » du décodage (de sa capacité à rendre compte du monde de manière globale et ordonnée) que dépendra la plus ou moins grande probabilité de survie des organismes vivants. A mesure que l'organisme se complexifie, le système de décodage devient à son tour plus complexe et plus global. L'être sensible acquiert alors une liberté de plus en plus grande vis-à-vis du monde qui l'entoure (voir à ce sujet livre I, § 19 — *Les degrés de liberté*). Si la relation entre l'être sensible et les choses est déjà de nature duale et signifiante, c'est la faculté humaine à s'élever au niveau du problème de la signification qui la différencie des animaux les plus évolués (les grands primates notamment). Karl Popper, dans *La connaissance objective*, évoque la capacité des hommes à faire usage des facultés supérieures du langage (voir livre I, § 20 — *L'idée comme non-matière agissante sur la matière*) ces facultés supérieures comprenant notamment la fonction de description et d'argumentation[57]. Lorsque l'homme écoute une mélodie, par conséquent, il n'est pas seulement dans la position de l'animal que l'on

---

[57] Les langages humains, explique Popper, partagent avec les langages animaux les deux fonctions « inférieures » du langage qui comprennent l'expression de soi et l'échange de signaux. Au-delà de ces deux fonctions, le langage humain possède cependant bien d'autres fonctions, dont les deux plus importantes sont, pour Popper, la fonction de description et la fonction d'argumentation. Avec la fonction descriptive du langage, humain émerge l'idée régulatrice de *vérité*, c'est-à-dire l'idée qu'une description puisse correspondre aux faits.

récompense ou que l'on frustre (cette recherche de récompense et cette fuite de la douleur étant directement liés aux instincts les plus fondamentaux de l'animal), il est aussi et surtout en position d'exercer un jugement critique (c'est-à-dire rétroactif, faisant appel à ses « facultés supérieures » comme les définit Popper) sur l'œuvre d'art. C'est ce jugement critique rétroactif (même si dans les faits, il est quasiment concomitant à l'écoute de l'œuvre) qui procure, au-delà de la première émotion de plaisir ou de déplaisir, l'émotion proprement esthétique. L'émotion esthétique est ainsi liée à un jugement rétroactif qui s'opère à l'écoute de l'œuvre (en léger décalage en réalité, car le jugement critique est consubstantiel à l'écoute ou à la vision[58]), ce jugement venant amplifier, atténuer ou modifier la première sensation de plaisir ou de déplaisir[59].

Si nous affirmons que le jugement esthétique est par nature rétroactif, c'est bien parce que nous le lions à la problématique fondamentale de la signification. Dans la *Critique de la faculté de juger*, Kant, voulant clairement séparer le plaisir esthétique des sentiments de plaisirs utilitaires, insistait sur le caractère désintéressé du jugement esthétique. De la même manière, affirmait

---

[58] Nous parlons ici de jugement critique au sens large, pas uniquement esthétique. A l'image de Cassirer affirmant que la visibilité ne peut se concevoir en dehors de la problématique de la vision signifiante, nous affirmons que la perception est quasi-concomitante du jugement. La perception pour l'être sensible étant originellement liée à sa survie, entraîne une réponse concrète qui ne prend pas nécessairement la forme d'un réflexe (perception du mouvement entraînant par exemple une réaction de fuite).
[59] Immédiateté qui procède déjà d'un apprentissage de la musique, comme nous le verrons dans le chapitre suivant.

Kant, qu'il ne faut pas avoir trop faim pour juger de la qualité d'un plat (l'homme qui dévore son dîner après avoir jeûné trois jours étant peu à même d'en apprécier la qualité), il faut juger d'une œuvre non pas d'après le plaisir immédiat et intéressé qu'elle nous procure (immédiateté qui ferait intervenir des considérations d'intérêt personnel et interdirait à notre jugement de postuler l'universalité), mais d'après sa beauté intrinsèque, appréciée pour elle-même et non pour ses conséquences et ses usages. Ainsi, selon Kant, le jugement esthétique doit être *désintéressé*. Il nous semble, à rebours de cette vision kantienne, que le plaisir esthétique, s'il ne peut incontestablement se réduire au plaisir utilitaire (qui pourrait être, par exemple, celui de l'animal) est le signe d'un engagement, d'une adhésion de l'être, c'est-à-dire d'un *intérêt* fondamental à l'œuvre (dans le sens latin du mot intérêt qui provient de *interesse*, *inter* : entre, parmi, *esse* : être). Si l'homme prend un plaisir esthétique à l'œuvre d'art, ce n'est pas à notre sens parce qu'il s'élève au-dessus de son propre intérêt, mais au contraire parce qu'en se mettant en quelque sorte au diapason de l'œuvre, il lui manifeste un intérêt fondamental, il lui témoigne une adhésion qui est un engagement total et *idéel* de l'être. À notre avis, le caractère potentiellement universel (ou universalisable) de l'œuvre ne repose pas tant sur une mise en sourdine de l'intérêt que nous lui portons, mais plutôt sur notre capacité à dépasser nos intérêts « superficiels » – c'est-à-dire nos inclinations immédiates, nos préjugés esthétiques, notre attrait pour certaines facilités. En d'autres termes, le plaisir esthétique est intrinsèquement lié à la compréhension de l'œuvre, non pas de ce que *veut dire* l'œuvre (ou du « message » qu'elle transmet, comme on l'entend parfois dire un peu naïvement) mais de ce qu'elle est, *en elle-même* et *pour nous-même*. La compréhension de l'œuvre est en cela, nous le disions, une mise au diapason des sensibilités qui convoque notre *moi* le plus profond, traçant un chemin de correspondance entre l'homme et l'artiste, mais aussi entre les hommes en général.

De fait, la musique, nous l'avons évoqué, si elle n'entre pas directement dans le cadre de la dualité du couple signifiant-signifié ne se situe pas moins dans le champ global de la signifiance. Les notes, les rythmes, les ruptures n'ont pas de signification propre (elles ne renvoient pas à une correspondance qui leur serait extérieure), mais n'en forment pas moins ce que nous appelons littéralement des « phrases musicales », qui « racontent » une histoire au sein d'une structure globale dans laquelle apparaissent, disparaissent et se répètent les motifs et les thèmes. Cette histoire ne peut être racontée qu'à la condition d'être reçue comme une histoire signifiante. A l'image des phrases du langage ordinaire, la phrase musicale exprime quelque chose à l'intérieur d'un cadre référentiel (la gamme, l'harmonie, le cadre du récit musical) partagé par le compositeur et l'auditeur, cadre référentiel qui peut d'ailleurs à l'occasion être changé et dépassé au sein même de l'œuvre. Ce cadre référentiel ne peut être compris et intégré que du point d'un point de vue *extérieur* (celui du créateur, et de l'auditeur). Nous ne sommes pas, nous, être sensibles, prisonniers d'un cadre, nous sommes précisément l'extra-cadre. C'est à cette condition uniquement que nous pouvons comprendre la musique, nous mettre en résonance avec elle (l'analogie de sons entre « résonner » et « raisonner » et à cet égard intéressante). L'auditeur est ainsi dans une sorte de position limite : à la fois convoqué par l'immédiateté de la mélodie, par les sensations et les sentiments qu'elle provoque en lui et en même temps témoin extérieur de ces sensations : « la sensation analysée, écrivit Remy de Gourmont, poussière de diamant[60] ! »

## 10.

HISTORICITE DE LA MUSIQUE — La mélodie, en tant que liaison primitive et signifiante entre des sons qui isolement ne signifient rien, est pour nous l'indice de la possibilité d'un dépassement : celui du non-sens. En liant entre eux des particularités qui en elles-mêmes sont dépourvues de significations (le son, la vibration), elle est en effet une proposition qui tend à l'absolu et à l'universel. Les mathématiques, comme l'ensemble des systèmes formels, ont besoin de fondements qui leur sont extérieurs. C'est à cette seule condition qu'ils peuvent revendiquer consistance et cohérence. Le langage, les systèmes logiques en général, nous l'avons longuement évoqué dans le livre I, sont toujours l'expression, formalisation de *quelque chose*. Le chiffre est ainsi lié à une unité concrète ou abstraite, le « 1 » renvoyant par exemple à l'idée extérieure d'unité (qui n'est pas contenue en tant que telle dans le signe « 1 », les chiffres arabes, contrairement aux chiffres romains par exemple étant totalement déliés de leur signification concrète — si le chiffre romain « II » évoque la dualité par la juxtaposition de deux « I », ce n'est pas le cas du

---

[60] Remy de Gourmont, *Sixtine, roman de la vie cérébrale*, XI. *Poussière de diamant*, Nouvelle Librairie Parisienne, Albert Savine Editeur, Paris, 1890, p. 80

chiffre « 2 »), le « 2 » à la dualité ou à l'addition de deux unités et ainsi de suite. Le son musical, lui, n'est pas son *de quelque chose*, il est vibration brute qui se donne à celui qui le perçoit immédiatement et, pour ainsi dire, « sans arrière-pensée ». La musique, comme pure activité de liaison dépourvue de soubassements, plus encore que les mathématiques, postule ainsi à une forme de vérité absolue dans la mesure où elle ne désigne rien d'extérieur à elle-même (rien qui ne soit pas déjà contenu en elle-même). Elle est pure activité architecturale, mise en forme d'une matière *a priori* insignifiante. Cette mise en forme signifiante, bien qu'elle postule une forme d'absolu (dans le sens où elle n'est relative à rien d'extérieur à elle-même) n'en est, paradoxalement, pas moins liée à notre aptitude à *rendre les choses signifiantes*, c'est-à-dire à ce que qui, le plus profondément, constitue notre subjectivité sensible. D'un côté, la musique est donc une pure activité architecturale (qui ne se compromet pas dans la problématique de l'adéquation), de l'autre, elle est pure activité subjective (elle est la manifestation la plus pure et la plus primitive de notre aptitude à relier les choses entre elles, c'est-à-dire à les rendre signifiantes). L'œuvre musicale est, en d'autres termes, le lieu de rencontre entre le purement subjectif (la création, la sensibilité) et le purement objectif (l'architecture légale, formelle). Elle est en quelque sorte une subjectivité objectivée, c'est-à-dire une signification pure et immédiate. Si, pourtant, nous admettons que la musique, en tant qu'art non-médiatisé (qui possède une signification qui ne s'opère pas sous le mode de l'adéquation avec une référence externe) postule une forme d'absolu, nous n'en admettons pas moins, paradoxalement qu'elle est une forme historique d'expression. N'y aurait-il pas cependant quelque paradoxe à considérer la musique comme un absolu historique ? L'absolu n'est-il pas précisément ce qui devrait échapper à l'historicité, ce qui, en d'autres termes, devrait valoir en tout temps et en tout lieu ?

Il ne faut pas ici nous méprendre sur la signification du mot « absolu ». Que disons-nous quand nous employons le mot « absolu » pour qualifier la musique ? Assurément, nous ne voulons pas affirmer que la musique soit une vérité éternelle, une sorte d'idée platonicienne, solitaire et immarcescible. Nous avons vu au contraire que la musique, en tant que pure architecture de formes en elles-mêmes insignifiantes (les vibrations que nous percevons comme des sons), reposait tout entière sur nos facultés de liaisons (liaison des sons, des rythmes, des formes) et donc sur notre aptitude à rendre signifiant ce qui ne l'est pas immédiatement (à insérer du sens dans le non-sens apparent de la matière). Le caractère « absolu » de la musique n'est donc pas à comprendre dans le cadre traditionnel de l'absoluité philosophique comme ce qui existe en soi et par soi-même et qui n'admettrait aucune restriction ni limitation. Au contraire, nous avons vu que la musique était intimement liée à la réception subjective de signaux intentionnellement produits par l'artiste. Si nous parlons d'absoluité de la musique, ce n'est donc pas dans le sens d'une vérité apodictique, indépassable. Le caractère absolu de la musique n'est pas soutenu par son caractère totalement objectif, mais au contraire par sa définition purement subjective (dans la mesure où la subjectivité ne souffre pas ici d'une compromission avec une réalité qu'il s'agirait d'exprimer fidèlement). Si, pour autant nous pouvons rendre compte ce qu'est la musique de manière objective (la musique est une science des rapports, elle joue toujours avec une règle qu'elle crée ou qu'elle détruit), elle ne devient signifiante que par le sujet qui la ressent en lui, sans la rapporter à rien de connu en dehors de lui.

Cette potentielle absoluité de la musique ne peut se comprendre et s'atteindre que par un mouvement de mise en retrait de l'*ego* au profit de ce que nous avons appelé le *moi* profond (le moi débarrassé de ses préoccupations, de ses intérêts immédiats, de tout ce qui fait le *moi* quotidien). Ce n'est qu'en rendant notre moi *disponible* que nous pouvons réellement entrer dans la problématique de la signification de la musique (de ce qu'elle est en elle-même, de ce qu'elle est pour nous). Ainsi, en tant que pure manifestation de la subjectivité la plus fondamentale, la musique se place d'emblée dans le champ (historique) de la signification. Le monde signifiant est en effet toujours déjà historique (il nous précède et nous détermine en tant qu'êtres humains, nous héritons toujours d'une histoire, ne serait-ce que de celle du langage, par exemple).

La musique, elle aussi, en dépit de son caractère absolu *pour nous* a donc une histoire. Elle est, en premier lieu, tributaire des formes matérielles d'émission du son. Des flûtes en os de l'homme préhistorique aux synthétiseurs modernes, les sons musicaux ont suivi l'évolution des techniques instrumentales[61]. De même,

---

[61] Je recommande à ce sujet la visite très instructive du Musical Instrument Museum à Phoenix, Arizona qui rassemble une collection de plus de 7 000 instruments de musique, provenant de 200 pays.

les harmonies, des premières manifestations musicales (voix et percussion avant 40 000 ans avant J.C., apparition des premiers instruments vers 40 000 ans avant J.C.), aux harmonies contemporaines, ont connu un lent développement historique : développement des théories musicales fondées sur les intervalles et les échelles vraisemblablement pentatoniques ou heptatoniques en Egypte (3000 ans av. J.C – 500 ans av. J.C.) et en Grèce antique (échelle de Pythagore), musique monodique (chant grégorien) au Moyen-Age, polyphonies entre le XII$^{ème}$ et le XIV$^{ème}$ siècle européen, extension de la polyphonie complexe à la Renaissance (messe, motet, chanson), développement de la musique instrumentale et des danses de cour au XVII$^{ème}$ et XVIII$^{ème}$ siècle (utilisation croissante des modes majeurs et mineurs), développement de l'harmonie tonale à la période baroque, de l'opéra, de la sonate, du concerto et de la suite, de la symphonie pendant la période classique (1750 – 1820) et de nouveaux langages harmoniques que nous avons déjà commentés au XX$^{ème}$ et XXI$^{ème}$ siècles (atonalité, dodécaphonisme, minimalisme, musique électronique…). Que ce soit par son timbre (ses manifestations matérielles) ou par ses formes harmoniques, la musique ne constitue pas, et n'a jamais constitué, un absolu intemporel. Elle demeure toujours ancrée dans des moyens et des formes d'expression propres à une époque donnée. Toutefois, cet ancrage historique des œuvres musicales ne signifie pas pour autant que leur portée soit strictement circonscrite à leur temps ni qu'elles ne puissent conserver une valeur au-delà du contexte dans lequel elles ont été créées. Il faut ici nous garder de tomber dans les apories des théories de Marx ou d'Hippolyte Taine sur l'art. Le fait que la musique soit tributaire des instruments matériels d'expression d'une époque ne signifie pas qu'il faille l'analyser à travers le prisme unique du matérialisme historique et de la lutte des classes (marxisme), ni qu'il soit indispensable de réduire les œuvres, comme le fait Hippolyte Taine, à des déterminants historiques sociaux ou raciaux (caractère et traits nationaux de l'artiste, origine culturelle et ethnique…). La musique n'est pas seulement le reflet et l'illustration d'une époque, comme le seraient par exemple les modes vestimentaires. Si elle peut être dite historique, ce n'est pas uniquement en tant que *production* matérielle de l'histoire (production matérielle qui pourrait servir à dater une époque, comme l'utilisation de la pierre, du bronze et du fer servent, par exemple, à dater les époques du même nom) mais aussi et surtout en tant qu'elle est précisément une *expression* particulière de l'histoire des hommes dont la portée dépasse l'histoire même. Ainsi, par exemple, le *Requiem* de Mozart, s'il a sans aucun doute été influencé par les conditions matérielles, sociales, psychologiques et historiques qui étaient celles de sa création ne peut pas, à notre avis, être réduit à ces critères déterminants. Nous pourrions certes faire remarquer, par exemple, qu'au niveau harmonique, le *Requiem* s'appuie sur les tonalités mineures, qui sont assez largement utilisées à la fin du XVIII$^{ème}$ siècle pour exprimer les émotions intenses, sombres et dramatiques (sur ce point la mode n'a d'ailleurs par tellement changé). Les passages alternants entre les tonalités majeures et les tonalités mineures sont par ailleurs relativement courants à l'époque, tout comme l'utilisation de techniques de contrepoints telles que les fugues et les imitations (le *Kyrie*, par exemple, est une double fugue) qui montrent l'influence, encore vivace à la fin du XVIII^ème siècle, de la tradition baroque. Nous pourrions également signaler que le *Requiem* est écrit en 1791, deux ans après la Révolution française, dans une période de bouleversements politiques et sociaux. C'est aussi la fin de la vie de Mozart, lequel est marqué par de grandes difficultés personnelles et financières[62]. Pourtant, aucune lecture historique, psychologique, sociétale ou sociale ne rend réellement compte de ce qu'est le *Requiem* et des raisons pour lesquels il demeure encore aujourd'hui l'une des œuvres les plus jouées au monde. En réalité, si le *Requiem* conserve sa puissance signifiante pour nous, hommes du XXI^e siècle, ce n'est pas en tant que vestige historique ou manifestation contingente d'un style musical appartenant à une époque révolue. Le caractère intemporel (« absolu ») du *Requiem* réside avant tout dans son rapport profond à la condition humaine. Le *Requiem* est, *pour nous*, l'œuvre du questionnement de l'homme face à la mort, de la quête d'une rédemption, de l'espérance d'une transcendance. En écoutant le *Requiem*, nous faisons face à notre propre finitude tout en éprouvant un sentiment d'appartenance à une communauté intemporelle : celle des mortels. La musique, si elle ne désigne rien de signifiant par elle-même nous renvoie ainsi toujours à un réseau spécifique de significations. Elle instaure une forme

---

[62] Du point de vue de l'histoire de la musique, on pourrait ainsi voir dans le *Requiem* le point de bascule et de transition entre le style classique et le romantisme naissant. L'utilisation dramatique de chœurs, de solistes et d'orchestre préfigure ainsi les grandes œuvres chorales du XIX^ème siècle.

« d'univers signifiant »[63] qui peut certes demeurer lié à une époque précise, mais dont la portée dépasse les spécificités historiques de son expression. Lorsque nous écoutons le *Requiem* de Mozart, nous sommes ainsi plongés dans « l'univers signifiant » de l'Europe préromantique de la fin du XVIIIème siècle, de la même manière que lorsque nous écoutons *Jumpy Jack Flash*[64], nous pouvons avoir le sentiment d'être nés au milieu d'un ouragan de tirs croisés (« *I was born, in a crossfire hurrican* » chante Mick Jagger) ou d'être un Londonien des années 1960 (même si nous n'étions pas nés en 1960 et que nous n'avons jamais mis les pieds en Angleterre). Mais si la musique, par son historicité, nous renvoie à une époque (en tant qu'expression synthétique de l'époque, mais aussi en tant que symbole d'une période qu'elle a contribué à définir), elle renvoie aussi à notre histoire personnelle : elle fait écho à des périodes de notre vie, à des événements, des moments particuliers de notre histoire. La musique, en tant qu'art de la durée par excellence (la musique est une sorte de matérialisation concrète de la durée) est ainsi un art du temps, de l'histoire des hommes aussi bien que de nos

---

[63] Cet univers ne devant d'ailleurs pas nécessairement correspondre en tout point aux intentions de l'artiste. Dès lors que l'artiste achève son œuvre, l'œuvre devient un objet, elle ne lui appartient déjà plus tout à fait, elle entre dans l'univers mouvant des significations pour autrui. Combien de fois avons-nous été saisis par une mélodie sans en comprendre les paroles ? Combien de fois, même, avons-nous été déçus par les paroles ou par l'intention signifiante d'une musique que nous avions interprétée selon notre sensibilité propre, différente de celle de l'auteur ?
[64] Des Rolling Stones

histoires personnelles, dont elle bouscule l'architecture signifiante.

## 11.

LIBERTE ET CREATION — Dans *Raison, vérité et histoire* (1981), Hilary Putnam décrivait une expérience de pensée dans laquelle une fourmi, qui se déplaçait de manière aléatoire sur le sable, traçait, par pur hasard, une figure qui finissait par ressembler au portrait de Winston Churchill. La question que Putnam pose est : « la fourmi a-t-elle dessiné Churchill ? ». A cette question, Putnam répondait que, malgré la ressemblance du tracé avec un portrait de Churchill, il était incorrect d'affirmer que la fourmi avait « dessiné » Churchill. La fourmi n'a aucune intention de créer une image et n'a aucune connaissance de Churchill. Cette expérience de pensée est imaginée par Putnam pour démontrer que la signification n'est pas simplement une question de correspondance ou de ressemblance physique. La signification nécessite une intentionnalité – c'est-à-dire l'intention ou la conscience de créer quelque chose de spécifique. Si maintenant, nous imaginions qu'un oiseau chantait une mélodie qui nous semble être un chef-d'œuvre, pourrions-nous affirmer que l'oiseau a créé la mélodie ? Probablement pas, et pour les mêmes raisons. L'oiseau, la plupart du temps, chante pour délimiter un territoire, pour attirer un partenaire durant la période de reproduction, pour signaler un danger ou encore pour s'identifier au sein d'une communauté, pas pour créer une œuvre à la signification et à la portée artistique. Dès lors, lorsque, par exemple, Franz Liszt raconte qu'une mélodie de son poème symphonique *Les préludes* lui a été inspirée par le chant d'un oiseau qu'il a entendu lors d'une promenade, l'oiseau en question nous paraîtrait assez mal fondé à lui demander des droits d'auteur. La création, et notamment la création artistique, est d'emblée liée à la problématique de la signification. C'est dans cette seule perspective que nous pouvons envisager la création artistique comme un acte libre (acte qui est sans aucun doute la manifestation de ses conditions matérielles, mais qui est aussi un dépassement de ces conditions), une nouvelle création intentionnelle et signifiante dont la compréhension ne peut s'expliquer par son seul formalisme, dans la mesure où, précisément, elle ne relève ni de l'argumentation ni du sens critique[65].

## 12.

CRÉATION ET FORMALISME — Dans la *Critique de la faculté de juger* (Analytique du Beau), Emmanuel Kant relève le déplaisir que nous pourrions éprouver si nous nous trouvions un jour dupés par un homme qui, par un procédé artificiel imiterait à la perfection le chant de l'oiseau : « ici sans doute, écrit-il, nous confondons notre sympathie pour la nature joyeuse d'un petit animal qui nous est cher avec la beauté de son chant, car imité par l'homme à la perfection (comme il arrive

---

[65] La musique, l'art, n'en réfèrent pas directement à l'argumentation critique (il ne s'agit pas d'appliquer une règle existante pour comprendre la musique, pour la « sentir »). Le compositeur fait appel à notre libre capacité de juger, non pas capacité applicative (au sens par exemple où l'on jugerait un délit, un écart par rapport à une règle établie) mais par capacité prospective (au sens où l'on sent l'émergence d'une forme qui ne nous est pas entièrement connue et que pourtant nous tentons de nous rendre signifiante).

parfois pour le chant du rossignol), il paraît à notre oreille tout à fait insipide[66] ». Si nous éprouvons ce sentiment de déception et d'insipidité, c'est précisément, écrit Kant, parce que la liberté de l'oiseau qui chante ses notes aléatoires (liberté pour laquelle nous avons quelque sympathie, bien qu'elle ne relève pas en soi d'un acte artistique) nous parait plus grande que celle de celui qui, servilement, les imite[67]. Si, par ailleurs, explique Kant, nous jugions de l'intérêt artistique du chant de l'oiseau, sans tenir compte de la sympathie naturelle que nous éprouvons à l'endroit de ce petit être, nous serions assurément déçus. De manière intéressante, le début du passage que nous citons traite de la régularité dans l'art : « toute raideur dans la régularité (qui se rapproche de la régularité mathématique), écrit Kant, est en elle-même contraire au bon goût : c'est que l'on ne se promet pas de s'occuper longuement dans sa contemplation, mais qu'elle ennuie, à moins d'avoir expressément pour but la connaissance ou une fin pratique déterminée[68] ». L'intérêt que nous prenons à l'art (et plus particulièrement à la musique) n'est pas le résultat des régularités qu'il nous offre. Ces régularités peuvent en effet au contraire devenir pénibles à notre oreille (comme le deviendraient celles du chant de l'oiseau s'il était reproduit de manière parfaite et « pseudo-

---

[66] Op. cit., *Analytique du beau*, § 1-22, *Remarque générale sur la première section de l'analytique*
[67] « Même le chant des oiseaux que nous ne pouvons ramener à aucune règle musicale, paraît comprendre plus de liberté et pour cette raison contenir plus pour le goût que le chant humain, qui est dirigé suivant toutes les règles de l'art musical. », Ibid.
[68] Ibid.

aléatoire » par quelque procédé technique). Au contraire, explique Kant, l'œuvre d'art doit être la manifestation d'une libre occupation des facultés de l'esprit, occupation dans laquelle « l'entendement est au service de l'imagination et non l'imagination au service de celui-ci[69] ».

Dans le domaine de la création artistique, l'intelligence artificielle, telle que nous la connaissons aujourd'hui, est semblable à cet homme qui, par quelque subterfuge, imite le chant du rossignol. L'intelligence artificielle est en effet encore pur formalisme, synthèse insignifiante d'œuvres musicales signifiantes. La machine, en tant que force de formalisation et de synthèse, ne créé rien (elle est totalement dépourvue d'intention créatrice) mais se contente d'agréger des contenus signifiants. Elle donne ainsi l'illusion de la création comme l'homme imitant le rossignol nous donnait la décevante impression d'être un rossignol. La création n'est pas, ne peut pas être uniquement une synthèse de l'existant. Elle est signifiante dans la mesure où elle est liée à une authentique expérience sensible du monde, expérience qui est la source de toute création. Dans le cas contraire,

---

[69] « La régularité, qui conduit au concept d'un objet, est sans doute la condition indispensable (*conditio sine qua non*), pour saisir l'objet dans une représentation unique et déterminer le divers dans la forme de celui-ci. Au point de vue de la connaissance cette détermination est une fin ; et en rapport à celle-ci elle est toujours liée à la satisfaction (qui accompagne la réalisation d'un projet, même simplement problématique). Il ne s'agit alors que de l'approbation donnée à une solution satisfaisante d'un problème, et non d'une libre occupation, sans fin déterminée, des facultés de l'esprit à ce que nous nommons beau et en laquelle l'entendement est au service de l'imagination et non l'imagination au service de celui-ci. », Ibid.

elle est condamnée à être une redite, un bégaiement, une mauvaise copie de l'homme[70]. De même que l'on ne peut penser l'activité de connaître et de comprendre le monde en dehors de la problématique de l'incarnation (le monde est connu pour moi, en moi, être sensible et incarné) on ne peut penser l'activité artistique que dans sa dimension sensible, c'est-à-dire comme signification immanente (signification immanente que ne possèdent pas, par exemple, les mathématiques).

---

[70] Ces redites, bégaiements et mauvaises copies, concédons-le, sont malheureusement aussi le fait d'artistes bien humains…

## LA MUSIQUE COMME CIRCULATION ENTRE LES ETAGES DE SENS

### 13.

LA MUSIQUE EST D'EMBLEE A ETAGES — En tant que reflet et production de l'activité de liaison de l'esprit humain, la musique, bien qu'elle soit la manifestation d'une règle et d'un système formel à part entière, n'est pourtant réductible à aucun formalisme ni à aucun jeu mathématique. Le musicien n'est ainsi pas tout à fait, comme le pensait Leibniz, une sorte de mathématicien inconscient. Créateur de ses propres règles, le compositeur est bien plutôt celui qui se trouve en position de surplomb par rapport aux systèmes (l'égal, en quelque sorte de la *natura naturans*). Dans *Les neurones enchantés*, Pierre Boulez affirme-t-il ainsi : « il m'intéresse beaucoup de créer des hiérarchies qui sont exploitées pendant un certain temps avant de tomber dans une autre hiérarchie ; et la hiérarchie première est effacée[71] ». Si le compositeur créé les règles qui, dans un second temps, s'imposent à lui, il est aussi libre de les défaire. Il n'est prisonnier d'aucune raideur normative (puisqu'il est lui-même le normateur). En cela, le compositeur est proprement humain, ce que Pierre Boulez revendique d'ailleurs un peu plus loin dans sa conversation avec Jean-Pierre Changeux : « d'un point de vue sonore, affirme-t-il ainsi, tout ce qui est très hiérarchisé est un produit de l'homme[72] ». La création artistique, et particulièrement musicale, tout en étant création d'un cadre, est ainsi possibilité de rupture

---

[71] Op. cit., p. 23
[72] *Les neurones enchantés*, p. 91

et de destruction du cadre. Elle repose en cela sur un équilibre formel entre continuité (la continuité de la règle nécessaire à la cohérence de l'œuvre et qui fait aussi sa communicabilité) et la rupture (rupture qui est le signe de cette liberté à l'égard de la règle qui parfois peut confiner à la folie ou au génie). Le compositeur a toujours cette capacité de changer de perspective pour éclairer son œuvre d'une lumière nouvelle, ce changement de perspective pouvant par se traduire par un accident régulatoire ou par un changement radical de règle au sein de l'œuvre. La création musicale est ainsi le symbole du libre jeu de l'imagination (non dépourvu de cohérence et d'architecture interne). Elle est « non-référentielle », n'a pas d'objet, et donc pas de correspondant (elle est pure activité de production de formes nouvelles). L'imagination (la « folle du logis ») a la possibilité de penser ensemble le vrai et le faux, elle s'affranchit temporairement des règles de cohérence. Elle est en quelque sorte le diable de Gödel. Elle peut activer tous les détonateurs sans faire sauter la bombe…

### 14.

LA CIRCULATION ENTRE LES ETAGES DE SENS — Le beau se loge souvent dans les actes semi-volontaires de liaison entre différentes phrases musicales, dans l'entre-couplet (ce que, dans une chanson, l'on nomme avec un terme particulièrement approprié : le « bridge »), dans le passage d'un étage de sens à un autre, c'est-à-dire dans tous les intervalles qui n'appartiennent pas encore à une forme définie, mais opèrent une jonction entre deux formes. La beauté est dans les intervalles.

## 15.

DÉPASSEMENT DES FORMES ET DÉPASSEMENT DES NIVEAUX — Dans la création musicale, l'imagination, la libre capacité à créer des formes non contraintes (mais normées) est une manifestation de l'esprit humain à s'élever à des niveaux supérieurs de signification (par l'imagination, par l'intuition esthétique), c'est-à-dire à ne pas rester captif d'un certain formalisme, d'une logique formelle fossilisée. Ce dépassement du formalisme, authentiquement « créateur de formes », est rendu possible par ce qui constitue notre sensibilité (ce qui fait que nous sommes humains, que nous ne sommes pas, que nous ne pourrons jamais nous réduire à des algorithmes complexes, même subtils). La création musicale, la création artistique en général sont la manifestation de cette capacité à sortir de nous-mêmes, à nous arracher à notre *ego* immédiat. Elles sont le signe de notre ouverture sensible au monde. La relation de Paul Cézanne à la Montagne Sainte-Victoire, qui est le sujet de près de quatre-vingts des œuvres du peintre, est un exemple de cette ouverture sensible au monde : « là je suis bien, je vois clair, il y a de l'air[73] » aurait déclaré Cézanne en peignant la montagne. Le peintre veut saisir la montagne sous tous les angles, à toutes les heures et à toutes les saisons, dans toutes les lumières, dans toutes ses couleurs, ses brillances et ses vibrations. Elle est à ses yeux un être doué de vie, avec lequel il communique (avec lequel il fait écho, avec lequel il se met « au diapason »). A chacun de ses aspects correspond un état d'âme différent, une

---

[73] Propos rapporté par Gustave Coquiot : Cézanne, Ollendorf, Paris, 1919.

sensibilité nouvelle. Il explique par exemple à son ami Joachim Gasquet : « Les grands pays classiques, notre Provence, la Grèce et l'Italie telles que je les imagine, sont ceux où la clarté se spiritualise, où un paysage est un sourire flottant d'intelligence aiguë... Regardez cette Sainte-Victoire. Quel élan, quelle soif impérieuse de soleil, et quelle mélancolie, le soir, quand toute cette

Paul Cézanne (1839-1906), *La montagne Sainte-Victoire*, 1888-1890, huile sur toile

pesanteur retombe !... Ces blocs étaient de feu. Il y a du feu encore en eux. L'ombre, le jour, a l'air de reculer en frissonnant, d'avoir peur d'eux [...] ; quand de grands nuages passent, l'ombre qui en tombe frémit sur les rochers, comme brûlée, bue tout de suite par une bouche de feu[74]. » La Montagne Sainte-Victoire, emblème de la Provence natale de Cézanne, est abordée par le peintre à travers une confrontation à la fois sensible et intime, où se rencontrent deux solitudes : celle de l'artiste lui-même et celle qu'il attribue à la montagne, qui devient le miroir de sa propre intériorité. Dans la représentation de la montagne, c'est l'esprit de Cézanne et son enracinement sensible au monde qui prend forme et se matérialise (l'empreinte que la montagne vivante laisse dans la sensibilité de l'artiste). Maurice Merleau-Ponty, dans *L'Œil et l'esprit*, souligne cette coappartenance entre perception et incarnation, insistant sur le fait que voir ne se réduit pas à un simple acte passif de réception d'images (comme nous l'avons déjà développé dans le livre I), mais relève d'un engagement actif dans le monde. L'artiste, en ce sens, devient le médiateur de cette perception vivante, traduisant dans son œuvre l'échange dynamique entre son regard et la présence du monde. Il ne se contente pas de laisser la forme se figer dans une métaphore usée, comme celle du langage commun. Au contraire, il engage un renouvellement perpétuel de la forme, qui ne peut advenir qu'à la condition que le réel entre, à chaque instant, en résonance sensible avec lui. « Un corps humain écrit Merleau-Ponty, est là quand, entre voyant et visible, entre touchant et touché, entre un œil et l'autre, entre la main et la main se fait une sorte de recroisement, quand s'allume l'étincelle du sentant-sensible, quand prend ce feu qui ne cessera pas de brûler, jusqu'à ce que tel accident du corps défasse ce que nul accident n'aurait suffi à faire... Or, dès que cet

---

[74] Propos rapportés par Joachim Gasquet dans Cézanne, Bernheim-jeune, Paris, 1921.

étrange système d'échanges est donné, tous les problèmes de la peinture sont là. Ils illustrent l'énigme du corps et elle les justifie. Puisque les choses et mon corps sont faits de la même étoffe, il faut que sa vision se fasse de quelque manière en elles, ou encore que leur visibilité manifeste se double en lui d'une visibilité secrète : "la nature est à l'intérieur", dit Cézanne[75]. » Ici, Merleau-Ponty insiste sur la coappartenance entre la vision et l'incarnation, entre touchant et touché (entre légiférant et légiféré, pourrait-on ajouter, en suivant les pistes que nous avions tracées dans le livre I.). Il conçoit la peinture comme le lieu du rapprochement sensible de deux matérialités : celle de la matière brute (la roche de la montagne, la peinture du peintre) et celle de la matière spiritualisée (la représentation abstraite du peintre faite concrète sur la toile). C'est cette spiritualisation de la matière (la matière rendue signifiante) qui permet, selon Merleau-Ponty, la communication, la résonance spirituelle de la matière en nous : « Qualité, lumière, couleur, profondeur, qui sont là-bas devant nous, n'y sont que parce qu'elles éveillent un écho dans notre corps, parce qu'il leur fait accueil. Cet *équivalent*[76] interne, cette formule charnelle de leur présence que les choses suscitent en moi, pourquoi à leur tour ne susciteraient-ils pas un tracé, visible encore, ou tout autre regard retrouvera les motifs qui soutiennent son inspection du monde[77] ? » Cézanne transformait la perception de la montagne en utilisant la couleur, la forme et la composition pour révéler des aspects cachés de la réalité. Il montrait

---

[75] Op. cit., *L'Œil et l'esprit*, Chapitre II
[76] Nous soulignons
[77] Ibid.

comment la montagne n'est pas une simple accumulation de détails visuels, mais une présence vivante et dynamique, il « pense en peinture », dit encore Merleau-Ponty : « essence et existence, imaginaire et réel, visible et invisible, la peinture brouille toutes nos catégories en déployant son univers onirique d'essences charnelles, de ressemblances efficaces de significations muettes[78] ». Chez Merleau-Ponty, la peinture est ainsi comprise dans sa dimension signifiante (les « significations muettes » qui sont signifiantes sans pourtant se rapporter à une signification précise), cette signifiance n'étant rendue possible que par l'incarnation (par la coappartenance entre la matière et l'esprit). Pour peindre son sujet, l'artiste lui-même doit comprendre ce qu'il signifie *pour lui*. C'est sans doute la raison pour laquelle Cézanne demeura longtemps « sans pouvoir, sans savoir peindre la Sainte-Victoire ». Comme il le note en 1905 dans une lettre à Emile Bernard, « le temps et la réflexion modifient peu à peu la vision, et enfin la compréhension nous vient ». La vision n'est cependant jamais définitive, ce qui explique sans doute l'acharnement de Paul Cézanne à reprendre, encore et encore son sujet : la réalisation de l'œuvre est toujours une forme de trahison de la vision. « Le poème est l'amour réalisé du désir demeuré désir[79] » : le célèbre aphorisme de René Char pourrait tout aussi bien s'appliquer à la peinture. L'œuvre d'art est une sorte d'amour réalisé, mais elle n'épuise pas la vision esthétique et l'activité artistique. Elle en est seulement l'une des formes figées. C'est en cela que l'on peut affirmer, avec André Breton, que la beauté doit être

---

[78] Ibid.
[79] René Char, *Fureur et Mystère*, 1948

« convulsive ». La beauté est convulsive, tremblante, dans le sens où elle ne s'installe jamais définitivement dans une forme déterminée. La convulsion est le symptôme de cette relation entre la forme et la sensibilité. Le renouvellement de la forme par la sensibilité fait trembler le réel comme Cézanne fait trembler la montagne Sainte-Victoire (pensons à ces grands blocs cubiques qui semblent faire sortir la montagne d'elle-même dans certaines de ses représentations).

16.

CRISE DE LA CREATION — Y a-t-il aujourd'hui une crise de la création musicale (une crise de la création en général) ? Chacun est libre d'en juger. Si cette crise existe (ce que nous pensons), sans doute est-elle à mettre en relation avec la crise de la vérité qui caractérise notre époque. La création musicale, en bien des aspects, s'apparente à une quête de la vérité, cette quête nécessitant un dépassement des intérêts immédiats de l'*ego* (sur ce point, Kant avait raison de parler de désintéressement, ce désintéressement étant cependant à notre avis la condition de la rencontre d'un *intérêt* plus profond et plus « primitif » de l'être). La crise de la vérité, comme la crise de la création, est la manifestation de cette incapacité à sortir de soi, de ses préoccupations immédiates, de sa quête égotique de reconnaissance, quête qui mène plus souvent à la répétition qu'à la création.

## LA MUSIQUE ET LE TEMPS

### 17.

LA MUSIQUE ET LA DURÉE — Comme le note bien Jean-Pierre Changeux dans *Les neurones enchantés*, la musique se caractérise, contrairement aux arts figuratifs, par son étirement dans la durée : « Un autre trait commun à la musique et au langage, affirme-t-il, est la capacité d'intégration de la durée. Ainsi le sens global d'une proposition n'apparait, en général, qu'après son déroulement complet dans le temps. La mémoire de travail intervient et permet le télescopage des signifiés sous une forme faisant sens. N'en est-il pas de même pour la perception de la mélodie et de l'"accord" qui se forme en fin de parcours dans notre mémoire de travail [80] ? » Jean-Pierre Changeux a raison de signaler que le moment résolutoire de l'accord ne peut advenir que parce qu'une certaine tension dramatique (ou esthétique) a été construite dans la durée. En nous mettant au diapason des intentions du compositeur, nous percevons ce contraste comme un moment signifiant. C'est ainsi la mémoire qui, affirme Changeux, « permet le télescopage des signifiés sous une forme faisant sens ». Jean-Pierre Changeux insiste ici à notre avis très justement sur le caractère rétrospectif du sens. C'est l'auditeur qui donne un sens à la phrase musicale, ce sens étant en quelque sorte « reconstruit » par la mémoire (et par la conscience « projective ») *après* l'écoute de la phrase. Ce décalage entre la perception de la phrase et sa reconstruction par la conscience est un premier indice du caractère

---

[80] Op. Cit., p. 43

intermédié du sentiment esthétique, qui n'est pas le fait d'un plaisir immédiat comme pourrait l'être celui de la perception d'un son agréable (le vent dans les feuilles, la mer qui reflue, le chant des oiseaux[81]). Au contraire, le sentiment esthétique émerge d'une analyse rétrospective et rétroactive de la mélodie. Lorsque nous écoutons une mélodie, nous ne nous situons pas uniquement dans l'immédiateté de son déroulement, mais toujours en même temps dans un léger décalage analytique. Ce décalage peut être prospectif, marqué par l'attente d'une résolution, mais il est surtout rétrospectif : en même temps que nous écoutons, nous nous repassons mentalement les instants précédents, comme si nous rejouions en pensée la séquence musicale (nous nous « repassons la bande »). Le sentiment esthétique est rétroactif dans la mesure où l'auditeur ne se contente pas d'une réception passive ; il agit sur la mélodie en la reconstruisant intérieurement, en la réinterprétant et en lui conférant un sens. C'est ainsi par son activité projective que l'auditeur « éprouve » véritablement la mélodie, en lui donnant une signification propre, qui dépasse sa simple perception immédiate (deux exemples me viennent pour illustrer cette action de l'esprit dans la perception de la mélodie : d'abord, la tendance naturelle de la plupart des amateurs de musique à surjouer la musique dans leur tête, à la rendre « sursignifiante » en en accentuant tel ou tel passage déjà connu. A la réécoute de la mélodie, l'amateur s'aperçoit souvent qu'il en a

---

[81] Quoique nous pourrions encore contester le caractère purement sensible et « non intermédié » de ces impressions agréables, voir à ce sujet notamment les analyses du livre I sur la remise en cause de la théorie des données des sens ou « sense data », notamment chapitre *Qu'est-ce qu'une chose ?*

exagéré l'intensité dramatique — il « projette ». Deuxièmement, l'attitude projective inquiète que nous adoptons parfois à la première écoute d'une mélodie : lors de cette écoute, nous faisons involontairement, consciemment ou non, des projections sur la mélodie, projections qui ne sont possibles que dans la mesure où nous avons déjà intégré de manière rétrospective le sens global de la mélodie).

La naissance du sentiment esthétique étant toujours à notre avis le fait d'un léger décalage analytique entre la perception et la compréhension de la musique (l'intégration de la mélodie, de la phrase ou de l'œuvre dans un système signifiant, même si ce système n'a pas de référant concret), il ne nous parait pas entièrement pertinent de parler d'« affect esthétique » pour qualifier notre rapport émotionnel à la musique, comme le fait par exemple le musicologue américain Leonard B. Meyer dans *Emotion et signification en musique* (1956). Même si l'affect fait indéniablement partie du sentiment ou de l'émotion esthétique, il est à notre sens abusif de réduire le sentiment esthétique à un affect (cette qualification visant à réduire le sentiment esthétique à sa manifestation émotionnelle immédiate, c'est-à-dire à dénier au sujet sa capacité à avoir un jugement esthétique, jugement qui conditionne son écoute et oriente son affect). La création musicale n'est pas une mécanique savante visant à produire chez l'auditeur un sentiment qu'il qualifierait de « beau ». Dirait-on par exemple d'un poème qu'il « suscite des émotions », comme s'il s'agissait pour le poète d'actionner les leviers « tristesse », « nostalgie » ou « douce mélancolie » ? Autrement dit, est-ce l'émotion suscitée par le poème qui permet de conclure à sa beauté ou est-ce sa beauté qui suscite un sentiment d'émotion esthétique, beauté qui ne peut être sentie et comprise qu'à travers un jugement critique ?

Hermann von Helmholtz fut l'un des premiers, dans *La théorie physiologique de la musique fondée sur l'étude des sensations auditives* (1863), à chercher à établir un fondement scientifique à la relation entre la physiologie de l'audition et la perception musicale. Il décrivit ainsi en détail la structure anatomique de l'oreille, en particulier celle de l'oreille interne où les vibrations sonores sont transformées en signaux nerveux. Il introduisit la théorie des résonateurs — qui constitua l'un des fondements de l'acoustique moderne[82] — selon laquelle les fibres de la membrane basilaire de la cochlée résonnent à différentes fréquences, permettant ainsi la discrimination des tons. En explorant la notion de fréquence fondamentale et d'harmoniques, il montra comment les sons complexes peuvent être décomposés en composantes simples. Les travaux de Helmholtz le conduisirent notamment à expliquer la consonance en termes de coïncidence d'harmoniques (coïncidences

---

[82] Les recherches ultérieures ont confirmé que la membrane basilaire présente une tonotopie, c'est-à-dire que différentes fréquences sonores provoquent des vibrations maximales à différentes positions le long de la membrane. Cette observation soutient l'idée fondamentale de la théorie de Helmholtz. Cette théorie simplifie néanmoins la complexité de la cochlée. Par exemple, elle ne prend pas pleinement en compte le rôle actif des cellules ciliées externes dans l'amplification et la précision de la réponse de la membrane basilaire. Par ailleurs, Helmholtz n'avait pas accès aux connaissances modernes sur le traitement neuronal dans la voie auditive. Aujourd'hui, nous savons que la perception des sons implique des processus complexes au niveau des cellules ciliées, des neurones auditifs et du cortex auditif.

qui créent des sensations agréables) et la dissonance en termes d'interférences d'harmoniques (qui créent des sensations désagréables en produisant des battements ou des conflits auditifs). La perception musicale du timbre d'un son (sa qualité ou couleur) fut, de même, expliquée par la présence et la relative intensité des harmoniques. En dépit de son intention fondamentale qui consistait à dégager les causes physiologiques de la perception musicale, Helmholtz n'a jamais réellement prétendu réduire la perception musicale à ces causes physiologiques. Il développa au contraire une théorie sémiotique de la perception qui reconnaissait la dimension signifiante de la perception musicale (« Nous appelons sensations les impressions produites sur nos sens, en tant qu'elles nous apparaissent seulement comme des états particuliers de notre corps (surtout de nos appareils nerveux) ; nous leur donnons au contraire le nom de perceptions, lorsqu'elles nous servent à nous former des représentations des objets extérieurs », écrit-il par exemple dans *Théorie physiologique de la musique*[83]). Nous sommes ici à nouveau confrontés au problème de la réduction de la sensation et du sentiment (de l'ensemble de nos systèmes affectifs et cognitifs) à la pure matérialité. Cependant, avec la musique, le problème de la réduction prend une dimension et une acuité nouvelles. En effet, nulle théorie ne convient plus mal à la musique que la théorie réductionniste fondée sur le principe de l'action et de la réaction à un ensemble de *stimuli* ou de signaux donnés. Même les matérialistes les plus radicaux, dans leur analyse de la

---

[83] Herman von Helmholtz, *Théorie physiologique de la musique*, trad. M.G. Guéroult, éditions Victor Masson et Fils, 1868, Paris, p. 82

musique, ont ainsi dû faire des concessions à la signification, ces concessions étant elles-mêmes toujours plus ou moins liées au caractère temporel de la musique, à son séquencement, à sa durée et à l'histoire que nous nous rendons signifiante par notre propre perception projective et signifiante du temps.

L'écoute de la mélodie nécessite une ouverture et une disponibilité immédiate ainsi qu'un effort de rétro-action, de projection et de synthèse (nous envisageons la mélodie comme un tout cohérent et signifiant). Le jugement esthétique, en tant que jugement dans le temps de la temporalité même à l'œuvre[84], ne relève donc pas du pur affect. Il n'est pas uniquement la manifestation sensible d'un saisissement (une certaine vibration qui, pour un ensemble de raisons objectives, plait à l'oreille). En tant que projection signifiante, l'écoute est toujours « activité d'écouter », activité qui nécessite une attention « dans le temps » (l'écoute d'une œuvre musicale ne relève pas de la perception passive et agréable, comme pourrait l'être à la rigueur celle du chant du rouge-gorge). Cette conception de l'œuvre dans sa durée et dans la relation intentionnelle de temporalité qu'elle établit avec l'auditeur nous renvoie à un passage du tome III de *La philosophie des formes symboliques* de Cassirer : « Le moi qui s'intuitionne soi-même comme étant "dans le temps" s'appréhende non une simple somme d'états statiques, mais comme une essence qui, s'étendant dans le temps vers l'avant aspire du présent au futur. » L'œuvre musicale est précisément la manifestation concrète de l'extension du *moi* dans le temps. Elle est liaison des formes entre elles en même

---

[84] Op. Cit., p. 205.

temps que synthèse dans le temps d'une succession d'états (en cela, elle est le reflet de l'opération de synthèse du *moi*).

### 18.

LA MUSIQUE ET L'ATTENTE — Dans *Emotion et signification en musique* (1956), Leonard B. Meyer fait de l'attente musicale l'un des déclencheurs clés de ce qu'il appelle l'affect musical. Cette théorie de l'affect est d'abord fondée sur une approche physiologique de la musique, comme en témoigne cette référence au neuropsychologique canadien Donald Hebb, célèbre pour ses travaux sur les réseaux de neurones artificiels : « D'après Hebb, écrit Meyer, la différence entre les émotions agréables et les émotions désagréables réside dans le fait que les émotions agréables (ou, dans notre terminologie, les expériences émotionnelles agréables) sont toujours résolues. Pour qu'elles se produisent, il faut "tout d'abord faire naître une appréhension, puis s'en débarrasser" (Hebb, 1952)[85]. » Dans la suite du passage que nous citons, Meyer nuance légèrement la position de Hebb en faisant remarquer que le caractère agréable d'une émotion semble résider moins dans la résolution elle-même que dans la croyance dans une résolution. Meyer se défait ainsi de l'idée d'une immédiateté de l'affect musical (ce qui constitue sans doute une première étape vers la reconnaissance de la dimension signifiante de la musique) au profit de l'idée que la musique jouerait avec des anticipations (idée que nous retrouvons chez Jean-Pierre Changeux et Pierre

---

[85] Op. Cit., *Emotions and Meanings in Music*, 1956, Acte Sud 2011 pour la traduction française, p. 67

Boulez et que nous avons nous-même, en un sens, défendue). Seulement, chez Leonard B. Meyer, l'anticipation musicale n'est pas envisagée au sein d'une problématique générale de la signification, mais est, au contraire, interprétée comme une extension de la théorie mécaniste et physiologique de la musique (la signification étant comprise comme un des résultats de ce mécanisme). Ainsi, Leonard B. Meyer insiste-t-il à plusieurs reprises sur le sentiment d'attente en y voyant : « des analogies avec les expériences de la vie en général[86] ». Pour lui, « en musique, l'état de suspense implique la conscience de l'impuissance de l'homme devant l'inconnu[87] ». La musique ne doit ainsi pas trop s'éloigner de cette règle que Meyer semble considérer comme immuable : « il ne faut pas confondre, explique-t-il, l'inattendu et le surprenant. En effet, lorsque l'attente est éveillée, l'inattendu reste considéré comme possible et, même s'il s'agit de la possibilité la moins attendue, il ne constitue pas une surprise totale[88] ». Pour Meyer, l'œuvre est liée à un système général de croyances. Elle suscite une forme de synthèse mentale opérée immédiatement par l'auditeur (ce à quoi nous souscrivons, voir chapitre précédent). Cependant, explique Meyer, si cette synthèse mentale n'est pas opérée directement, il peut se passer trois choses : « 1. Le cerveau peut, en quelque sorte, différer son jugement, en escomptant que ce qui va suivre éclaircira le sens de l'enchaînement inattendu ; 2. s'il ne se produit aucun éclaircissement, le cerveau peut rejeter l'ensemble du *stimulus*, et un sentiment d'irritation

---

[86] Ibid. p. 76
[87] Ibid.
[88] Ibid.

s'installe ; 3. La suite inattendue peut être perçue comme une gaffe délibérée[89]. » On voit ici comment Meyer tente de ramener toute la problématique de la signification aux questions matérielles sous-jacentes à la signification (ce qu'on appelle exactement « réductionnisme »). Ainsi, d'un côté, l'état de suspense, dit Meyer « implique la conscience de l'impuissance de l'homme devant l'inconnu » (problématique de la signification), de l'autre le « cerveau » réagit par rapport à un « *stimulus* » qu'il accepte (plaisir) ou qu'il rejette (irritation, voire agacement).

Dans son approche théorique de la musique, Meyer ne nous dit pas, cependant, comment un simple *stimulus* pourrait contenir une signification telle que celle de « l'impuissance de l'homme devant l'inconnu ». En affirmant que l'homme se sent désarmé ou impuissant devant l'inconnu et qu'il cherche, par conséquent à retourner au « connu », Meyer n'explique pas (i) comment l'homme peut progresser dans la connaissance, (ii) ni comment a pu se former en Meyer cette idée que l'homme est impuissant devant l'inconnu (si ce n'est par un effort d'analyse et de détachement par rapport à lui-même et par rapport à l'homme en général que nous appelons précisément effort signifiant d'analyse et de synthèse). En réalité, cette notion « d'impuissance de l'homme devant l'inconnu » ne relève pas, contrairement à ce que Meyer suggère, d'une problématique physiologique et matérielle, mais déjà d'une problématique *idéelle* (cette idée précisément « d'impuissance de l'homme devant l'inconnu »), qui tout en reposant sur des processus, c'est-à-dire une

---

[89] Ibid., p. 77

dynamique matérielle (et non pas un *stimulus* qui implique une forme de passivité, de réaction pavlovienne) ne peut pas s'y réduire (comme nous avons tenté de le montrer dans le livre I). Autrement dit si Meyer est capable de formuler l'idée selon laquelle l'homme est impuissant devant l'inconnu, c'est qu'il [Meyer] s'avère capable de se regarder de manière objective (comme un objet), c'est-à-dire depuis un niveau supérieur ($n+1$) au niveau ($n$) de l'homme qui se trouve « simplement » impuissant devant l'inconnu. Ce changement de niveau, qui est une contemplation synthétique du niveau précédent, est ce que nous appelons « signification ». Dès lors que l'homme a la capacité de s'élever par rapport à lui-même, il entre de fait dans le champ de ce que nous appelons « signifiance ». Or qu'est-ce que la musique si ce n'est cette échelle signifiante qui nous permet de nous élever au-dessus de nous-même (« tout le monde cherche l'échelle » chante Prince dans la chanson *The Ladder*[90]), de nous contempler à la fois en tant que sujet (le sujet qui écoute) mais aussi en tant qu'objet en train d'écouter ? Parler ainsi d'un *stimulus musical* auquel réagirait l'*affect musical* est de fait, pour nous, dépourvu de signification[91]. Il n'y a pas de *stimulus* proprement

---

[90] *Everybody's looking 4 the ladder / Everybody wants salvation of the soul*
Chacun cherche l'échelle / Chacun cherche le salut
Prince, *The Ladder*, album *Around the World in a Day*, Prince and the Revolution, 1985

[91] Voir Leonard B. Meyer : "l'affect, ou l'émotion ressentie, est éveillé lorsqu'une attente — une tendance à réagir — (nous voyons combien Meyer est ici prisonnier de la problématique pavlovienne de la réflexologie, de l'action-réaction), activée par la situation dans laquelle se manifeste le *stimulus* musical

musical, auquel correspondrait une case cérébrale qui s'activerait automatiquement une fois saisie par ce *stimulus* et qu'on appellerait « affect musical ». Si Meyer a raison de souligner la relation fondamentale de la musique au temps, et donc à la durée, à l'attente et aux anticipations, il a à notre avis tort de ramener cette problématique de l'attente à ses uniques manifestations physiologiques (l'attente n'est pas nécessairement la manifestation d'un besoin physiologique ou physique, la problématique de l'attente concerne tout aussi bien l'univers de la signification, lorsqu'une phrase commence, nous sommes comme en suspens et attendons sa résolution signifiante, son sens qui ne nous est donné que *dans le temps*).

Il nous semble, par ailleurs, que Leonard Meyer, tout comme Jean-Pierre Changeux et Pierre Boulez, surestime l'importance du problème de l'attente et de sa résolution au sein de l'œuvre musicale. L'exemple fréquemment cité par les théoriciens d'une « physiologie musicale », celui du déséquilibre créé par un accord de dominante, qui, à la fin d'une œuvre ou d'une séquence musicale, appelle un accord tonique pour rétablir l'équilibre harmonique, est, à ce titre très illustratif de la conception réductionniste de cette approche théorique. Signalons d'abord que le passage de la dominante à la tonique n'est pas une nécessité absolue (il apparaît relativement tardivement, dans la musique occidentale du XVIII$^{ème}$ siècle). Par ailleurs, le couple dominante/tonique est une proposition formelle qui ne signifie rien en elle-même. Elle ne

---

est provisoirement inhibée ou définitivement bloquée. », ibid., p. 79

prend son sens que dans une narration globale. Si la proposition harmonique peut apparaître comme datée ou fossilisée (notre oreille y étant habituée par l'écoute de centaines ou de milliers d'œuvres qui utilisent ce procédé harmonique), elle est à restituer dans la dynamique générale d'une œuvre qui, bien qu'elle puisse utiliser des moyens d'expressions déjà bien identifiés du public ne peut se réduire à l'étalement de ces moyens (l'œuvre n'est pas une synthèse d'automatismes auditifs éprouvés, elle ne relève pas d'une tentative de conditionnement pavlovien). Si l'œuvre, en tant que fiction narrative, peut susciter des interrogations et des attentes, ce n'est pas tant, par un jeu de conditionnement (action/réaction, stimulus/émotion) que, précisément par sa visée narrative, signifiante : le suspense que créé l'œuvre est un suspense signifiant et non physiologique ou physique.

La réduction de l'œuvre musicale au couple action/réaction ou stimulus/émotion est donc pour nous problématique non seulement dans la mesure où elle est interprétation erronée de la problématique de l'attente (qui a trait au problème de la signification et non à une supposée détermination physiologique ou physique de l'auditeur, c'est-à-dire à une forme de conditionnement), mais aussi dans la mesure où cette problématique ne constitue pas, à notre avis, le ressort fondamental de la musique, ni même de la création artistique en général. Réduire l'expérience musicale à ce seul mécanisme reviendrait à négliger toute la richesse perceptive, expressive et formelle qui fait la singularité de l'œuvre musicale. La musique, pas plus que la poésie, la littérature, la peinture ou la sculpture, ne peut se résumer à un jeu de satisfaction ou de frustration d'anticipations ou d'attentes. Elle est avant tout un pont signifiant entre l'artiste et la réalité qu'il tente de rendre audible ou visible.

Si, malgré tout, nous souhaitons aborder la problématique de l'attente en musique (qui en constitue seulement l'un des aspects), il ne faut pas cantonner cette attente à une forme d'agitation inquiète ou à une expectative fébrile de résolution. Il s'agit, par exemple, de distinguer les temps courts (ceux de la mesure ou de la phrase), des temps moyens et longs (ceux de la narration). Il nous faut aussi définir ce qu'est l'attente, comment elle se construit ou se manifeste dans la narration générale de l'œuvre. Cette caractérisation de l'attente (cette compréhension de la problématique de l'attente) passe à notre avis par la considération de la problématique de la signification dans sa non-réductibilité à l'immédiateté d'un simple *stimulus* musical.

### 19.

RUPTURE ET NARRATION — Le problème du temps dans la musique, est lié, nous l'avons dit, à la problématique fondamentale de l'être et de la signification. La musique, en tant que langage non-référentiel, est la manifestation d'une forme de « signifiance immanente » : elle est, de ce fait, tributaire des règles qui sont celles de tout système signifiant (règles qui contiennent elles-mêmes des opérations de liaison et de séquencement qui procèdent de notre intuition sensible du temps). Cependant, si le système formel cohérent engendré par l'artiste est tributaire de ses propres règles (puisque, d'un point de vue musical, il *est* la règle, la manifestation immanente de la règle), l'artiste, lui, n'est tenu de se soumettre à aucune règle prédéfinie. Il demeure libre à tout moment de changer les règles de la mélodie, d'introduire des cassures ou des accidents (changements rythmiques, chromatiques, stylistiques…). L'artiste est précisément celui qui joue avec la règle en même temps que celui qui se joue de la règle. C'est précisément dans ce jeu, dans la rupture avec une règle qu'il a lui-même instaurée, que se cachent, à notre avis, les moments les plus signifiants de l'œuvre (les moments les plus « investis » de sens).

La création n'est donc pas tant un exercice de satisfaction ou de déception d'attentes que l'artiste aurait volontairement ou involontairement suscitées, elle est d'abord une recherche évocatoire, une tentative de déchiffrer librement le monde en contribuant à son invention. Cette tentative peut prendre la forme d'une mise en tension narrative, tout comme elle peut se caractériser par une relative absence de tension (quelle tension dramatique par exemple dans *La mer* de Charles Trenet ? La chanson n'est certes pas linéaire et possède ses revirements et ses significations propres, mais on ne peut pas dire qu'elle soit le théâtre d'une tension dramatique particulière). Par ailleurs la tension narrative peut trouver sa résolution au sein de l'œuvre comme elle peut demeurer volontairement irrésolue (la chanson *Riders on the Storm*, par exemple, des Doors ne propose pas réellement de résolution au sein de l'œuvre, elle reste bien plutôt dans une forme d'inquiétante étrangeté). Les moments de changement radicaux dans l'œuvre — qui peuvent d'ailleurs tout à fait apparaître en dehors d'une tension dramatique particulière — sont ainsi le témoin de la liberté du compositeur, liberté qui s'exerce non pas en référence à une attente particulière, mais dans le cadre d'une trame narrative générale. Dans la chanson *Sometimes it Snows in April*, Prince opère par exemple ce genre de rupture signifiante :

A la deuxième ligne de l'extrait de partition que nous présentons ici, l'artiste introduit un mouvement chromatique qui nous fait passer de la gamme « La majeur » à la gamme « Si bémol majeur » avant de

2 :48 pour la rupture chromatique

(Ctrl + Clic sur l'image pour la version en ligne)

retourner finalement sur la tonique (Fa) de la gamme « Fa majeur ». Dans la musique occidentale, il est vrai que les mouvements chromatiques sont largement répandus. Il n'est donc guère surprenant de les retrouver dans une chanson de Prince. Jean-Sébastien Bach, par exemple, en faisait un usage fréquent, notamment dans ses fugues, comme celles du *Clavier bien tempéré*. Dans ses chorales et cantates, le chromatisme apparaissait souvent dans les moments de transition ou lors d'intensifications dramatiques. Toutefois, chez Bach, son emploi était d'une telle ampleur qu'il s'intégrait à une logique plus systématique. Un musicologue particulièrement attentif pourrait sans doute ainsi chercher à dégager une structure sous-jacente et montrer que le chromatisme chez Bach ne relève pas uniquement d'un procédé expressif, mais constitue un élément fondamental de son langage musical, inscrit dans une logique formelle plus vaste[92]. Rien de tel, cependant, chez Prince. Dans la chanson *Sometimes it Snows in April*, rien ne laisse en effet présager du mouvement chromatique qui s'opèrera au milieu de la phrase : « *sometimes* I wish[93], *that life was never ending, and all good things they say never last* ». Ici la cassure chromatique est (et ne peut être) qu'une cassure signifiante. Elle advient précisément entre « *I* » et « *wish* », c'est-à-dire entre « je » et le verbe « vouloir ». C'est à cet endroit précis que la chanson se rompt avant de s'achever sur la constatation amère « *all good things they say never last*[94] ». Ironie du sort (et signe peut-être de l'importance fondamentale de cette cassure chez l'artiste), Prince mourut le 21 avril 2016 à Paisley Park, près de Minneapolis, dans son complexe de studios d'enregistrements. Une étrange neige survint en fin de journée.

Le compositeur n'est ainsi jamais prisonnier de la forme, la forme étant toujours pour lui un moyen plutôt qu'une fin (d'où l'artificialité que nous avions signalée, de la distinction entre la forme et le fond, artificialité qui apparaît d'autant mieux dans la musique qui est un

---

[92] Nous pensons que chez Bach, comme chez Prince, l'utilisation du chromatisme est, en dépit de son caractère plus « systématique », intrinsèquement signifiant (qu'il est le fruit de l'intention de l'artiste plus que de la contrainte du système général dans lequel l'artiste se trouverait pris malgré lui). Nous pourrions encore évoquer chez Bach les ruptures rythmiques, celle par exemple qui se situe à la fin de la première variation de Goldberg (Aria), que Glenn Gould accentue particulièrement dans son enregistrement de 1981 (par rapport à celui de 1956 qui, tout en ayant déjà une intuition de la rupture n'en fait pas encore totalement état).
[93] Moment de la rupture chromatique, nous soulignons.
[94] « Toutes les bonnes choses, disent-ils, ont une fin ».

art entièrement formel, mais qui ne se réduit pas, paradoxalement à sa seule cohérence — la forme exprime quelque chose de plus que le formalisme). En un sens, l'introduction de l'inattendu dans une narration qui suscite ses propres attentes nous fait prendre conscience du caractère non-mécanique du monde. L'inattendu n'est certes pas l'incongru. En ce sens, nous pouvons en partie souscrire à l'affirmation selon laquelle la liberté de création de l'artiste n'est pas totale (elle n'est pas absolue[95], elle demeure contrainte, quoique cette contrainte continue de lui offrir une intensive infinité de possibles). Les œuvres, nous l'avons dit, proposent des directions et des possibilités qui leur sont propres. Nous défendons néanmoins l'idée selon laquelle elles s'inscrivent dans des ensembles narratifs intentionnels et signifiants. Ce sont ces ensembles qui, précisément, installent l'auditeur, le spectateur ou le lecteur dans une narration, la narration courte, celle de la phrase ou de la mesure, la narration médiane, celle de la partie ou du chapitre, la narration longue, celle de l'œuvre. Si nous faisons l'impasse sur la narration, et donc sur la dimension signifiante de l'œuvre et de ses mouvements internes, il nous devient alors impossible de penser l'émotion esthétique de manière cohérente (c'est la limite des approches matérialistes, comme celle de Meyer, qui entendent se caler plus ou moins sur l'idée d'un « affect esthétique » qui serait déclenché par un *stimulus* de nature esthétique — ce qui est à notre avis dépourvu de sens, il n'existe rien de semblable à un *stimulus* musical, par exemple : un *stimulus* est un *stimulus*, il ne peut recevoir de

---

[95] Nous avons montré au livre I les contradictions suscitées par cette idée d'absoluité.

qualification intrinsèque, la nature musicale ou non du *stimulus* est déterminée par notre interprétation du *stimulus*, c'est-à-dire par un acte de liaison signifiant qui n'est pas contenu dans le *stimulus*, mais qui est un acte de la « machine à créer du sens » qu'est notre cerveau). Au sein de la narration, la rupture est toujours rupture de quelque chose, c'est-à-dire d'une construction signifiante.

*La Montagne magique* (1924), offre un exemple spectaculaire de ce genre de rupture. Dans le fameux roman de Thomas Mann, Hans Castorp, un jeune ingénieur allemand, atterrit dans un sanatorium situé dans les montagnes suisses, dans lequel son cousin Joachim Ziemssen séjourne depuis plusieurs années pour soigner sa tuberculose. Hans Castorp, dont on ne sait pas très bien s'il est malade ou bien portant, prévoit d'abord de ne rester que quelques jours au sanatorium. Au fur et à mesure que les jours passent cependant, le temps se dilate. Les pages qui d'abord étaient des heures deviennent des journées, des semaines, puis des années. Le temps passe et Hans Castorp est toujours là, comme prisonnier d'une forme de routine anesthésiante et fascinante que seules viennent emplir quelques discussions amicales et philosophiques. De semaine en semaine, la sortie de Hans Castorp se trouve reportée, les médecins ne le considérant pas apte à retourner avec « ceux d'en bas ». Captif mollement réticent puis vaguement consentant, Castorp finit par se laisser porter par le rythme des changements de temps et de saisons, qu'il commente longuement, allongé aux côtés de son cousin sur son « excellente chaise longue ». Rien ne vient troubler cette paisible harmonie si ce n'est une femme importune qui possède la désagréable habitude d'ouvrir et de claquer brusquement les portes lorsqu'elle arrive au restaurant du sanatorium. D'abord agacé par cette femme qui, avec une irritante régularité, surgit bruyamment dans son dos, Hans Castorp, finit par s'intéresser à elle, à son entourage, aux personnages assis à sa table. Cet intérêt se mue bientôt en fascination puis en obsession. La jeune femme s'appelle Clawdia Chauchat. C'est une russe « aux yeux de Kirghize ». Elle est mariée à un fonctionnaire russe avec qui elle semble n'avoir que peu de relation. Elle est belle, fascinante et, comme tout le monde, malade. Pendant les cinq cents pages qui composent la première partie du roman, Hans Castorp n'adresse pratiquement pas la parole à la jeune russe. Le fait de la croiser dans un couloir ou à la sortie d'une consultation médicale, cependant, le bouleverse, parfois pendant plusieurs jours. Il attend désormais quotidiennement le moment où Clawdia fera sa bruyante irruption dans la salle de restaurant. Manœuvrant habilement avec ses camarades de table, il parvient à se placer à un endroit où il peut l'observer plus facilement. La vie de Hans Castorp finit par s'organiser autour de la passion qu'il éprouve pour Clawdia, jusqu'à ce soir de carnaval (imagine-t-on la tristesse de ce mardi gras organisé dans un sanatorium dont la plupart des pensionnaires ne ressortiront pas vivants ?) où Hans Castorp, grisé par la fête et peut-être un peu par l'alcool, finit par oser s'approcher de Clawdia. La fête bat son plein, un quelconque jeu lancé par l'animateur de la soirée fournit à Hans le prétexte qu'il attendait : « tu n'aurais pas un crayon par hasard ? », lance-t-il à Clawdia (nous imaginons bien l'effort surhumain que coûte cette demande au héros, il est livide, « d'une pâleur mortelle », écrit Thomas Mann). « Moi ? » répond « à ce tutoiement la malade aux bras nus. Oui. Peut-être ». S'ensuit une conversation surréaliste de plusieurs pages au cours desquelles Hans Castorp avoue sa passion à celle à qui il n'a jamais osé parler. Le tutoiement est autorisé le soir de carnaval, on parle français (bien que Clawdia sache en réalité parfaitement s'exprimer en allemand, mais ce changement de langue, oserait-on dire cette « rupture chromatique » ne convient-elle pas mieux au discours amoureux ? Le français devient le langage officiel d'une Russe et d'un Allemand perdus au milieu des montagnes suisses). Finalement, alors que les pensionnaires ont déjà déserté la fête, Hans Castorp « tout en divaguant sur son fauteuil grinçant », met « presque un genou à terre », il tremble de tout son corps et balbutie à Clawdia : « *Je t'aime, je t'ai aimée de tout temps, car tu es le Toi de ma vie, mon rêve, mon sort, mon envie, mon éternel désir*[96]... », « *Allons, allons !* » répond-elle simplement « *si tes précepteurs te voyaient...* » Puis vient ce passage, qui est probablement le sommet narratif de La *Montagne magique* (situé à la toute fin de la première partie). Clawdia doit quitter la montagne magique, elle a décidé de retourner au Daghestan, pourtant elle ne repousse pas tout à fait Hans :

« *Tu es en effet un galant qui sait solliciter d'une manière profonde, à l'allemande.* »

Et elle lui mit le chapeau en papier sur la tête[97].

« *Adieu mon prince Carnaval ! Vous aurez une mauvaise ligne de fièvre ce soir, je vous le prédis.* »

---

[96] L'italique marque le français dans le texte.
[97] Son chapeau de Carnaval.

Se relavant en souplesse, elle se faufila jusqu'à l'embrasure de la porte où elle hésita, à demi retournée, puis elle leva son bras nu, la main sur les gonds, et dit tout bas, par-dessus l'épaule :

« N'oubliez pas de me rendre mon crayon. »

Et elle sortit.

Je commente presque à regret ce passage qui en réalité se suffit de lui-même. La situation possède à la fois quelque chose de grotesque et de grandiose. Hans est plus jeune que Clawdia, il s'entiche d'elle par un concours de circonstances incongru et absurde. Elle est malade, mariée, visiblement assez détachée (quoique pas totalement insensible… Elle lui met le chapeau sur la tête). Il ne connait d'elle que son image. Cette image, d'abord insignifiante, devient pourtant, au fil des jours, obsédante. Elle est la figure du désir éternel, l'incarnation de l'altérité fondamentale (oserait-on dire, à nouveau, de la dualité ?) : le « Toi de ma vie ». « Adieu » dit-elle, dans une phrase qui consacre autant la rupture que l'union, puisqu'elle ajoute « mon prince Carnaval ». Pratiquement rien n'est dit et pourtant tout est dit. Clawdia est à l'image de la Chimène du *Cid* qui, presque dans un soupir, concède le célèbre « va, je ne te hais point ». C'est alors qu'au pic de cette intensité dramatique et amoureuse, Clawdia, dans un mouvement onirique et théâtral, ajoute tout bas, se retournant avec grâce en levant son bras nu : « *n'oubliez pas de me rendre mon crayon* ». Quoi de plus prosaïque que l'irruption de ce crayon en apparence insignifiant au cœur de ce moment décisif ? Le sommet est atteint. C'est un pic aussi bien qu'une brisure. Nous comprenons que la descente a commencé. A l'image de

Flaubert qui, à la fin de *L'Education sentimentale*, conclut la dernière entrevue entre Madame Arnoux et Frédéric par le désastreux et sublime « Et ce fut tout[98] », Thomas Mann écrit, comme pour achever une histoire qui n'a pas commencé et ne commencera jamais : « et elle sortit ».

La narration, comme le monde, a des règles immuables et pourtant n'a pas de règles établies. Chez Thomas Mann, il n'y aura pas de résolution heureuse. Nous ne retournerons jamais à la tonique de la gamme majeure. La musique, l'art, est à la fois la règle (sans laquelle le monde ne serait rien, un néant) et la rupture de la règle (sans quoi le monde ne serait que pur mécanisme, une autre forme de néant). Cette rupture (« *n'oubliez pas de me rendre mon crayon* ») n'est possible qu'à condition de surgir dans un univers signifiant (presque saturé de signification dans l'œuvre de Thomas Mann), c'est-à-dire un monde dual, vivant, humain[99].

---

[98] Remarquons d'ailleurs que Frédéric, comme Hans, s'arrête au seuil d'une histoire qui n'a été qu'un songe et dont probablement il n'a jamais vraiment souhaité la concrétisation charnelle : « Frédéric soupçonna Mme Arnoux d'être venue pour s'offrir ; et il était repris par une convoitise plus forte que jamais, furieuse, enragée. Cependant, il sentait quelque chose d'inexprimable, une répulsion, et comme l'effroi d'un inceste. Une autre crainte l'arrêta, celle d'en avoir dégoût plus tard. D'ailleurs, quel embarras ce serait ! et tout à la fois par prudence et pour ne pas dégrader son idéal, il tourna sur ses talons et se mit à faire une cigarette. Elle le contemplait, tout émerveillée. »

[99] L'épisode du crayon n'est bien sûr pas dénué de signification. Dans *La Montagne magique*, il fait aussi référence à l'enfance du héros et à sa relation avec son camarade de classe Pribislav Hippe, le mode de rencontre étant similaire (emprunt d'un crayon).

## 20.

LA MUSIQUE ET LES DIMENSIONS FONDAMENTALES DE L'ETRE — La musique rassemble les trois dimensions fondamentales de l'être humain : sensibilité, raison et finitude. Malgré sa manifestation formelle, elle ne se limite pas à un simple jeu d'agencements structurels. Elle constitue au contraire un réseau de significations immanentes, qui s'adressent simultanément au compositeur, à l'interprète et à l'auditeur. Si ces significations ne se recouvrent pas toujours, elles trouvent néanmoins un ancrage commun (le « signal » musical, la partition), dont l'interprétation varie en fonction de l'histoire, de la sensibilité et de l'état d'esprit de chacun des acteurs de l'expérience musicale. Ainsi, bien que ces significations puissent se déployer dans des directions différentes, elles émergent d'une même source, véhiculée par un langage universellement partageable.

Toutefois, ce langage ne s'articule jamais de manière linéaire. Comme tout système signifiant, il se déploie sur plusieurs niveaux d'imbrication, superposant des strates de sens qui interagissent, se modifient mutuellement et enrichissent ainsi l'expérience de l'œuvre. La signifiance surgit uniquement dans cette superposition dynamique, par l'entrelacement de boucles référentielles et récursives. A leur tour, ces boucles ne deviennent signifiantes que si elles induisent une correspondance avec un vécu subjectif — puisque la signification ne peut jamais être autonome ou détachée d'une expérience. C'est en cela que l'on peut affirmer que l'art, et la musique en particulier, engage les dimensions essentielles de l'être : il convoque ce qu'il y a de plus primitif et fondamental en nous, établissant un dialogue entre les structures formelles et l'expérience intime de celui qui écoute.

LA MUSIQUE COMME SEPARATION INTERNE

L'ART COMME RESOLUTION D'UN CONFLIT
INTERNE : QUELLE EST LA NATURE DU CONFLIT ?

21.

QUELLE EST LA NATURE DU CONFLIT ? — Dans son premier manifeste, André Breton donne du surréalisme la définition suivante : « Le surréalisme repose sur la croyance à la réalité supérieure de certaines formes d'associations négligées jusqu'à lui, à la toute-puissance du rêve, au jeu désintéressé de la pensée. Il tend à ruiner définitivement tous les autres mécanismes psychiques et à se substituer à eux dans la résolution des principaux problèmes de la vie[100]. » Quelques années plus tard, Breton écrit, dans *L'Amour fou* : « Je suis intimement persuadé que toute perception enregistrée de la manière la plus involontaire comme, par exemple, celle de paroles prononcées à la cantonade, porte en elle la solution, symbolique ou autre, d'une difficulté où l'on est avec soi-même[101]. » Il y a ici l'idée fondamentale selon laquelle l'art est une forme de conflit ouvert, d'extériorisation d'une difficulté interne qui porte en elle une possibilité de résolution. Le conflit est littéralement une confrontation (duale) entre l'intérieur et l'extérieur (conflit vient du latin *conflictus* qui est le participe passé du verbe *confligere*, composé du préfixe « con- » qui signifie ensemble et « *fligere* » qui signifie

---

[100] André Breton, *Manifeste du surréalisme* [1924] in *Manifestes du surréalisme*, Paris, Folio Essais, Pauvert éditeur, 1962, p. 36
[101] André Breton, Op. cit., p. 22

frapper. Le mot conflit exprime ainsi l'idée d'un « choc » entre deux réalités). C'est de cette confrontation entre deux réalités hétérogènes (l'image de notre unité *idéelle*, synthétique et le monde qui nous est extérieur, qui dépasse les frontières de notre *moi*) que naît l'œuvre d'art[102]. Remarquons au passage qu'une nouvelle fois, c'est par l'intermédiaire de l'image d'une femme que cette nouvelle formulation de la vérité parvient à Breton[103]. Outre l'exemple de la passante que Breton développe dans son premier Manifeste[104], nous pensons de nouveau à Nadja et au personnage de Jacqueline Lamba dans *L'Amour fou* ou encore aux femmes séductrices de *Poisson soluble*. Aussi bien dans *Nadja* que dans *L'Amour fou*, la relation avec

---

[102] Les idées d'André Breton ne sont pas sans rappeler les développements légèrement antérieurs de Sigmund Freud et notamment sa vision de l'art comme sublimation du ça et des pulsions sexuelles, voir notamment *Trois essais sur la théorie sexuelle* (1905) et Le *Moi et le ça* (1923).

[103] Sur l'image de la femme dans la définition moderne de la vérité, voir Geoffroy de Clisson, *L'image de la femme ou le renversement symboliste de l'idée de vérité* (2013)

[104] « Il ose à peine s'exprimer et, s'il le fait, c'est pour se borner à constater que telle idée, telle femme lui fait de l'effet. Quel effet, il serait bien incapable de le dire, il donne par-là la mesure de son subjectivisme, et rien de plus. Cette idée, cette femme le trouble, elle l'incline à moins de sévérité. Elle a pour action de l'isoler une seconde de son dissolvant et de le déposer au ciel, en beau précipité qu'il peut être, qu'il est. En désespoir de cause, il invoque alors le hasard, divinité plus obscure que les autres, à qui il attribue tous ses égarements. Qui me dit que l'angle sous lequel se présente cette idée qui le touche, ce qu'il aime dans l'œil de cette femme n'est pas précisément ce qui le rattache à son rêve, l'enchaîne à des données que par sa faute il a perdues ? Et s'il en était autrement, de quoi peut-être ne serait-il pas capable ? Je voudrais lui donner la clé de ce couloir. », Op. cit. p. 23

l'être aimé s'établit sur le mode de la rencontre fortuite et de coïncidences qui n'en sont pas. La construction des deux œuvres, apparemment déstructurée, est faite de parties fantasmagoriques, récits de rêve et de ruptures narratives mêlées de photographie et de poésies. La vérité de l'image n'est pas suscitée par la cohérence logique ou chronologique du discours. Au contraire, le réel s'adapte à la temporalité de l'homme. C'est lorsque deux temporalités s'accordent qu'il y a proprement « rencontre ». Dès lors, cette rencontre n'appartient plus vraiment au réel ; elle est surréelle dans la mesure où elle se fait sur le mode d'une réunion entre l'onirisme, et le réel : « Je crois, écrit Breton, à la résolution future de ces deux états, en apparence si contradictoires, que sont le rêve et la réalité, en une sorte de réalité absolue, de *surréalité*, si l'on peut ainsi dire. C'est à sa reconquête que je vais, certain de n'y pas parvenir, mais trop insoucieux de ma mort pour ne pas supputer un peu les joies d'une telle possession[105]. » L'image qui est suscitée par la rencontre fortuite fait penser à ce que les symbolistes désignaient sous le nom d'« apparition ». C'est en effet dans l'image qu'advient le rapprochement à la fois aléatoire et nécessaire d'où surgit tout à coup la vérité poétique. C'est ce qu'indique André Breton, dans un hommage à Saint-Pol-Roux, qu'il qualifiait d'ailleurs dans son premier manifeste de « surréaliste dans le symbole[106] » : « Il apparait de plus en plus, écrit-il, que l'élément générateur par excellence de ce monde qu'à la place de l'ancien nous entendons faire nôtre, n'est autre chose que ce que les poètes appellent "l'image". La vanité des idées ne saurait

---

[105] André Breton, *Manifeste du surréalisme* [1924], p. 24
[106] Op. Cit., p. 38

échapper à l'examen même rapide. Les modes d'expression littéraire les mieux choisis, toujours plus ou moins conventionnels, imposent à l'esprit une discipline à laquelle je suis convaincu qu'il se prête mal. Seule l'image, en ce qu'elle a d'imprévu et de soudain, me donne la mesure de la libération possible et cette libération est si complète qu'elle m'effraie. C'est par la force des images que, par la suite des temps, pourraient bien s'accomplir les "vraies" révolutions[107]... » Avec les surréalistes, nous voyons comment la vérité se déplace de l'idée vers l'image. L'image, cependant, est encore une idée, idée médiatisée non pas par le langage, mais par une présentation qui bien qu'elle soit non-intermédiée demeure signifiante (voir à ce sujet livre I sur l'imagination productive et son rôle actif dans la formation des images).

La musique, à l'instar de l'image surréaliste ou du langage, se tient comme un troisième terme, un espace intermédiaire entre le réel et l'être. Elle constitue à la fois une extériorisation de la forme pour le compositeur et une invitation à l'extériorité pour l'auditeur. C'est sans doute cette position médiane qui lui confère son magnétisme. La musique ne résout pas un conflit intérieur en proposant simplement une alternance entre une tension et sa résolution. Elle opère à un niveau plus profond : elle est le symbole médiatisé de la rencontre du *moi* avec le monde, une articulation fluide entre l'intériorité subjective et une réalité qui lui échappe, rendant sensible ce qui, autrement, demeurerait insaisissable. À ce compte, la vertu cathartique du

---

[107] André Breton, *Hommage à Saint-Pol-Roux* (1935), *Anciennetés*, pp. 24-25

théâtre – et en particulier de la tragédie –, telle qu'Aristote la décrivait dans *La poétique* et que nous évoquons si souvent, ne nous semble pas relever d'un simple mécanisme de libération ou de purification émotionnelle. Si, dans le mécanisme cathartique que décrivait Aristote, nous retrouvons cette idée de conflit entre l'intériorité et l'extériorité (un jeu de projection et de réception qui procède de la représentation terrifiante de passions et de situations tragiques dans un cadre non passionnel, sécurisé, « neutre »), il nous semble qu'il ne faille pas réserver la notion de *catharsis* aux représentations tragiques, mais l'étendre au contraire à toutes les formes d'art.

Comme le théâtre, la musique invite l'auditeur ou le spectateur à sortir de lui-même, à adhérer à une forme qui suspend temporairement son *moi* superficiel – c'est-à-dire ses avis, ses préoccupations, ses tracas quotidiens, la projection conjoncturelle de son existence. Ce mouvement d'adhésion le relie à un *moi* plus profond, capable d'entrer en résonance avec l'altérité des formes artistiques qu'il reçoit. Cette altérité, paradoxalement, lui semble familière, comme faisant écho à un fond commun de l'humanité, à un socle de l'universel. Ainsi, dans son rapport à l'œuvre, le spectateur ne cherche-t-il pas tant une restitution du réel qu'une libération, une ouverture à une vérité qui ne s'épuiserait pas dans la simple désignation des choses (une épée, par exemple, peut très bien être figurée par un morceau de bois pointu sans que l'adhésion du spectateur s'en trouve altérée). L'essentiel réside donc moins dans la vraisemblance matérielle que dans la capacité des formes à absorber le *moi* quotidien. C'est en ce sens que, pour reprendre l'expression d'Henri Gouhier dans *Le théâtre et l'existence*, si le spectateur « tient pour vrai[108] » ce qui se déroule sur scène, ce n'est pas par crédulité, mais parce qu'il s'ouvre à une vérité d'un autre ordre. Il ne s'agit pas d'une adhésion naïve au factuel, mais d'une immersion dans la vérité propre à la forme artistique, cette vérité qui, par son pouvoir d'évocation, extrait momentanément l'individu de lui-même.

Dans l'œuvre musicale comme dans l'œuvre théâtrale, la vérité ne repose pas sur une simple adéquation aux faits, mais sur une *adhésion à la forme*, une mise en résonance du *moi* profond avec la narration qui lui est proposée. Cette mise au diapason ne découle pas d'une recherche de correspondance avec le réel – comme l'exigence de vraisemblance – mais d'une immersion dans la forme elle-même. Ainsi, dans une salle de théâtre ou de cinéma, nul besoin de voir un chien enragé surgir pour que nous ressentions un sentiment de peur ou de terreur. Une hydre à neuf têtes, évoluant dans une narration dont nous savons pourtant très bien qu'elle est fictive, peut provoquer une réaction tout aussi intense, voire plus forte encore, que celle suscitée par un chien agressif aboyant au portail de notre voisin. La terreur éprouvée dans ces deux contextes ne sera certes pas identique dans ses implications, car nous ne nous enfuyons pas instinctivement d'un théâtre ou d'une salle de cinéma (bien que cela puisse arriver…). Pourtant, la sensation qui nous traverse s'exprime de manière quasi-similaire : une impulsion de retrait,

---

[108] Henri Gouhier emprunta en réalité sans doute la notion de « tenir pour vrai » à Samuel Taylor Coleridge qui dans son ouvrage *Biographia Literaria* (1817) utilise l'expression de suspension consentie de l'incrédulité (*suspension of disbelief* en anglais).

l'envie de détourner le regard, voire de se cacher les yeux face à ce qui se joue devant nous. A la différence de la terreur « réelle », cependant, la terreur suscitée par l'hydre à neuf têtes sera liée à un récit d'ensemble, elle sera en somme une terreur contextuelle (l'image de l'hydre serait sans doute moins terrifiante si elle nous était présentée en dehors de tout contexte narratif, le chien enragé, lui, est toujours aussi effrayant, avec ou sans musique d'horreur par exemple). Ce qui importe dans l'œuvre d'art, c'est avant tout notre acceptation d'une forme narrative, acceptation immersive qui nous fait oublier momentanément notre propre position (nous cessons de nous percevoir pleinement comme spectateurs assis dans une salle de cinéma, de théâtre ou de concert, pour ne faire qu'un avec le récit). Cet engagement dépasse la simple intensité des émotions immédiates que l'œuvre suscite – qu'il s'agisse de crainte, de terreur, d'attendrissement ou de pitié. Il repose avant tout sur une suspension du *moi* au profit de l'œuvre qui se déploie devant lui.

Cependant, bien que l'œuvre d'art soit une invitation à l'adhésion formelle, elle ne se réduit pas à cette proposition adhésion. L'œuvre d'art n'est pas un attrape-mouches et le spectateur n'est pas ce pigeon qui se laissait abuser par les raisins réalistes de Zeuxis[109]. Dans l'œuvre, la forme est à la fois proposée et mise à distance (produire la forme, c'est déjà la séparer de soi, recevoir la forme, c'est comprendre qu'elle se propose

---

[109] Zeuxis de Héraclée était un peintre grec célèbre du Vème siècle avant J.-C., connu pour sa capacité à créer des œuvres d'art si réalistes qu'elles pouvaient tromper les sens. L'anecdote la plus célèbre raconte qu'il peignit des raisins si réalistes que des oiseaux essayaient de les picorer.

comme *medium* signifiant). L'adhésion du spectateur ou de l'auditeur à cette forme ne correspond ainsi pas totalement à l'adhésion du pigeon à la forme des raisins de Zeuxis. Elle est à la fois adhésion (« tenir pour vrai », acceptation de la proposition) et mise à distance. Ce qui importe dans l'œuvre d'art ce n'est pas tant son réalisme ou les réactions qu'elle suscite immédiatement en nous (une envie de boire, par exemple, qui serait déclenchée par une publicité pour *Coca-Cola*), mais la réflexion qu'elle engage en faisant écho à notre propre système de significations internes. C'est ici que réside pour nous la vertu cathartique de l'art : en tant que manifestation ouverte du conflit (de la question) l'œuvre d'art est une proposition formelle de résolution (d'une meilleure compréhension) de ce conflit[110]. Le sentiment esthétique procède à notre avis précisément de ce mécanisme. Il est une résolution infra-rationnelle d'un conflit dans lequel je suis avec moi-même. En tant que réponse signifiante à l'œuvre, le sentiment esthétique ne se réduit donc pas nécessairement à une expérience du beau.

Dans le sillage d'Edmund Burke, les romantiques furent parmi les premiers à théoriser l'attrait esthétique de la terreur, de la noirceur et du laid, en réaction à la rigidité théorique du classicisme. La tragédie antique, il

---

[110] La résolution du conflit dans lequel je suis avec moi-même, dans le sens de l'expression d'André Breton tient donc au fait que d'abord que l'œuvre d'art m'a obligé à quitter mon moi superficiel et immédiat et ensuite au fait qu'elle m'ait proposé une ou plusieurs formes (représentatives ou narratives) qui sont entrées en résonance avec mon moi profond, qui lui ont signifié quelque chose, et qui, parfois, lui ont fait envisager confusément la réponse à une question qu'il ne s'était pas directement posée.

est vrai, avait déjà ouvert cette voie, mais c'est Burke qui en a proposa la première conceptualisation systématique, en analysant les déterminants de la catégorie du sublime. Pour Burke, le sentiment de sublime était suscité par la terreur qu'inspirait une représentation, sa puissance, son obscurité et sa grandeur[111]. Les représentations « sublimes » étaient ainsi censées provoquer des sentiments d'admiration, de crainte et de respect. En dissociant le sentiment esthétique de l'idée du beau, Burke ouvrait la voie à une réflexion sur la signifiance de l'art et son rapport à la vérité. Cependant, sa classification des expériences esthétiques selon les sentiments qu'elles étaient censées provoquer le maintenait dans une vision sentimentaliste de l'art, où l'œuvre se définissait avant tout par son impact émotionnel plutôt que par sa puissance signifiante. À nos yeux, cette classification des sentiments esthétiques reposait sur une distinction artificielle. De nombreux affects que Burke qualifiait de « sublimes » ne se distinguaient ainsi pas réellement des émotions associées au beau, si ce n'est par l'intensité ou le contexte dans lequel ils survenaient. La séparation que Burke établissait entre ces deux catégories – le beau, lié à l'harmonie et à la douceur, et le sublime, associé à la terreur et à la grandeur – nous semble ainsi arbitraire, dans la mesure où elle reposait davantage sur une typologie des réactions émotionnelles que sur une réelle différenciation ontologique entre le beau et le sublime (différenciation que Kant effectuera dans la *Critique de la faculté de juger*, en considérant le sublime dans sa dimension dynamique de dépassement de la

---

[111] Ses réflexions influenceront les théories kantiennes du sublime, voir *Critique de la faculté de juger*

forme). Le mérite de la philosophie de Burke fut néanmoins de rattacher l'art à la problématique de sa réception active par le spectateur, c'est-à-dire au problème de la correspondance. Avec Burke, la théorie de l'art sortait pour ainsi dire de son cadre classique (l'art comme respect des règles, comme théorie de l'harmonie et du beau) pour entrer dans la problématique générale de la signification, c'est-à-dire de la dualité et de la correspondance. Cette conception de l'art ouvrait la voie à l'idée d'une vérité propre à l'œuvre, non pas dans le sens où celle-ci correspondrait à une réalité concrète qu'il s'agirait de copier ou d'atteindre (l'art comme *mimésis*), mais en ce qu'elle faisait écho en nous à une réalité fondamentale, à un mode d'être au monde à la fois singulier et universel. L'idée de vérité de l'œuvre d'art – qui n'est pas, à proprement parler, une thèse de Burke, mais une direction que suggère sa philosophie – ne relève donc pas de la théorie classique de la vérité-adéquation, mais s'apparente davantage à une conception de la vérité comme correspondance, une vérité propre à la forme elle-même.

Si cette vérité est de nature esthétique, elle n'est pas d'abord liée au beau, mais au sens, c'est-à-dire à la signification (l'« esthétique » est en cela plus humaniste que le « beau », elle ne postule pas le beau ou l'harmonie comme une nécessité, le beau peut à l'inverse procéder du « sens »). C'est cette vérité que cherche inlassablement le peintre, le sculpteur ou le musicien. C'est également cette vérité qui permet la résolution du conflit interne chez le spectateur. Toutefois, cette résolution ne se produit pas au sein de l'œuvre elle-même, mais à travers la médiation externe qu'elle propose. L'œuvre n'a rien de didactique : elle n'impose aucune règle fixe, n'exige pas qu'une issue heureuse soit intégrée en son sein, et ne fonctionne pas non plus comme une thérapie. En quittant pour un instant son *moi* immédiat et superficiel, le spectateur, grâce à l'œuvre, accède à une meilleure compréhension de lui-même. Il n'y trouve pas tant une réponse explicite qu'une intuition diffuse d'une question qu'il ne s'était pas encore formulée. En ce sens, l'œuvre opère comme une résolution infra-rationnelle du conflit. L'art peut ainsi proposer aussi bien un conflit résoluble, où le beau et l'harmonie apparaissent comme les signes d'un apaisement (par exemple, le retour à la tonique en musique marque une résolution conventionnelle), qu'un conflit insoluble, où l'œuvre expose le tragique, l'absence de sens, la déstructuration de toute attente, une mise en suspens d'une inquiétante étrangeté qui ne propose aucun dénouement (pensons par exemple aux musiques de films d'horreur, souvent répétitives qui possèdent leurs creux et leurs *climax*, mais ne proposent pas, la plupart du temps, de résolutions logiques). Dans les deux cas, l'œuvre d'art demeure dans le cadre formel de l'esthétique. Elle n'entreprend pas de dépassement de la forme, raison pour laquelle nous pensons que la distinction kantienne entre l'esthétique et le sublime est plus opérante que celle de Burke : le sublime est suscité par un dépassement de la forme, une mise en échec de l'imagination du spectateur qui ne parvient pas à synthétiser la ou les formes qui lui sont présentées[112].

---

[112] Voir Kant, *Critique de la faculté de juger*. Le sublime mathématique concerne chez Kant l'expérience de l'infinité et de la grandeur au-delà de toute mesure. Il se manifeste

La différence entre l'esthétique et le sublime est de même nature que celle que nous sentons lorsque nous sommes confrontés à un paysage dont nous ne parvenons pas à envisager les limites – l'océan, les cimes des montagnes qui se perdent dans les nuages, et à la représentation de ce même paysage dans le cadre formel d'une œuvre — nous pensons par exemple au célèbre *Voyageur contemplant une mer de nuages* de Caspar David Friedrich, œuvre souvent citée par les étudiants de philosophie comme relevant du « sublime » alors qu'elle possède tous les codes de l'esthétique classique. Certes, la distinction au sein de l'esthétique, entre le

---

lorsque l'esprit humain tente de comprendre des objets ou des concepts d'une immensité telle qu'ils échappent à toute mesure ordinaire. Par exemple, la contemplation du vaste ciel étoilé ou des montagnes gigantesques peut évoquer ce sentiment. Pour Kant, le sublime mathématique met en évidence la capacité de l'esprit humain à concevoir l'infini, même si les sens ne peuvent en saisir la totalité.
Le sublime dynamique est lié chez Kant à la puissance et à la force naturelle (on retrouve ici l'influence de Burke). Il survient lorsque l'homme est confronté à des forces naturelles redoutables et potentiellement destructrices, comme les tempêtes, les ouragans, les volcans en éruption, ou les océans déchaînés. Ce type de sublime suscite une admiration mêlée de crainte face à la puissance de la nature. Cependant, cette crainte est tempérée par le fait que l'observateur se sait en sécurité, ce qui permet de ressentir le pouvoir de la nature sans être réellement menacé.
Pour Kant, les deux types de sublime partagent certaines caractéristiques : ils provoquent un sentiment de dépassement des capacités humaines ordinaires de perception ou de compréhension. Ils impliquent par ailleurs une réflexion sur les limites de notre propre esprit et de notre capacité à saisir l'infini ou à résister aux forces naturelles. Le sublime engage à la fois la raison, qui tente de conceptualiser ce qui dépasse les sens, et l'imagination, qui s'efforce de représenter l'immensité ou la puissance.

beau et le sublime demeure, mais cette distinction n'est plus directement liée, comme chez Burke, à la « catégorie de sentiments » que suscite le paysage de montagnes et sa représentation formelle, par exemple, chez Friedrich. Si, chez Kant, le sentiment du sublime[113] naît de la mise en échec de l'imagination – incapable de synthétiser ce que lui transmet l'intuition sensible – il ne se rattache pourtant à aucun thème émotionnel particulier. La terreur, la crainte, l'étrangeté, l'obscurité ou même la confrontation à la mort ne sont pas constitutives du sublime kantien, ces émotions pouvant tout aussi bien être suscitées par des œuvres relevant d'une esthétique formelle. Dans l'esthétique du sublime comme dans l'esthétique du beau, ce que nous qualifions d'*esthétique* n'est pas une propriété absolue des choses elles-mêmes (de la même manière que, dans la philosophie de la connaissance, les concepts n'étaient pas des propriétés des choses en elles-mêmes). La notion d'esthétique désigne toujours une relation entre un objet et la manière dont nous le

Le voyageur contemplant une mer de nuages (*Der Wanderer über dem Nebelmeer*), Caspar David Friedrich, 1818, Huile sur toile

---

[113] Il serait sans doute plus juste de parler, non pas d'un sentiment de sublime, mais d'une sensation de sublime, la sensation étant une expérience plus passive que le sentiment (se rapportant à cette attitude défensive d'être dépassé, submergé).

percevons de façon signifiante. Toutefois, cette relation excède la simple fonction utilitaire propre aux objets du quotidien. L'objet artistique ne se réduit jamais entièrement à un objet trivial, même lorsqu'il est détourné ou réinvesti (comme dans les « trouvailles » d'André Breton par exemple).

Ce qui qualifie ainsi notre rapport à l'œuvre et à l'esthétique en général (qui dépasse le cadre strict de l'œuvre), c'est la relation de signifiance que nous entretenons avec elle. Le sentiment esthétique est en effet toujours lié à l'interprétation émotionnelle d'une extériorité que nous percevons comme intentionnelle. Dans le face-à-face avec la nature immense ou déchaînée, comme dans la confrontation avec les œuvres d'art (picturales ou musicales), c'est en réalité toujours face à nous-mêmes que nous sommes placés. Le *moi* de la confrontation esthétique n'est plus, cependant, le *moi* égotique de la vie quotidienne, mais un *moi* installé hors de lui-même, se regardant de l'extérieur en même temps qu'il contemple l'altérité médiatrice de l'œuvre ou de la nature qui le nie. Voilà ce qu'est pour nous la *catharsis* : une possibilité d'anesthésier le *moi* quotidien pour se mettre au diapason d'un *moi* plus fondamental, débarrassé de ses conflits internes.

## LE RETOUR SUR SOI – LA SEPARATION DU *MOI* EN DEUX

### 22.

MUSIQUE ET FORMALISME : L'IMAGINATION ET LA CRITIQUE — La création musicale, comme l'entreprise scientifique, est le résultat de deux mouvements distincts. Elle est d'abord intuition intellectuelle (ou abstraite) d'une forme puis sélection critique et rétroactive de la forme. Dans la démarche scientifique, la sélection critique se fait d'après le critère de la correspondance avec les faits. L'intuition abstraite trouve une formulation concrète dans la théorie, les résultats de cette théorie étant ensuite comparés à l'ensemble des faits que la théorie est censée décrire. Dans la création artistique (et dans la création musicale en particulier), le moment critique n'est pas un moment comparatif (on ne confronte pas la musique à un réel quelconque qui viendrait la confirmer ou l'infirmer) mais un moment de pure évaluation esthétique de la forme (que signifie la forme ? Quelle est la place de la forme au sein de l'œuvre… ?). La création artistique se définit ainsi par cette tension entre les formes présentées au *moi* par l'imagination (ou par une sorte d'intuition abstraite des formes) et la sélection des formes qui est l'œuvre de la raison critique (le mot critique ayant ici son sens originel, du grec κρίνω qui signifie séparer, juger, trier, c'est-à-dire séparer le bon du mauvais). Elle est donc, pour ainsi dire, le résultat d'une « séparation du *moi* en deux », d'une confrontation entre le *moi* intuitif (le *moi* presque « passif » pourrait-on dire, les formes se présentant en un sens librement à notre conscience sans notre intervention active) et le *moi* critique (le *moi* « actif », celui qui évalue, qui juge et qui trie). Cette tension entre ces deux moments de la création artistique peut s'analyser comme une forme de dislocation du *moi*, l'artiste étant le lieu de confrontation temporaire entre la forme et la puissance critique et évaluatrice qui juge la forme du point de vue de sa signification esthétique. La critique est ainsi à boucles itératives (qui procède d'une récursivité à l'envers), elle est critique de l'œuvre en même temps que critique de l'évaluateur et dans un mouvement de spirale ascendante, critique d'elle-même (voir à ce sujet livre I, § 56 – *Faut-il abandonner le principe de causalité*, note sur les états de superposition quantique : dès lors que la mesure entre en jeu, elle perturbe le phénomène qu'elle tente d'analyser de même, dans le processus critique de création, l'évaluateur, en observant l'œuvre en train de se faire en lui-même perturbe le processus créatif, cette perturbation est néanmoins la condition *sine qua non* de la réalisation concrète de l'œuvre. L'évaluation de l'œuvre ne s'arrête pourtant pas là, lorsqu'il évalue l'œuvre, l'artiste s'évalue en même temps en tant qu'évaluateur, et ainsi de suite dans une forme de spirale ascendante qui rappelle la spirale critique du processus évaluateur de la connaissance qui part du subjectif sensible pour arriver à une forme de concrétude objective). En composant son œuvre, l'artiste se compose en un sens lui-même, expose son *moi* profond. Cette exposition, et cette définition du *moi* est autant le fait d'une passivité (la passivité requise pour se débarrasser du *moi* quotidien et trivial) qu'un acte autonome et conscient (l'activité de sélection de l'artiste, celle qui compose, trie, élague, expose). On pourrait objecter que l'écriture automatique, mise à l'honneur par les surréalistes, semble contredire l'idée d'une rétroaction critique entre l'œuvre et son créateur (l'idée d'automatisme semblant exclure d'emblée toute rétroaction critique). A cela nous répondons d'une part qu'il nous parait illusoire de prétendre atteindre une production authentiquement et purement « irrationnelle », la raison critique étant « toujours déjà-là », y compris dans les états modifiés de conscience (hypnose, transe, psychotropes : le *moi* critique, s'il est inhibé n'est jamais totalement supprimé[114]) et d'autre part que le mode d'expression artistique (en l'occurrence l'écriture automatique) relève déjà d'un choix critique signifiant (comme relevait d'un même choix signifiant l'œuvre *4'33* de John Cage) .

## 23.

L'ART COMME « *PRE-LOGOS* » — L'artiste, comme tout être sensible, est d'abord le récepteur des formes qui se présentent à lui (ces « ondes TSF » que mentionne Guillaume Apollinaire lorsqu'il compare le poète à une sorte de transistor). Seulement il n'est pas uniquement un être qui se contenterait de ressentir et d'exprimer des formes. En tant qu'être rationnel (capable de structurer et de comprendre des données signifiantes), l'artiste est aussi authentiquement *actif* dans le monde. Il évalue,

---

[114] Dans les états d'hypnose, par exemple, le sens critique du sujet est généralement altéré mais pas entièrement éliminé. L'hypnose induit un état modifié de conscience, souvent décrit comme un état de concentration accrue ou de relaxation profonde, dans lequel le sujet est plus réceptif aux suggestions. Cependant, même dans cet état, il conserve un certain degré de conscience de soi et, dans la plupart des cas, il ne fera rien qui va à l'encontre de ses valeurs morales ou de sa volonté fondamentale.

sélectionne et organise les formes en les intégrant dans un ensemble signifiant que nous appelons « œuvre[115] ». L'œuvre d'art est donc aussi bien le fait d'une passivité réceptive que celui d'une activité d'émission. Elle révèle en cela la structure duale de l'être sensible et rationnel, tant du point de vue de notre relation sensible au monde (la sensibilité de l'être suppose son appartenance autant que sa séparation du monde, séparation de ce qui n'est pas moi) que du point de vue de notre relation critique avec toutes les formes signifiantes (la critique rationnelle suppose un dépassement de l'immédiateté sensible, une reconnaissance consciente du *moi* comme être séparé, capable de formuler, par le *logos*, des propositions signifiantes à propos des choses). La structuration progressive des formes du langage est ainsi allée de pair avec l'avènement du discours critique, dont le Vème siècle athénien — si souvent désigné par les historiens et les hellénistes comme le « siècle du *logos* » en raison notamment du développement significatif de la pensée rationnelle et philosophique — fut l'une des plus brillantes illustrations[116]. Mais le discours critique

---

[115] Le mot « œuvre » provient du latin *opera*, qui est le pluriel du mot *opus*, signifiant « travail » ou « ouvrage ». Le terme *opera* en latin a donné le mot « œuvre » en français, en passant par l'ancien français *ovre* qui signifiait également « travail », « ouvrage » et indiquait l'idée d'un accomplissement, d'une activité.

[116] Que le relativisme sophiste (même si ce n'est pas réellement l'objet de ce livre, il conviendrait ici de bien définir le Sophisme et de ne pas soumettre l'ensemble des sophistes à la traditionnelle vindicte des rationalistes, voir à ce sujet *Les sophistes* de Jacqueline de Romilly) soit apparu à peu près au même moment que la philosophie de Socrate et de Platon n'est d'ailleurs, à ce titre, pas très étonnant, de la même manière qu'il n'est pas tout à fait surprenant que la société

— et c'est là l'un des enseignements importants de notre théorie sur l'art — n'était pas et n'a jamais été en soi producteur de connaissance. Pour produire des connaissances, il faut en effet en passer par les formes et par les significations. Sans forme (c'est-à-dire sans cette dualité entre l'être sensible et le monde, la forme étant une représentation signifiante du monde par l'être sensible), il ne peut y avoir de significations et sans significations, il n'y a plus guère de possibilité de connaître. Il s'agit là de la limite essentielle de la raison : sans intermédiation sensible, la raison tourne à vide, elle n'est plus productrice de connaissance[117]. Ce sont toujours les sens qui nous transmettent la matière que l'entendement (la conscience) met en forme et sur laquelle la raison émet des jugements. La raison, sans l'aide de la sensibilité et de l'imagination, ne peut donc pas être productrice de connaissances nouvelles.

---

athénienne, ouverte à la controverse publique et à la confrontation des discours, ait été le lieu historique de l'avènement de la première démocratie au monde. Le discours critique sur les choses suscita en un sens sa propre critique. Cette émergence de la critique du discours critique en même temps que le discours critique lui-même a quelque chose de paradoxal car il semble valider implicitement le relativisme auquel le premier discours critique tentait précisément de s'arracher. La critique du discours critique semble souvent être une version moins naïve et plus avancée du premier discours critique. C'est là cependant une illusion à laquelle il faut se retenir de céder : celui qui parle le dernier n'a pas nécessairement raison...

[117] « Toute notre connaissance commence par les sens, passe de là à l'entendement et finit par la raison. Cette dernière faculté est la plus élevée qui soit en nous pour élaborer la matière de l'intuition et ramener la pensée à sa plus haute unité. », Emmanuel Kant, *Critique de la raison pure, Logique transcendantale, Deuxième division, Dialectique transcendantale, De la raison comme siège de l'apparence transcendantale*

Si l'on admet cependant que l'œuvre d'art est le résultat conjugué de l'imagination formelle et de la raison critique, n'y aurait-il pas quelque logique à affirmer qu'elle puisse être le véhicule d'une forme de connaissance ? L'œuvre d'art, en tant que réalisation concrète et volontaire n'est pas, ne peut pas être le fruit, nous l'avons dit, d'un pur concours de circonstances (dont la forme serait le résultat de cet *heureux* hasard qui voit, par exemple, une colonie de fourmis former sur le sable le visage de Winston Churchill, comme dans l'exemple de Putnam qui nous citions un peu plus tôt au § 11). L'œuvre d'art est nécessairement le résultat d'une action médiatisée et communiquée dans une forme concrète. En tant qu'action consciente et volontaire, elle est ainsi toujours porteuse d'un sens, d'une signification. Elle est pour ainsi dire déjà un « langage » ou un « pré-langage », non pas en tant qu'elle désignerait une réalité concrète sur le mode de l'adéquation, mais en tant qu'elle est la présentation d'une structure formelle organisée. Dans la musique, cette organisation se manifeste à plusieurs étages : dans le rythme, d'abord (les premières œuvres musicales sont souvent des œuvres rythmiques, qui utilisent des instruments de percussion), dans la métrique, la mesure, l'harmonie, la tonalité, l'arrangement, le thème, les lignes mélodiques, le récit général, l'interprétation, les accidents : tout dans la musique est structure, tout est ainsi signification en puissance. Les accidents de structures eux-mêmes sont signifiants (de même que le chaos organisé, à partir du moment où il est l'œuvre d'un artiste conscient de lui-même, qui présente son œuvre pour ce qu'elle signifie, voir § 3 — *La musique et le hasard*). Cette structure, ce *logos* musical, est, par sa nature même, porteuse d'un sens : elle est la manifestation signifiante de la confrontation de la finitude organisée[118] à la réalité sensible. Il faut cependant ici à nouveau dissiper un malentendu assez commun : que le *logos* musical (et artistique en général) soit en réalité un langage signifiant n'implique pas pour autant qu'il ait quelque chose de concret à énoncer sur le monde. Le *logos* artistique et en particulier le *logos* musical ne sont pas des *logos* de désignation, ce sont des *logos* de structure, la manifestation d'une cohérence pré-linguistique (une grammaire sans noms ni adjectifs, sans incarnation sensible concrète)[119]. C'est la raison pour laquelle le *logos* artistique n'est pas, la plupart du temps, univoque. Il est au contraire le plus souvent évocateur d'une réalité multiple (une réalité qui n'est pas encore figée dans une signification concrète). L'œuvre n'est certes pas ouverte à toutes les significations ni à toutes les interprétations possibles (les interprètes et les comédiens, eux aussi,

---

[118] à l'organisme sensible, si l'on préfère, mais l'organisme sensible rationnel, parvenu à la conscience de lui-même et des autres.
[119] La question est sans doute plus épineuse et ambiguë à mesure que l'on se rapproche des formes artistiques qui utilisent le langage commun. Si la poésie demeure structurellement proche de l'œuvre musicale, le roman est sans doute la forme littéraire la plus ambiguë. Il nous semble cependant que l'œuvre d'art consiste à mettre en cohérence (activement) une ou plusieurs intuitions formelles révélées par l'imagination. Les textes « à message » ou « engagés » nous semblent ainsi ne pas relever directement de l'idée générale d'œuvre d'art telle que nous la défendons mais du didactisme ou du genre argumentatif. Nous savons néanmoins que de grandes œuvres furent le fruit d'un engagement partisan, ou furent au service d'une idée ou d'un message politique. Il nous semble néanmoins que ces œuvres ne se limitèrent pas à la communication d'un contenu et transcendèrent le didactisme ou les théories (politiques, artistiques) qu'elles prétendaient défendre ou illustrer.

sont, pour ainsi dire, sous la surveillance tacite de l'œuvre). Cependant, la signification de l'œuvre demeure par nature ouverte à une plurivocité. Elle survient en réalité de la rencontre entre deux structures, celle, d'abord, de l'artiste, en tant qu'initiateur ou émetteur de l'œuvre, celle ensuite du spectateur, de l'auditeur ou du lecteur, en tant que récepteur de l'œuvre. La rencontre entre un même signal et des récepteurs différents entraîne des effets distincts[120] tout en restant dans un halo interprétatif cohérent (le signal étant « identique », il ne peut pas, *a priori*, être perçu d'une manière diamétralement opposée, de la même manière qu'un même objet — une même réalité sensible — ne peut pas être perçu tantôt comme une chaise, tantôt comme une fourchette). Lorsque nous parlons de la « vérité » d'une œuvre d'art, nous ne désignons donc nullement la validité d'une idée particulière qu'elle exprimerait, mais au contraire la *réalité multiple* dont elle procède et qu'elle entraîne dans son sillon. Il ne s'agit donc pas, avec l'œuvre, de mettre au jour une vérité cachée aux yeux du monde ou de révéler ce qui constituerait, selon l'expression de Heidegger, « la choséité de la chose[121] ». Lorsque Van Gogh peint une paire de sabots en cuir, il ne désigne pas

---

[120] Cela m'évoque l'image du cheval à bascule, employée par plusieurs économistes (Knut Wicksell, Ragnar Frisch, Johan Ackerman) dans les années 1920 à 1930 pour désigner la manière dont des économies structurellement différentes pouvaient réagir de manière hétérogène à un même choc économique.
[121] Voir Martin Heidegger, *Chemins qui ne mènent nulle part*, 1950

nécessairement, et de manière univoque, le dur labeur de la paysanne qui le soir rentre chez elle après avoir humblement travaillé la terre de ses ancêtres, cette

*Une paire de sabots en cuir*, Vincent Van Gogh, 1889, huile sur toile

même terre que l'industrie moderne — dont Descartes est à jamais le père honni — a souillée et bafouée. Il n'a pas non plus obligatoirement à l'esprit la sourde révolte de la paysannerie allemande, ce peuple au dos courbé qui, du fait de sa proximité quotidienne et séculaire avec la terre nourricière (celle « qui ne ment pas »), détiendrait l'ultime secret de « l'être-là », s'oubliant pour faire corps avec son histoire, sa nation, son peuple et son destin. La vérité de l'œuvre de Van Gogh n'a en fait, contrairement à ce que tente d'y voir Heidegger (que nous caricaturons à peine, voir Heidegger, *Chemins qui ne mènent nulle part*, les chemins n'étant sans doute pas totalement dénués de destination à la lecture de l'œuvre complète de Heidegger et de ses engagements politiques), aucun contenu proprement politique ou subversif. Elle n'est pas l'illustration d'une idée (ce n'est pas une allégorie), elle est la représentation de l'idée même, sa manifestation concrète. A ce titre, elle n'exprime rien de moins ni rien de plus qu'elle-même, elle est présentation pure qui ouvre vers une plurivocité de sens.

Il n'en demeure cependant pas moins vrai que la série des souliers de Van Gogh a quelque chose à voir avec l'idée de vérité. Il ne s'agit certes pas de l'idée d'une vérité-désignation (dont l'art didactique est encore un avatar) mais d'une vérité, qui, précédant le langage concret (celui de la vérité-correspondance) enjambe la question de l'adéquation pour se concentrer sur la question du sens. Dans la série des souliers, Van Gogh décrit des paires de chaussures telles qu'il les voit, telles qu'elles se constituent dans son histoire, dans le système de significations qu'il s'est lentement construit. Les souliers sont donc une sorte de manifestation concrète de ce que Van Gogh aperçoit en lui (comme Rimbaud qui se fait voyant « *par un long, immense et raisonné dérèglement de tous les sens* » de ce qui se passe en lui, de l'œuvre qui est en train d'y naitre). La vérité de l'œuvre tient précisément dans la fidélité à la forme interne et signifiante qu'elle incarne, autant qu'à la cohérence externe de l'œuvre qui permet sa communicabilité (souvenons-nous ici de la distinction qu'opère Brouwer entre les deux moments des mathématiques : le moment de l'intuition et le moment de la communication mathématique, qui est le moment de la formalisation et de la communicabilité).

Si nous pourrions reprendre à notre compte l'idée heideggerienne d'après laquelle l'œuvre d'art rend visible le « soubassement de l'objet » (ce qui fait que l'objet est l'objet, ce qui fonde, comme l'écrit Heidegger, sa « chostéité »), il nous faut préciser que ce « soubassement » vers lequel pointe l'œuvre n'a rien d'ontologique ni de didactique : l'œuvre d'art est d'abord l'expression d'un ressenti signifiant, c'est-à-dire le point à partir duquel rayonnent une ou plusieurs directions signifiantes. Elle n'est pas dévoilement d'un sens caché ou d'un sens profond, comme le suggère Heidegger, mais plutôt une invitation à la réflexion sur notre rapport au visible par le *medium* de l'œil de l'artiste.

Lorsque nous regardons les sabots ou la série des vieux souliers à lacets de Van Gogh, nous observons le réel *à travers l'œil* de Van Gogh. Cette observation par transparence nous apprend à notre tour quelque chose de ce qu'*est* le soulier, de la même manière que nous apprenons quelque chose sur ce qu'*est* l'arbre en nous confrontant à la série (de plus en plus abstraite et structurelle) des arbres de Mondrian. Pas plus qu'avec les souliers de Van Gogh, nous n'apprenons cependant quelque chose de ce qu'est *profondément* ou *primitivement* l'arbre à travers la peinture de Mondrian. La série des arbres de Mondrian ne nous révèle pas la structure profonde du réel, elle provoque plutôt chez nous un sentiment d'agrandissement (intensif) du réel. Par la série des arbres de Mondrian (aussi bien que par la série des souliers de Van Gogh), nous apprenons quelque chose de ce que sont les arbres. Cette connaissance, cependant, n'était pas contenue dans l'expérience préalable que nous avions des arbres. C'est en cela que nous pouvons parler d'une extension de notre connaissance, cette extension se faisant par ajout signifiant d'une réalité qui nous demeurait inconnue (quoique familière).

1. *Pommier, version pointilliste*, Piet Mondrian, 1908-1909, huile sur panneau, 2. *L'arbre rouge*, Piet Mondrian, 1908-1910, huile sur toile, 3. *Arbre horizontal*, Piet Mondrian, 1911, huile sur toile, 4. *Pommier en fleur*, Piet Mondrian, 1912, huile sur toile

Chez Van Gogh comme chez Mondrian, cependant, l'œuvre d'art ne pointait pas vers une réalité extérieure (l'œuvre n'est pas un panneau signalétique). La vérité de ce qu'elle exprime est tout entière contenue dans l'œuvre. Si nous parlons de *vérité* à propos de l'œuvre d'art, ce n'est donc pas dans un sens heideggerien, c'est-à-dire dans un sens qui, quoi qu'en dise Heidegger, irait au-delà de l'œuvre elle-même (l'œuvre comme indicateur ou vecteur d'un message idéologique ou politique) mais davantage dans un sens plotinien : la vérité comme manifestation de la multiplicité de l'Un (multiplicité de la création, de la réception et de l'interprétation reliée par l'unicité de l'œuvre). En tant que manifestation concrète de cette multiplicité, l'œuvre d'art est aussi, à nouveau le signe de la séparation : séparation d'abord entre l'artiste et le monde, séparation ensuite à l'intérieur même de la solitude créatrice de l'artiste (l'artiste qui se regarde lui-même créé, qui est son propre évaluateur), séparation enfin entre l'artiste et son public : l'œuvre d'art est le témoignage fondamental de notre rapport dual au monde.

## L'ART COMME JEU - DISCOURS DECALE SUR LE REEL : L'IRONIE

> Ces grecs étaient superficiels — par profondeur !
>
> Friedrich Nietzsche, *Le Gai savoir,* 1882

### 24.

Le processus de création artistique, comme, dans une certaine mesure, le processus de découverte scientifique, est le fait d'une dissociation interne. Cette capacité de dissociation se traduit chez l'artiste par un sens de la critique formelle aussi bien que par une habitude de prise de distance (avec lui-même, avec son œuvre). La distance, c'est-à-dire l'espace qui sépare l'artiste de lui-même, de son œuvre, des formes qu'il entrevoit ou qu'il projette, est proprement ce que nous appelons « jeu » au sens où l'on pourrait dire qu'une pièce mécanique « a du jeu » (qu'elle bouge, qu'elle n'est pas à sa place, qu'elle grince). L'artiste est ainsi celui « qui n'est pas parfaitement à sa place » (« he does not *fit* »), qui ne s'intègre pas entièrement à une mécanique globale, comme on s'intégrerait, par exemple, dans une société organique dont chacun des composants aurait une place fixe et déterminée. L'artiste est cette pièce qui « joue » dans la mécanique d'ensemble autant que celui qui crée le jeu, qui invente de nouvelles règles, un nouvel espace. Il y a dans l'art cette idée que rien n'est sérieux (que rien n'est « pour de vrai » comme disent les enfants). L'art, en tant que création d'un nouvel espace, d'un nouvel univers, est primitivement compris sur le mode de la « ré-création », de la prise de congé, c'est-à-dire de la mise à distance temporaire du réel. On pourrait, contre cette conception, arguer du fait que l'art, depuis ses origines a en été réalité essentiellement religieux (René Girard théorise par exemple un rapprochement à notre avis pertinent entre le culte et la culture, l'invention du sacré, avec ses rites et ses interdits, protégeant les hommes de la violence mimétique et rendant ainsi possible « l'hominisation » et l'évolution de la culture qui se comprend d'abord comme une sorte d'appendice du culte[122]). Cependant, y compris dans ses thématiques et son formalisme religieux, l'art demeure la manifestation d'un « à côté du réel ». Cet « à côté » n'est pas toujours exprimé sur le mode de l'ironie ou du jeu — encore que nous pourrions noter dès le Moyen-Age de tels exemples d'expression ludique, nous pensons par exemple aux marges des manuscrits enluminés dans lesquels on trouve parfois des figures grotesques, des animaux anthropomorphes ou des scènes de la vie quotidienne qui semblent sans rapport avec le texte sacré, à l'humour des fabliaux, aux gargouilles des cathédrales gothiques, sans parler de l'explosion formelle de la Renaissance, de Jérôme Bosch, des maniéristes italiens, des vanités… — mais il ouvre néanmoins un nouvel espace proprement « surréel » dans le sens où cet espace (mystique) n'était pas encore contenu dans le réel.

Avec la désaffection des thèmes religieux dans l'art, ce même espace qui se trouvait saturé par les figures sacrées, s'agrandit et se libère. Cette fissuration du sacré

---

[122] Voir notamment René Girard, *La violence et le sacré*, 1972 et *Des choses cachées depuis la fondation du monde*, 1978

se manifeste d'ailleurs *in concreto* dans de nombreuses œuvres de la Renaissance italienne. Alors que le Moyen-Age était dominé par les à-plats sur fond doré — fonds dorés qui était eux-mêmes le symbole de la lumière divine et de l'éternité, une réalité céleste qui ne change jamais — la Renaissance voit surgir, à l'intérieur même de ses représentations religieuses une double brèche qui est à notre avis le fruit conjugué de l'invention de la perspective et de l'apparition de l'arrière-plan. Attribuée à l'architecte et artiste italien Filippo Brunelleschi[123] dans les années 1420, la perspective linéaire fait rapidement son apparition dans la peinture. *La sainte Trinité* de Masaccio (vers 1427), une fresque située dans l'église Santa Maria Novella à Florence, est ainsi considéré comme l'une des premières applications concrètes des principes de la perspective linéaire dans l'art. Dans l'œuvre de Masaccio, Dieu le Père, le Christ crucifié, et le Saint-Esprit, sont accompagnés de figures saintes et des

---

[123] Brunelleschi avait réalisé une expérience célèbre à Florence pour prouver les principes de la perspective : il aurait peint une image de la façade du Baptistère de Florence en utilisant une perspective en un point de fuite, puis montré l'image à travers un miroir pour démontrer comment les lignes convergentes créaient une illusion réaliste de profondeur.

figures de ses commanditaires. Derrière le Christ, s'ouvre entre deux colonnes une sorte de chapelle profonde et voûtée en berceau inversé. Avec ce second plan créé par la perspective, le calvaire du Christ n'est plus l'unique sujet du tableau. Le premier-plan (sacré) est en quelque sorte « mis en concurrence » avec un second-plan, profane. Au sein de l'œuvre s'affrontent par ailleurs désormais deux infinis, le premier étant représenté par le Christ lui-même, le second étant symbolisé par le point de fuite de la perspective, point de fuite se trouvant d'ailleurs à la hauteur des yeux d'un spectateur debout, situé en bas de la croix du Christ, juste au-dessus du sarcophage et qui ouvre sur un infini terrestre. Cette double mise en concurrence de la figure sacrée (introduction d'un arrière-plan, introduction d'un infini terrestre fait par l'homme pour l'homme, à hauteur d'homme) au sein même de l'œuvre est la manifestation concrète de ce que nous avons appelé le « jeu » (le jeu en tant que récréation, congédiement, le jeu en tant que création d'un espace nouveau). A partir de l'œuvre de Masaccio, l'arrière-plan devient un thème à part entière de la peinture italienne. De nombreuses représentations de la Madone à l'enfant (la Madone Campana de Sandro

*Sainte Trinité*, Masaccio, vers 1426-1428, fresque

Botticelli en 1467, la madone à l'œillet de Leonard de Vinci en 1473, la Madone Litta de Giovanni Antonio Boltraffio en 1490, la Vierge à l'Enfant Cima da Conegliano en 1496, la Madone Esterházy de Raphaël en 1508…) laissent par exemple entrevoir au second-plan, par l'embrasure d'une porte, d'une voûte ou d'une fenêtre, des paysages, des monuments, des représentations de montagnes ou de la campagne italienne. L'œil du spectateur est guidé et attiré vers l'extérieur, à distance du sujet principal du tableau (de la même manière que notre œil, de manière plus triviale, est irrésistiblement attiré par les écrans de télévisions situés dans certains bars ou restaurants, et ce y compris si le programme qui défile ne présente pour nous aucun intérêt particulier). Par l'invention de la perspective, c'est le *déséquilibre* qui est pour ainsi dire introduit au sein de l'œuvre. Le point de fuite est en réalité un point de bascule vers l'homme (remarquons d'ailleurs à ce sujet que c'est à partir de la Renaissance que la figure de « l'artiste » émerge, c'est aussi à partir de la Renaissance que les artistes commencent à signer leurs œuvres — le premier exemple connu est Giotto di Bondone au XIV$^{ème}$ siècle, mais c'est à partir du XV$^{ème}$ siècle que le fait pour un artiste de signer son œuvre commence à se généraliser). L'œuvre d'art, d'abord manifestation concrète d'une extériorité, d'un décentrement (l'ouverture d'un espace extérieur) fut donc aussi historiquement le *medium* par lequel s'opéra le recentrement de l'homme sur lui-même. En se prenant lui-même pour thème et pour sujet de ses œuvres (pensons au fameux *Homme de Vitruve* de Léonard de Vinci, qui représente un homme nu en deux positions superposées, inscrit dans un cercle et un carré), l'homme achevait la boucle historique de prise de conscience de lui-même, boucle qu'il avait lui-même inaugurée en représentant des figures qui lui étaient purement extérieures.

1. *La Madone Campana*, Sandro Botticelli, 1467, tempera sur panneau
2. *La madone à l'œillet*, Leonard de Vinci, huile sur panneau 1473, 3. *La Madone Litta*, Giovanni Antonio Boltraffio, 1490, tempera sur panneau transféré sur toile 4. *La Vierge à l'Enfant*, Cima da Conegliano, 1496, huile sur panneau 5. La Madone Esterházy, Raphaël, huile sur toile 1508

Nous ne prétendons pas ici reprendre la célèbre théorie hégélienne, selon laquelle l'art serait le reflet du développement de l'esprit humain, évoluant d'une matérialité symbolique vers une expression toujours plus marquée de l'intériorité et de la subjectivité – caractéristique, selon Hegel, de l'art chrétien médiéval et moderne. Nous ne souscrivons pas non plus à l'idée hégélienne selon laquelle l'art, bien qu'il exprime l'esprit à travers une forme sensible et constitue une étape essentielle de son développement historique, serait destiné à être dépassé par la philosophie[124]. Notre perspective diffère en ce qu'elle ne considère pas l'art comme étant « à la remorque de l'esprit », c'est-à-dire comme un phénomène soluble que l'esprit traverserait « par au-dessus » ou « dans le dos » de l'homme. Au

---

[124] Hegel envisage en effet la philosophie comme l'ultime manifestation de l'absolu, une forme de compréhension purement rationnelle et conceptuelle du monde, où l'art ne jouerait plus qu'un rôle secondaire.

contraire, nous voyons en lui l'une des sources fondamentales de la dissociation entre l'homme et le monde, une dissociation qui n'est pas seulement historique, comme le pensait Hegel, mais aussi individuelle, inhérente au développement cognitif de chaque être humain — d'où, à notre avis, le rôle fondamental des activités artistiques dans le développement de l'enfant (voir notamment à ce sujet les analyses de Jean Piaget[125], Lev Vygotski, Howard

---

[125] Selon Piaget, l'art, notamment le dessin, aide l'enfant à structurer la pensée de l'enfant à chaque étape de son développement cognitif en lui permettant notamment de substituer la représentation symbolique à l'action concrète (voir Piaget, *La formation du symbole chez l'enfant*, 1945). Piaget distingue à ce sujet deux stades :

- Le stade préopératoire (2-7 ans) dans lequel l'enfant commence à utiliser des symboles pour représenter des objets du monde réel. Le dessin devient un outil essentiel pour exprimer des idées et des sentiments. À travers l'art, l'enfant développe sa capacité à manipuler des concepts abstraits, tout en développant son sens de la représentation symbolique (du jeu symbolique).
- Le stade des opérations concrètes (7-11 ans) dans lequel l'enfant commence à comprendre des concepts plus complexes comme la perspective ou la proportion dans le dessin. Les activités artistiques permettent de renforcer les compétences cognitives comme la spatialisation, la catégorisation et la reconnaissance des relations entre objets.

Piaget voit plus généralement l'art comme un outil permettant aux enfants d'explorer le monde à travers des représentations mentales, facilitant ainsi le développement de leur pensée symbolique. Ses travaux effectués avec la psychologue suisse Bärbel Inhelder ont par ailleurs analysé la manière dont l'enfant représentait son propre corps (voir notamment *La représentation de l'espace chez l'enfant*, 1948). Selon les recherches de Piaget et Inhelder, l'évolution des dessins suit chez les enfants un développement cognitif progressif qui traduit une prise de conscience croissante du moi. L'évolution du dessin de la figure humaine chez l'enfant — de simples têtes avec des jambes — à des représentations plus complexes et détaillées du corps, montre par exemple un progrès dans la conscience de soi corporelle. L'enfant commence à comprendre qu'il a un corps distinct, avec différentes parties, et devient capable de le représenter de manière plus réaliste. En structurant ses dessins, l'enfant apprend également à se percevoir comme un sujet distinct de son environnement, possédant sa propre identité.

Piaget accorde également une grande importance au jeu créatif dans le développement de l'enfant (voir Piaget, *La formation du symbole chez l'enfant*, 1945). Or l'art, comme nous l'avons signalé plus tôt, constitue précisément pour l'enfant une forme de jeu symbolique. À travers le jeu, l'enfant apprend à différencier son point de vue de celui des autres et à se situer dans le monde social. En créant des œuvres d'art ou des histoires, l'enfant expérimente différentes perspectives, ce qui contribue à sa prise de conscience sociale et à la compréhension qu'il est un individu parmi d'autres (voir à ce sujet les travaux de Lev Vygotski, notamment sa thèse de 1925 intitulée *Psychologie de l'art*). Par le biais de ses créations artistiques, l'enfant explore ses idées et ses émotions. Ces activités l'aident à réfléchir sur lui-même en tant qu'individu ayant des pensées, des sentiments et une subjectivité distincte.

Piaget insiste par ailleurs sur le concept d'équilibration (voir notamment *L'équilibration des structures cognitives*, Piaget, 1975) processus par lequel l'enfant cherche à établir un équilibre entre l'assimilation (intégrer de nouvelles informations dans des structures mentales existantes) et l'accommodation (adapter ses structures mentales pour intégrer de nouvelles informations). Pour Piaget, l'art est un domaine dans lequel l'enfant expérimente constamment cet équilibre. Lorsque l'enfant crée une œuvre d'art, il explore le monde à sa manière, puis tente de l'organiser et de le représenter selon ses schémas mentaux. Ce processus d'équilibre entre ce qu'il connaît déjà et ce qu'il découvre dans son environnement

Gardner, Elliot Eisner…). L'art en somme n'est pas seulement le témoignage historique du développement de l'esprit, il constitue, en tant que force dissociative et identificatrice, le moteur de ce développement. Le processus de distanciation qui est à la racine de toute activité artistique illustre bien cette idée de « jeu » que nous évoquions un peu plus tôt, dans un sens d'ailleurs proche de celui que Wittgenstein employait dans ses *Investigations philosophiques* à propos du langage.

Pour le Wittgenstein des *Investigations philosophiques* (1953, posthume), le langage est, en effet, compris comme un « jeu » dans la mesure où il répond à des règles qui dépendent de contextes spécifiques. Wittgenstein utilise, comme nous, la métaphore du jeu pour montrer que le langage ne doit pas être compris comme un système rigide de règles ou de représentations fixes dans lequel le sens des mots serait défini une fois pour toutes, mais comme une *activité*, c'est-à-dire un jeu de l'esprit, qui lui seul fait et défait les significations. Chaque « jeu de langage » a ses propres règles et ses conventions qui déterminent comment les mots et les phrases doivent être utilisés. Par exemple, le langage utilisé dans une conversation informelle est

---

participe à la formation d'une conscience de soi, c'est-à-dire à la reconnaissance d'un sujet capable de produire des représentations uniques, personnelles.

Pour Piaget, l'art est ainsi une activité dans laquelle l'enfant exerce son autonomie en prenant des décisions créatives indépendantes, en choisissant des formes, des couleurs, des sujets et des techniques pour exprimer ses idées et ses émotions. Ce processus d'autonomie créative aide l'enfant à développer une conscience réflexive et une pensée autonome, ce qui constitue l'un des objectifs ultimes de l'apprentissage et du développement cognitif.

différent de celui utilisé dans un contexte scientifique ou juridique. Les règles de chaque jeu de langage sont établies par les pratiques sociales et les contextes d'utilisation[126]. Dans chaque contexte ou jeu de langage, les mots ont des significations spécifiques fondées sur les pratiques et les règles de ce contexte. Par exemple, le mot « banc » peut signifier un siège dans un parc ou une institution financière, selon le jeu de langage dans lequel il est utilisé. L'individu est d'ailleurs libre d'inventer de nouveaux espaces, de nouveaux jeux, de nouvelles règles (c'est d'ailleurs la seule façon dont la langue peut évoluer). Il faut donc se garder de vouloir trouver des essences ou des définitions universelles du langage. Les individus apprennent le langage non pas tellement en apprenant des définitions, mais en participant à des jeux de langage[127].

---

[126] Un exemple parmi d'autres me vient en tête. Dans une comédie française, le personnage principal (qui est « français d'adoption » dans le film en question), s'étant mis dans une situation délicate s'écrie : « il m'arrive une Académie... » Le terme « Académie » n'a jamais été défini pour nous, spectateur, comme correspondant à l'idée d'une situation délicate ou inextricable. La forme d'expression n'est d'ailleurs même pas métaphorique, le concept d'académie n'ayant strictement aucun rapport avec le sens dans lequel il est employé par le personnage. Pourtant, le contexte nous fait aisément comprendre le sens nouveau du mot « Académie ». En réalité, le personnage aurait pu utiliser n'importe quel mot dont il ne maîtrise visiblement pas le sens. C'est ici le contexte qui définit le sens du mot et non l'inverse.
[127] Dans le Paragraphe 23 des *Investigations philosophiques*, Wittgenstein donne une liste d'exemples représentant la multiplicité des jeux de langage : « Représente-toi la diversité des jeux de langage à partir des exemples suivants, et d'autres

De la même manière, l'individu engagé dans le processus de création artistique se trouve comme absorbé par la dynamique active du jeu. Le jeu est à la fois créateur d'espaces (ces nouveaux espaces qui engendrent des règles nouvelles, qui leur sont propres) et dynamiteur des métaphores mortes. C'est la raison pour laquelle il y a une « histoire de l'art », histoire par nature évolutive, l'art ne pouvant se limiter à la répétition indéfinie du « déjà connu » (ou du « déjà-vu »). Il y a aussi dans cette approche dynamique du langage et de l'art cette idée que rien n'est figé, que tout est dynamisme et jeu. L'art est un décalage par rapport au réel, un jeu avec la forme, à l'intérieur de la forme, une détente, une récréation, un congédiement du monde en même temps qu'une prise de conscience de soi, prise de conscience à la fois heureuse et douloureuse : heureuse dans la mesure où elle une révélation de notre pouvoir créatif, malheureuse dans la mesure où elle est aussi compréhension de notre différenciation avec le monde, une perception de nos limites (proprement une « délimitation »), c'est-à-dire une sensibilisation à notre finitude.

---

encore : Donner des ordres, et agir d'après des ordres - Décrire un objet en fonction de ce qu'on voit, ou à partir des mesures que l'on prend - Produire un objet d'après une description (dessin) - Rapporter un événement - Faire des conjectures au sujet d'un événement - Établir une hypothèse et l'examiner - Représenter par des tableaux et des diagrammes les résultats d'une expérience - Inventer une histoire ; et la lire. Jouer du théâtre - Chanter des comptines - Résoudre des énigmes - Faire une plaisanterie ; la raconter - Résoudre un problème d'arithmétique appliquée - Traduire d'une langue dans une autre - Solliciter, remercier, maudire, saluer, prier... »

La scène finale du célèbre Western de Sergio Leone, *Le bon, la brute et le truand* (1966) illustre bien cette dynamique artistique. L'art, désinvesti de la question du religieux, dépossédé même de la question de l'homme, demeure cette activité de dissociation, de décalage ironique par rapport au monde. Dans le cinéma de Sergio Leone, l'homme n'est plus idéalisé, comme au temps de Raphaël et Léonard de Vinci. Il est descendu des nimbes de la chapelle Sixtine et a abandonné le cercle qui était le symbole de sa perfectibilité — si ce n'est de sa perfection — pour devenir une figure désabusée, ricanante et grinçante. Le Bon n'est pas beaucoup plus doux que la Brute ni bien plus vertueux le Truand. Tous trois incarnent une humanité brutale, rongée par l'avidité et l'immoralité originelle. Leur confrontation finale, dans un cimetière perdu au milieu du désert, évoque ainsi une figure classique de la vanité : une mise en scène où, sous le soleil écrasant, la tension dramatique et le grotesque se mêlent dans un jeu de regards et d'attente, révélant toute l'absurdité cruelle et dérisoire de la condition humaine. Chacun se retrouve confronté à son « autre *moi* », dans une dynamique triangulaire infernale (dont s'inspirera largement Quentin Tarantino) : le Bon (Clint Eastwood *alias* Blondin), la main sur le revolver, surveille du coin de l'œil la Brute (Lee Van Cleef *alias* Sentenza) qui lui-même partage son regard entre le Bon et le Truand (Eli Wallach, *alias* Tuco). La musique d'Ennio Morricone, sublime par sa factice grandiloquence accompagne la résolution de l'intrigue. Tout, en réalité, dans cette scène sonne faux (une situation rocambolesque, des personnages qui ne sont que les caricatures d'eux-mêmes, la longueur infinie de la scène, une musique inadaptée par sa sur-signifiance) et pourtant tout sonne juste. La scène finale du film est en réalité l'illustration de l'idée que l'art n'est pas inféodé au réel, que l'artiste crée son propre espace, sa propre réalité parallèle (qui parfois peut adopter les codes de notre réalité, parfois s'en éloigner sans que cela ne nous pose de problème).

La scène du cimetière est en fait le lieu d'une triple prise de distance (d'un triple jeu ou d'une triple création spatiale) : prise de distance d'abord du réalisateur vis-à-vis de ses personnages (qui sont traités comme des « types », les plans serrés sur leurs yeux accentuant cette idée que leur identité est tout entière contenue dans une

(Ctrl + Clic sur l'image pour la version en ligne)

forme d'extériorité théâtrale), prise de distance vis-à-vis de la scène elle-même, soulignée par la grandiloquence de la musique d'Ennio Morricone (qui fait penser en un sens à cette scène de *New York Stories* intitulé *Œdipus Wrecks*, dans laquelle le personnage de Sheldon Mills interprété par Woody Allen mange son poulet, perdu dans ses pensées, sur un air de musique classique en total décalage par rapport à l'action…), prise de distance, enfin, avec l'art lui-même qui en devenant l'objet et le lieu de la comédie se révèle immédiatement et entièrement pour ce qu'il est : une farce, un jeu, une bouffonnerie désinvolte et superficielle, par profondeur.

## L'ART COMME HUMANISME TRANSUBJECTIF – L'AUTRE CORRESPONDANCE – RELIGIO

### ART ET COMMUNAUTE

### 25.

ART ET RELIGION — L'art, en tant qu'activité de dissociation du *moi* et du monde, est un processus, nous l'avons évoqué, d'identification du *moi*, de prise de conscience de son caractère autonome et séparé. Il est également, ce faisant, le vecteur de la découverte de l'altérité (une sorte d'altérité douce, symbolique). Dans le processus de création artistique, je me découvre en tant qu'évaluateur dissocié (je suis celui qui créé en même temps que celui qui évalue) dans une forme d'altérité, d'extériorité à moi-même. Cette extériorité est elle-même le symbole de l'autre qui est à la fois l'autre *moi* et l'autre évaluateur. L'art est donc proprement une activité qui me relie à moi-même en même temps qu'elle me relie aux autres. L'œuvre est destinée à l'autre, que ce soit à l'autre *moi*, qui est celui qui sélectionne, critique et évalue, ou à l'autre que moi, qui m'est radicalement extérieur. La démarche de l'artiste (contrairement à celle de l'esthète) est en cela essentiellement altruiste : elle est projection vers l'altérité. Cette « projection vers l'altérité » (qui ressemble en un sens à la formulation concrète des équations mathématiques chez Brouwer qui est la condition de leur communicabilité) n'est pas nécessairement une projection vers l'autre (qui m'est extérieur) mais elle est projection vers une figure extérieure qui est celle de l'esthète, de l'évaluateur. L'artiste, dans son processus créatif est dans une position schizophrénique, il est le théâtre d'un dédoublement du *moi* : il doit à la fois se débarrasser du *moi* critique et lui communiquer la dynamique de sa création dans une forme recevable, c'est-à-dire évaluable. En réalité, l'artiste cherche déjà, dans son processus créatif, à courtiser l'assentiment de l'esthète qui est en lui. La création est la figure de ce lien. La dimension liante du jugement esthétique avait déjà bien été perçue par Kant, lorsque que dans la *Critique de la faculté de juger*, il indiquait que le jugement esthétique procédait d'une universalité subjective, universalité qui (n'étant pas objective) ne pouvait reposer que sur une communication implicite avec les autres. Pour Kant, le sens commun esthétique était précisément cette capacité à juger en tenant compte du point de vue (fictif) des autres[128], — c'est ce que Kant décrivait comme l'acte de « penser en se mettant à la place de tout autre » (« *sich in die Stelle jedes anderen denken* »), la maxime de la pensée élargie[129].

---

[128] Lorsque nous portons un jugement de goût, nous devons ainsi être capables, selon Kant, de nous « abstraire » de notre propre situation subjective et de considérer le point de vue des autres en adoptant une sorte de position « désintéressée » (nous préférons à ce terme l'idée de désinvestissement du *moi* immédiat).

[129] Voir Kant, *Critique de la faculté de juger*, les trois maximes de la pensée. La pensée élargie fait partie de la maxime du jugement esthétique, par laquelle nous tentons d'imaginer comment notre jugement pourrait être perçu par d'autres personnes qui partagent avec nous cette faculté universelle de juger, bien que subjectivement.

Ce sont les maximes suivantes : 1. Penser par soi-même ; 2. Penser en se mettant à la place de tout autre ; 3. Toujours penser en accord avec soi-même.

Dans le jugement ou disons l'appréciation esthétique (que cette appréciation soit interne ou externe à l'artiste) existe donc en germe l'idée d'un lien, d'une communauté de jugement (non pas au sens où nous devrions tous aimer la même chose en fonction de notre appartenance communautaire ou de notre classe sociale, comme l'avait théorisée de manière à notre avis excessive Pierre Bourdieu dans un ouvrage de 1979 intitulé *La distinction, critique sociale du jugement*, mais plutôt dans le sens où les jugements de goût créeraient *de facto* des sortes de communautés d'affinités, de liens de convergence esthétique). C'est aussi de ce lien dont il est question dans l'art religieux que nous évoquions dans le précédent chapitre. L'art est religieux dans la mesure aussi où il procède de cette dynamique liante. Le terme religion (est-il besoin de le rappeler ?) vient du latin *religio* qui dérive du verbe *religare* qui signifie lier

---

La première maxime est la maxime de la pensée sans préjugés, la deuxième maxime est celle de la pensée élargie, la troisième maxime est celle de la pensée conséquente.
La première maxime est celle d'une raison qui n'est jamais passive. On appelle préjugé la tendance à la passivité et par conséquent à l'hétéronomie de la raison [...].
En ce qui concerne la seconde maxime de la pensée nous sommes bien habitués par ailleurs à appeler étroit d'esprit (borné, le contraire d'élargi) celui dont les talents ne suffisent pas à un usage important (particulièrement à celui qui demande une grande force d'application). [...]
C'est la troisième maxime, celle de la manière de penser conséquente, qui est la plus difficile à mettre en œuvre ; on ne le peut qu'en liant les deux premières maximes et après avoir acquis une maîtrise rendue parfaite par un exercice répété. On peut dire que la première de ces maximes est la maxime de l'entendement, la deuxième celle de la faculté de juger, la troisième celle de la raison.

ou relier[130]. La religion est donc le lieu de la double relation homme-divin et hommes-hommes, tandis que l'art est à la fois l'espace et le symbole de cette double relation. C'est ainsi sans doute d'abord parce que l'art était le lieu de la dynamique liante qu'il devint l'un des vecteurs de la religion (dans les religions polythéistes puis dans la religion catholique notamment). L'art n'était donc pas le simple vecteur de la religion (au sens où il aurait été investi de la mission de communiquer et de transmettre la religion), il était la dynamique même du lien qui est le ciment des religions.

## 26.

HISTORICISME DE L'ART, HISTORICISME DE LA MUSIQUE — L'art a, dans l'histoire des hommes, une position ambivalente. En tant que manifestation de la séparation ontologique entre l'homme et le monde, et à la fois expression de cette relation homme-monde, il prétend à une forme d'intemporalité et d'universalisme. Cependant, en tant que marqueur de l'évolution de cette relation, l'art est aussi une manifestation historique et temporelle de la relation de l'homme au monde et de la relation des hommes entre eux. C'est la

---

[130] La racine latine du terme « religion » et son origine exacte ont été sujets à débat parmi les linguistes et les historiens. La théorie la plus couramment acceptée est que « religion » provient du latin *religio*, dérivé du verbe *religare*, signifiant « lier » ou « relier ». Cependant, certains chercheurs suggèrent que *religio* pourrait aussi être lié à « relegere », un autre verbe latin signifiant « relire » ou « considérer attentivement ». Cette interprétation met l'accent sur l'idée de « répétition » et de « réflexion » sur les rites et les pratiques religieuses.

raison pour laquelle il existe une « histoire de l'art », comme il existe une histoire des langues ou une histoire des idées (voir § 10 du présent livre — *Historicité de la musique*). Par ailleurs, en tant que discipline autonome, l'art est également soumis à cette problématique de l'historicisme. D'un côté, l'art est donc tributaire des conditions historiques dans lesquelles il se développe (les problématiques, les préoccupations du temps), de l'autre, il dépend de son évolution même, c'est-à-dire de son mouvement interne, de ses innovations, de la direction de ses productions, c'est-à-dire des artistes. On ne peut pas, en effet, répéter indéfiniment ce qui a déjà été fait ou dit (« Tout est dit, et l'on vient trop tard depuis plus de sept mille ans qu'il y a des hommes, et qui pensent », déplore La Bruyère dans *Les Caractères*). En cela, l'art demeure intrinsèquement lié au temps de l'histoire, celui de l'histoire des hommes, celui aussi de l'histoire personnelle de l'artiste. La difficulté de la création réside précisément dans cette ambivalence. L'artiste, en tant que créature historique (l'histoire des hommes, son histoire personnelle) est tributaire de cette relation à l'histoire de l'art, c'est-à-dire à l'art qui est en somme « déjà-là ». Or, si l'artiste se borne au strict respect d'une tradition écrasante, il demeure incapable de créer. Il demeure alors pour ainsi dire dans une pure relation formelle et synthétique à l'existant (comme peuvent l'être les intelligences artificielles qui prétendraient « créer » des œuvres d'art alors qu'elles ne peuvent — pour le moment — que produire un formalisme, une synthèse de l'existant). L'artiste est ainsi à la fois pris dans le dilemme de la reconnaissance de la tradition et de l'exigence de la rupture, exigence qui ne peut pas non plus constituer une recette qui présiderait à la création, comme cela est malheureusement parfois le cas — il ne suffit pas en effet de rompre avec la tradition pour innover.

Le fondement de la créativité artistique tient précisément dans la relation non-formelle que l'artiste entretient avec le monde et avec les autres (à nouveau, nous employons l'expression « non-formel » non pas dans le sens de « qui ne s'incarnerait pas dans une forme » mais plutôt dans le sens « qui ne relève pas d'un mécanisme de communication formelle, d'un formalisme logique »). Cette relation non-formelle qui est en fait la structure même de la dualité, caractérise l'état d'ouverture de l'être sensible, ouverture sur le monde, ouverture sur lui et sur les autres. L'art est donc bien une manifestation formelle de l'historicité, cependant cette manifestation ne part pas de la forme (de la synthèse formelle et historique) mais d'une sorte d'élan non-formel vers l'altérité : soi (l'altérité du *moi*), le monde, les autres. L'histoire de l'art est autant le résultat de cet élan de l'être sensible vers l'altérité (élan proprement « esthétique », pré-rationnel) que l'une des composantes de cette altérité qui fait l'artiste. Elle est ainsi reçue par l'être sensible ouvert sur le monde, non pas dans ce qu'elle a de formel et de répétable, mais au contraire dans ce qu'elle a de radicalement autre, d'extérieur au sujet. L'artiste est ainsi ouvert à l'état des arts (comme il est ouvert au sensible tout entier) non pas pour en faire une synthèse qui serait une forme de répétition, mais pour le renouveler dans un formalisme dont il définit lui-même les règles — l'artiste donne ses règles à l'art, il ne les hérite pas d'une histoire qui le précède.

## Universalisme de l'art – Universalisme de la mort

### 27.

MOI AUSSI JE SUIS EN ARCADIE — Qu'est-ce que l'art et comment une œuvre d'art peut-elle parvenir à nous intéresser, c'est-à-dire entrer en relation avec notre « *moi* profond », comme nous l'avons suggéré un peu plus tôt ? Nous avons commencé à tenter d'entrer dans cette question — et à y apporter, je l'espère, quelques éléments de réponses — en suggérant que l'art était le symptôme de l'ouverture de l'homme, de l'artiste sur l'altérité. Mais quelle est au juste la nature de ce lien entre l'artiste et le monde ? Dans nos précédents développements, nous avons insisté sur le rôle « intermédiaire » de l'artiste, sur sa capacité à recevoir et à émettre (les ondes TSF d'Apollinaire), sur sa faculté à regarder, à observer le monde, à se laisser saisir par les choses (pensons, à nouveau, à la lettre de Rimbaud intitulée *Le voyant*). Il nous est apparu que l'activité artistique était précisément liée cet état d'ouverture aux choses, à la disposition de l'artiste à les sentir sur un mode différent de celui du « *moi* quotidien » (que nous avons opposé au « *moi* profond »). A rebours de l'idée parfois véhiculée sur l'artiste selon laquelle il serait « solitaire », « à l'écart du monde », « dans sa tour d'ivoire », il nous a semblé au contraire que sa principale qualité avait trait à cet état d'ouverture au monde, à cette sensibilité aux choses.

L'artiste ne se situe pas en surplomb ou à côté du monde, mais au milieu des choses (il en prend littéralement le *parti*, pour paraphraser le titre célèbre du recueil de Francis Ponge[131]) et des hommes. Cette position centrale de l'artiste par rapport au monde nous saisit particulièrement dans un tableau de Nicolas Poussin — sans doute l'un des plus célèbres — intitulé *Les bergers d'Arcadie* (1638), dans lequel trois bergers et une femme se tiennent devant un tombeau de pierre, au cœur d'un paysage pastoral. La femme, se tient légèrement en retrait, observant la scène avec une

Nicolas Poussin, *Et in Arcadia ego* (deuxième version), 1638, huile sur toile

attitude sereine, presque détachée. Les bergers, vêtus de tuniques classiques, sont absorbés par l'inscription gravée sur le tombeau, tandis que l'un d'eux pointe du doigt les mots, semblant les déchiffrer : « *Et in Arcadia ego* » : Moi aussi, je suis en Arcadie. Au cœur même de

---

[131] Francis Ponge, *Le parti pris des choses*

l'Arcadie, paradis pastoral et mythique, lieu d'harmonie et de bonheur, plane ainsi l'ombre de la finitude et de la mort. Si l'art peut être compris comme une tentative de dépassement de la finitude (au même titre que la connaissance), il est aussi l'expression de cette finitude. Dans le tableau de Poussin, le tombeau, symbole massif et tragique de la finitude, est placé au centre de l'œuvre, au milieu d'un paysage qui, sans doute, survivra à ses protagonistes. Les bergers tournent leur regard interrogateur vers une femme énigmatique (la figure de la vérité ?), qui, une main sur la hanche, l'autre sur l'épaule de l'un d'entre eux, parait se désintéresser de leur inquiétude. L'artiste est parmi ces hommes, il partage leur angoisse, il est, lui aussi, en Arcadie, soumis aux mêmes doutes et dominé par les mêmes souffrances. Voilà ainsi ce qui relie l'artiste aux hommes : la sensibilité, la finitude (la seconde étant la conséquence de la première), l'intime certitude du caractère tragique de la vie en même temps que la conscience de sa relation profonde aux autres, à ceux qui partagent sa condition d'homme et d'être mortel. L'œuvre d'art est en cela le témoignage, non pas tellement d'une intériorité[132] qui voudrait s'extérioriser, mais d'une relation, d'une ouverture au monde et aux autres, — ouverture qui peut très bien, du reste, se vivre sur le

---

[132] Hannah Arendt, écrit en plusieurs endroit « si l'intérieur devait paraitre, nous nous ressemblerions tous » (voir par exemple *La Vie de l'esprit* ou *La Crise de la culture*). Selon Arendt, l'œuvre d'art n'est donc pas tellement le fruit de l'expression d'une « intériorité », ce à quoi nous souscrivons en partie. Remarquons cependant que la notion d'ouverture de l'homme à laquelle elle fait de multiples fois référence (et qui renvoie au néologisme allemand d'« l'Erschlossenheit » qui dans la philosophie heideggerienne signifie « état d'être ouvert ») est difficile à concevoir sans l'idée d'une intériorité.

mode de la négativité, comme par exemple dans ce tableau de Fernand Khnopff intitulé *I Lock my Door upon Myself*; le mode négatif renvoyant dans ce cas toujours à la problématique de l'ouverture et de la fermeture, de l'intériorité et de l'extériorité[133] (de ce qui en somme est moi ou n'est pas moi). L'œuvre d'art signifie en cela toujours, plus ou moins, en creux, « tu n'es pas tout seul[134] » (ou « viens me chercher… »). Il existe en réalité une forme d'accord – ou de « communion », pour reprendre un terme souvent employé – entre l'artiste et celui qui le reçoit comme tel, c'est-à-dire celui qui comprend et partage ses intentions.

Fernand Khnopff, *I lock My Door Upon Myself*, 1891, huile sur toile

---

[133] Le titre du tableau de Khnopff fait d'ailleurs référence à un vers de Christina Rossetti intitulé *Who Shall Deliver Me?* ce qui nous renvoie bien à la problématique, vécue ici négativement, de la relation à l'autre.
[134] « *Oh, no love! You're not alone* », s'écrie David Bowie dans la chanson *Rock'n Roll Suicide* (1972), avant d'ajouter : « *I've had my share so I'll help you with the pain* ». L'artiste « souffre avec » ses créatures.

Cet « accord » se vit également à l'intérieur de l'artiste comme une forme d'harmonie, de correspondance entre son intention *idéelle* et son œuvre, si imparfaite soit-elle. Pour reprendre une idée platonicienne, la production matérielle de l'œuvre se conçoit toujours, en effet, comme une forme de dégradation de l'idée (Platon parle même d'une double dégradation en prenant l'exemple du lit fabriqué par l'artisan, qui serait déjà une dégradation de l'idée de lit, tandis que le lit représenté par l'artiste serait une dégradation du lit fabriqué[135]). Cela fait penser à un passage d'un livre de Thomas Bernhard intitulé *Maître anciens* (1985), dans lequel le héros, inflexible disciple d'un esthète décadent, déclare, en citant son maître : « L'art est ce qu'il y a de plus grand et en même temps de plus répugnant, a-t-il dit. Mais nous devons nous persuader que le grand art, l'art sublime existe, a-t-il dit, sans quoi nous désespérons. Même si nous savons que tout art finit dans la maladresse et dans le ridicule et dans les poubelles de l'histoire, comme d'ailleurs tout le reste, nous devons, *avec une assurance parfaite*, croire au grand art et à l'art sublime, a-t-il dit[136]. » Dans ce passage de Thomas Bernhard, nous retrouvons l'idée platonicienne du caractère dégradé et imparfait de l'œuvre (« tout art finit dans la maladresse »). Il y a cependant aussi l'idée que le grand art, l'art « sublime » existe,

---

[135] Voir Platon, *La République*, Livre X : cette vision platonicienne de l'art nous semble fondée sur une idée erronée de l'art, qui reposerait avant tout chez Platon sur l'idée de μίμησις, c'est-à-dire de copie, l'activité artistique étant primitivement comprise dans *La République* comme une activité de copie de l'idée ou de copie de la matérialisation de l'idée (le lit).
[136] Op. cit., 1985, éditions Gallimard, 1988, pour la traduction française.

même si cette existence *idéelle* (à laquelle il faut croire « avec une assurance parfaite ») ne s'est peut-être jamais encore manifestée dans notre monde. La contradiction extrême dont fait état le héros de Thomas Bernard dans son analyse de l'art (« ce qu'il y a de plus grand et en même temps de plus répugnant ») nous intéresse particulièrement dans la mesure où elle pointe en direction de cette dichotomie de l'art, à la fois dépassement de la finitude, idéal (« ce qu'il y a de plus grand ») et tentative désolante de matérialisation de ce dépassement. L'œuvre d'art est littéralement répugnante, car elle est matérialité, expression humaine (trop humaine ?) d'un impossible perfection. Mais n'est-ce pas précisément cette quête impossible de la perfection qui fait la grandeur de l'art ? Disons même plus, l'art ne naît-il pas de cette impossibilité ? L'œuvre ne devient-elle pas proprement « œuvre » en raison même de ses manquements, de ses imperfections ?

Nous tentions précédemment de développer une idée proche lorsque nous analysions le rôle des ruptures signifiantes dans la narration des grandes œuvres musicales (voir *La musique et le temps*, § 19 – *Rupture et narration*). Les ruptures dans la narration (chromatisme, ruptures rythmiques…) sont, nous l'avons dit, ce qui constitue le caractère signifiant (humain) de l'œuvre. Au-delà même de la signification de ces ruptures volontaires, il arrive que l'on perçoive, dans les interlignes et les liaisons entre deux phrases musicales, comme des moments d'hésitation de l'artiste. Ce sont précisément ces instants d'inquiétude, ces tentatives parfois maladroites de relancer une ligne musicale qui semble s'essouffler ou s'égarer, qui constituent, à nos yeux, l'essence même du génie créateur. La chanson

*Life on Mars ?* (1971) de David Bowie est une illustration — parmi tant d'autres — de ce que nous tentons ici de décrire. Dans les paroles de la chanson, David Bowie raconte l'histoire d'une jeune fille désillusionnée par la réalité, qui cherche l'évasion à travers le cinéma et la culture populaire. La question « *is there life on Mars?* » ne se limite pas à une interrogation existentielle : elle manifeste aussi notre aspiration à une autre réalité, plus vaste et plus signifiante, au-delà du monde étriqué du quotidien. Au cœur de la chanson, entre le quatrième et le cinquième couplet, Bowie introduit une rupture volontaire, ce que l'on appelle communément un « bridge » — terme emprunté aux « ponts harmoniques » ou « transitions modulaires » de la musique classique, repris ensuite par le jazz et le big band au début du XX$^{ème}$ siècle, avant de devenir une figure imposée du blues et du rock'n'roll. Alors que s'achève la première partie de la chanson, juste après le premier refrain (« *Sailors fighting in the dance hall - Oh man, look at those cavemen go – It's the freakiest show…* »), une courte séquence instrumentale vient souligner le tragique de cette « *God-awful small affair* ». Dans le vidéoclip, Bowie ferme les yeux, saisit son bras, balance légèrement son pied dans une posture d'attente suspendue. C'est à ce moment précis que se produit la cassure. Le rythme ralentit, les accords de piano s'assourdissent avant que la voix de Bowie ne reprenne : « *It's on America's tortured brow - That Mickey Mouse has grown up a cow* ». C'est dans cette transition inquiète, dans cette hésitation presque tangible, que se révèle la grandeur.

(Ctrl + Clic sur l'image pour la version en ligne)

 Comme le disait Pascal, « la continuité dégoûte en tout, la grandeur a besoin d'être quittée pour être sentie [137]». La grandeur réside ainsi dans la différenciation, dans le flux et le reflux de la mélodie, semblable au mouvement des vagues, comme le précise Pascal dans le fragment n° 2/7 des *Pensées diverses* dont nous essayons de respecter la mise en page ci-après :

---

[137] La citation exacte de Pascal, tirée des *Pensées* est : « La grandeur a besoin d'être quittée pour être sentie. La continuité dégoûte en tout. »

« La nature agit par progrès. *Itus et reditus*, elle passe et revient, puis va plus loin, puis deux fois moins, puis plus que jamais, etc. »

Le flux de la mer se fait ainsi. Le soleil semble marcher ainsi :

L'artiste, dans ces moments d'inquiétude — qui ne sont rien d'autre en somme que les instants où la forme arrivant à sa fin, ne se déroule plus d'elle-même et se retourne vers lui comme pour connaître la suite, à l'image du berger se tournant vers la figure sereine de la femme-vérité —, se révèle dans son humanité, dans son état originel « d'être ouvert ». L'œuvre d'art est en cela un pont qui relie l'artiste, les hommes et l'humanité tout entière dans l'expression d'une condition commune et dans la reconnaissance d'une communauté de destins.

### 28.

MUSIQUE ET ORPHISME — Selon le mythe grec bien connu, Orphée était un musicien exceptionnel, fils du roi Œagre et de la muse Calliope, la muse de la poésie épique. Il jouait de la lyre avec une telle maîtrise que sa musique envoûtait tout ce qui l'entourait. Les hommes, les animaux, les arbres, et même les pierres, étaient charmés par ses mélodies. Orphée tomba amoureux de la belle Eurydice, une nymphe, et ils se marièrent.

Cependant, leur bonheur fut de courte durée. Un jour, Eurydice fut mordue par un serpent et mourut. Elle fut envoyée dans le royaume des morts, ce qui plongea Orphée dans un immense chagrin. Incapable de supporter la perte de son amour, Orphée décida de descendre aux Enfers pour ramener Eurydice à la vie. Grâce à sa musique, il parvint à adoucir le cœur de Charon, le passeur des morts, qui accepta de l'emmener à travers le Styx, fleuve des Enfers. Même le Cerbère, redoutable chien à trois têtes gardien des Enfers, fut apaisé par les mélodies d'Orphée. Arrivé devant Hadès et Perséphone, les souverains des Enfers, Orphée joua une mélodie si émouvante qu'elle fit pleurer les âmes damnées et adoucit le cœur d'Hadès. Ce dernier, ému par la détermination et l'amour d'Orphée, accepta de lui rendre Eurydice, mais à une condition : Orphée ne devait pas se retourner pour regarder Eurydice tant qu'ils n'auraient pas quitté les Enfers. Orphée accepta et entreprit avec Eurydice son ascension vers le monde des vivants. Cependant, inquiet de ne plus entendre les pas d'Eurydice derrière lui, Orphée succomba au doute. Juste avant de franchir la dernière porte des Enfers, il se retourna pour s'assurer qu'elle le suivait. Eurydice était bien là, mais dès que leurs yeux se croisèrent, elle fut instantanément renvoyée dans le royaume des morts, cette fois pour toujours.

Orphée est le symbole de l'artiste qui, dans sa tentative de représenter l'objet de son désir, se trouve confronté à l'incomplétude de sa réalisation. Eurydice est à la fois présente et absente : dès lors qu'Orphée tente de la saisir par l'évocation incantatoire de sa lyre, elle apparait pour s'évaporer aussitôt dans les limbes du souvenir. À travers le mythe d'Orphée, tout comme dans Les

Bergers d'Arcadie, se dessine le lien profond qui unit l'art et la mort (la mort comme condition de l'homme, mais aussi comme symbole de la finitude, comme négativité, comme manque et comme absence). La tentative de dépassement de la mort par l'évocation est aussi, dans l'Orphisme, une forme de main tendue vers l'autre, dans son absence. A travers la figure d'Orphée, nous ressentons que l'art est une sorte de voyage vers un au-delà (qui dans le cas d'Orphée est d'ailleurs plutôt un « en deçà »), au-delà qui peut certes se vivre comme une projection vers la mort, mais aussi comme une recherche des origines. Ainsi, la musique, l'œuvre d'art en général, peut-elle se comprendre comme un dévoilement, la réminiscence de quelque chose que nous avions déjà en nous, comme l'évocation d'un souvenir diffus, même si ce souvenir n'a en réalité jamais été vécu[138], de sorte que nous avons parfois le

---

[138] Cela fait penser à une chanson de Nino Ferrer intitulée *La Rua Madureira* (1969) dans laquelle évoque le souvenir d'un amour perdu : une femme brésilienne qu'il avait rencontrée dans la baie de Rio et qui meurt dans le crash de l'avion dans lequel le narrateur l'accompagne. Nous pensons au récit douloureux d'un amour perdu, mais la chanson s'achève par l'aveu de l'artiste : il n'est jamais allé à Rio (et n'a sans doute jamais connu cette brésilienne dont il pleure la mort).

Non je n'oublierai jamais la baie de Rio
La couleur du ciel le long du Corcovado
La Rua Madureira la rue que tu habitais
Je n'oublierai pas pourtant je n'y suis jamais allé
Non je n'oublierai jamais ce jour de juillet
Où je t'ai connue où nous avons dû nous séparer
Aussi peu de temps et nous avons marché sous la pluie
Je parlais d'amour et toi tu parlais de ton pays
Non je n'oublierai pas la douceur de ton corps
Dans le taxi qui nous conduisait à l'aéroport

sentiment d'avoir été compris par l'artiste, autant que nous l'avons compris.

## 29.

MUSIQUE ET LOI MORALE — Dans plusieurs passages de *La République*, Platon traite de la musique non pas directement dans sa dimension esthétique (c'est-à-dire dans la relation de signifiance qu'elle entretient avec notre sensibilité et notre raison) mais avant tout dans ses applications didactiques et morales. Ainsi, Platon rapproche-t-il quasi-systématiquement (et manière un peu déconcertante pour nous) musique et gymnastique. De la même manière, écrit Platon, que la gymnastique est une activité saine pour le corps et pour la santé, la musique (adéquate) serait une activité saine pour l'âme. L'éducation consiste ainsi : « à former le corps par la gymnastique et l'âme par la musique[139] ». Cette approche didactique et, il faut bien le dire, quasi-militaire de la musique — Platon insistant à plusieurs reprises sur l'importance de la musique dans la formation des guerriers — paraît bien éloignée de nos considérations. A y regarder de plus près, cependant, nous trouvons dans la réflexion de Platon quelques éléments de convergence avec nos réflexions. D'abord, Platon identifie bien que la musique est une forme de

---

Tu t'es retournée pour me sourire avant de monter
Dans une Caravelle qui n'est jamais arrivée.

La chanson se conclut par ces mots :

Je n'oublierai pas pourtant je n'y suis jamais allé
Je n'oublierai pas pourtant je n'y suis jamais allé

[139] Op. cit., Livre II p. 126, trad. Victor Cousin

*logos* et qu'elle est, à ce titre, liée à la problématique de la vérité. Dans le livre II de *La République*, il écrit ainsi : « Comment ? — Les discours ne sont-ils pas du ressort de la musique ? — Oui. — Et n'y en a-t-il pas de deux sortes, les uns vrais, les autres mensongers ? — Oui[140]. » En considérant que la musique est dans le champ du langage (ou plus exactement que les discours sont du ressort de la musique, c'est-à-dire que le langage fait partie du champ musical), Platon établit pourtant une forme d'équivalence que nous récusons. Si, en effet, il peut exister des discours vrais et d'autres mensongers, ce n'est pas tant par leur structure interne que par leur objet (un tribun dit la vérité, arrange les faits à son avantage, ment…). Au contraire, la musique n'ayant pas d'objet (elle n'est pas un discours qui entre dans le problème de l'adéquation ou de la correspondance avec l'objet), elle ne peut pas être dite, *en tant que telle*, vraie ou mensongère. La musique n'indique rien, ne désigne rien. Elle n'est pas un discours sur les faits. Même si Platon semble d'abord poser une relation d'équivalence entre la musique et le discours (le *logos* argumenté), il ne fait pourtant jamais réellement entrer la musique dans la problématique de la correspondance. De fait, la critique du « discours » musical se transforme ainsi progressivement, dans *La République*, en une critique sur les effets de la musique, c'est-à-dire sur la nature des sentiments qu'elle inspire : « — Quelles sont les harmonies plaintives ? Dis-le-moi, car tu es musicien. — C'est la lydienne mixte et l'aiguë, et quelques autres semblables. — Il faut donc laisser de côté ces harmonies, qui, loin d'être bonnes pour les hommes, ne le sont pas même pour des femmes d'un

---

[140] Op. cit., p. 126

caractère honnête. — Oui. — Rien n'est plus indigne des gardiens de l'État que l'ivresse, la mollesse et l'indolence[141]. » Pour Platon, l'harmonie musicale semble obéir à des principes objectifs qui soutiennent des automatismes harmoniques – à l'image de ce que nous affirmons aujourd'hui en associant, par exemple, le mode mineur à la mélancolie[142]. Il existerait ainsi une sorte de table des correspondances selon laquelle certaines harmonies seraient intrinsèquement bonnes ou mauvaises, selon l'effet moral et psychologique qu'elles produisent sur l'auditeur. Le critère de jugement repose ainsi sur la capacité de la musique à inspirer soit un sentiment de force et d'élévation, soit au contraire une forme de mollesse ou de relâchement, influençant l'âme dans un sens jugé bénéfique ou néfaste. Nous ne nous attardons pas ici sur les commentaires de Platon (qui tiennent plus du jugement de valeur que de l'analyse critique et qui paradoxalement[143] rappellent par certains côtés les analyses matérialistes de Jean-Pierre Changeux par exemple) mais nous notons tout de même avec intérêt que déjà la philosophie de Socrate, que Platon rapporte et commente, contient cette idée de liaison entre musique et loi morale. Par la suite, Platon donne d'ailleurs un

---

[141] Ibid., Livre III, p. 183

[142] Ce qui est sans doute statistiquement exact mais il n'y a en la matière ni automaticité ni fatalisme, il existe de nombreux exemples de mélodies tristes ou mélancoliques en mode majeur. Pour en citer quelques-unes : *Tears in Heaven* d'Éric Clapton (La majeur), *Yesterday* des Beatles (Fa majeur), *Pale Blue Eyes* des Velvet Underground (Sol Majeur), *Don't Think Twice It's Alright* de Bob Dylan (Sol majeur), *La sonate au Clair de Lune* de Debussy (Ré bémol majeur) …

[143] Nous disons « paradoxalement » dans la mesure où Platon est le premier des idéalistes par son importance.

argument qui nous semble davantage recevable : « — Si la musique, mon cher Glaucon, est la partie principale de l'éducation, n'est-ce pas parce que le rythme et l'harmonie ont au suprême degré la puissance de pénétrer dans l'âme, de s'en emparer, d'y introduire le beau et de la soumettre à son empire, quand l'éducation a été convenable, au lieu que le contraire arrive lorsqu'on la néglige ? Le jeune homme, élevé convenablement par la musique, ne saisira-t-il pas avec une étonnante sagacité ce qu'il y a de défectueux et d'imparfait dans les ouvrages de l'art et de la nature, et n'en éprouvera-t-il pas une impression juste et pénible ? Par cela même, ne louera-t-il pas avec transport ce qu'il y a de beau, ne le recueillera-t-il pas dans son âme pour s'en nourrir et devenir par-là homme vertueux, tandis que tout ce qui est laid sera pour lui l'objet d'un blâme et d'une aversion légitimes, et cela dès la plus tendre jeunesse, avant de pouvoir s'en rendre compte au nom de la raison, de cette raison que plus tard, lorsqu'elle arrivera, il accueillera avec tendresse, parce qu'en vertu du rapport intime qui se trouve entre elle et l'éducation qu'il a reçue, elle lui apparaîtra sous des traits familiers [144]? » Ici, Platon suggère que les règles de l'harmonie musicale, préparent et éduquent le « jeune homme » (Platon a les idées de son temps sur le rôle des femmes dans la société et leur éducation…), non seulement à exercer son jugement esthétique, mais encore et surtout à préparer l'exercice de son jugement moral. L'éducation musicale est ainsi selon Platon une sensibilisation aux règles de l'harmonie, de la perfection et du beau. Cette sensibilisation doit permettre au jeune homme d'identifier les imperfections et les défauts de

---

[144] Ibid., p. 191

l'art et de la nature, comme il saisira avec clairvoyance les bassesses et les laideurs du comportement amoral, car, « la dialectique, tempérée par la musique ; elle seule une fois établie dans l'âme s'y maintient toute la vie conservatrice de la vertu[145] ». Là encore, le rôle purement didactique de la musique parait suranné et la conception socratique de l'harmonie assez éloignée de nos problématiques. Il convient cependant de noter que, dès l'Antiquité grecque, les fondements de la relation entre l'esthétique, l'éthique et la vérité (le Beau, le Bien, le Vrai) sont posés.

Si des liens existent entre l'esthétique et l'éthique, il nous semble pertinent de les rechercher non seulement dans l'éducation au jugement formel (ce que Platon met en avant lorsqu'il évoque les règles de l'harmonie, la capacité à entendre les défauts d'une mélodie…) mais également dans la reconnaissance, à travers la musique et à travers la notion d'art en général, d'une communauté humaine, communauté qui partage le même rapport au monde (un rapport qui ne se limite pas au pur formalisme, mais qui mobilise l'homme dans toutes ses dimensions, sensibles, émotionnelles, imaginatives, sociales, rationnelles, critiques, morales…). En somme, l'art, par sa dimension signifiante, est une production qui, partant de la condition humaine, la décrit dans toutes ses directions et toutes ses dimensions. En cela, l'art est, il nous semble, toujours une main tendue vers l'altérité (que ce soit une altérité réelle ou fantasmée, nous l'avons évoqué), main tendue qui est le symbole et la manifestation de ce mouvement primitif de projection vers l'autre qui contient en lui la possibilité

---

[145] Ibid., Livre VIII, p. 542

de la morale (comme nous le verrons de manière plus approfondie au livre III).

## QU'EST-CE QUE LA CONNAISSANCE ESTHETIQUE : DU SUBJECTIF A L'OBJECTIF

## 30.

MUSIQUE ET CONNAISSANCE : LE TRAGIQUE — Si Platon établit une liaison claire, dans *La République*, entre la musique et la vérité, cette liaison concerne principalement la forme de la musique (le rythme, l'harmonie…) que Platon rapproche de la forme des discours du langage commun. Cependant, ce rapprochement ne concerne pas directement le *contenu* du discours. Platon indique certes que la musique possède un pouvoir de séduction, un « charme qui trouble l'âme », seulement, ce pouvoir musical relève chez Platon de la suggestion et non du contenu signifiant de l'œuvre. Dans le théâtre grec, la musique est pourtant d'emblée liée à la problématique de la vérité en tant que contenu signifiant (et non en tant qu'équilibre formel). Ce sont les chœurs, qui, dans la tragédie, annoncent au héros les événements passés ou à venir. Ces derniers incarnent par ailleurs une sorte de « point de vue objectif » (ce qui parfois n'interdit pas la controverse à l'intérieur du chœur), détaché de l'action et des passions qui animent les héros. Dès les origines de la pensée, la musique est ainsi liée à la question de la vérité, elle est le vecteur d'une tentative de dépasser les points de vue subjectifs pour accéder à une vision déliée des intérêts particuliers. En cela, les chœurs sont porteurs d'une vérité que, bien souvent, le héros refuse d'entendre : dans l'*Agamemnon* d'Eschyle, par exemple, après la victoire de Troie, le chœur d'anciens d'Argos met en garde Agamemnon contre Clytemnestre, sa femme, dont la fille a été sacrifiée avec l'accord d'Agamemnon en échange de vents favorables et de la victoire à Troie, Agamemnon ne tient pas compte de ces avertissements et entre dans le palais de Clytemnestre, où il sera assassiné. Dans l'*Œdipe roi* de Sophocle, le chœur implore Œdipe de ne pas poursuivre son enquête pour découvrir la vérité sur ses origines, tandis que dans l'*Antigone* de Sophocle, c'est Créon qui refuse les conseils du chœur, préférant affirmer son autorité de chef d'Etat plutôt que de suivre les lois divines. Dans la tragédie grecque, les chœurs sont ainsi le symbole de cette « petite musique objective » qui taraude le héros, une sorte d'extériorisation de la voix interne, qui, dans les représentations modernes, deviendra celle de la conscience. Cette extériorisation de la conscience humaine se manifeste aussi, dans la tragédie grecque, comme une humanisation du divin, les chœurs jouant souvent le rôle d'intermédiaires ou de porte-paroles des dieux.

La structure de ce dialogue entre deux lignes qui s'opposent (qui est encore caractéristique du dualisme *radical*) se retrouve dans un grand nombre d'œuvres musicales plus contemporaines. Deux exemples nous viennent ici à l'esprit : celui d'abord du *Requiem* de Mozart, dans lequel les chœurs jouent un rôle proche de celui qu'ils ont dans la tragédie grecque, celui ensuite (et dans un tout autre registre) de la chanson *The Show Must Go On,* du groupe Queen[146]. Dans le *Requiem*, le texte, fondé sur la liturgie de la messe des morts (*Missa pro defunctis*) exprime la peur du Jugement dernier, la supplication pour la miséricorde divine et l'angoisse face à l'inéluctabilité de la mort. Le *Dies Irae* évoque

---

[146] Le groupe de rock britannique bien connu…

ainsi par exemple le jour du Jugement dernier, où les âmes sont jugées pour leurs actions terrestres. Le chœur chante avec une intensité dramatique, exprimant la terreur de ce moment où la colère de Dieu s'abattra sur les pécheurs :

*Dies irae, dies illa
Solvet saeclum in favilla*[147]

C'est le thème de la musique universelle de l'Apocalypse. Comme dans la tragédie grecque, l'homme est confronté au caractère inéluctable de son destin, ainsi qu'à une forme de froideur de la vérité qui s'exprime à travers l'indifférence des dieux (qui est celle, en un sens du caractère implacable de la mélodie qui poursuit son développement logique jusqu'à sa conclusion terrible). Dans le *Lacrimosa*, le chœur chante ainsi la tristesse des pleurs et des larmes du jour où l'âme sera jugée. Ce moment évoque la souffrance et la douleur du moment ultime, où tout est en jeu :

*Lacrimosa dies illa
Qua resurget ex favilla*[148]

L'intensité du chœur monte progressivement, accentuant l'émotion tragique liée à la fin inéluctable de la vie et à la confrontation avec le néant.

La chanson *The Show Must Go On* reprend la structure de cette opposition entre la voix du chanteur et celle des chœurs.

---

[147] Jour de colère, ce jour-là
Réduira le monde en cendres
[148] Ce jour-là sera plein de larmes,
Quand ressuscitera des cendres

Freddie Mercury, qui se sait gravement malade et qui sent la fin proche est comme confronté à la vérité des chœurs qui reprennent sa supplique :

*I'll soon be turning, round the corner now*
*Outside the dawn is breaking*
*But inside in the dark I'm aching to be free*[149]

Contrairement aux chœurs de la tragédie grecque, cependant, les chœurs de la chanson ne prennent pas le parti des dieux. Au contraire, ils se mettent derrière le héros pour refuser l'inacceptable et pour proclamer une autre vérité : *The show must go on !* Le spectacle doit continuer. Les dieux n'ont pas le droit de reprendre l'âme du héros. Ils doivent se soumettre à la volonté des hommes. La vérité est certes accablante, mais elle est aussi injuste. La chanson s'achève sur cette dernière déclaration désespérée du héros :

*I'll top the bill*
*I'll overkill*
*I have to find the will to carry on*[150]

Tandis que le chœur poursuit :

*…on with the show*
*…on with the show*

---

[149] Je vais bientôt passer de l'autre côté
Dehors, l'aube se lève
Mais à l'intérieur, dans l'obscurité, je souffre d'un désir de liberté.
[150] Je serai en tête d'affiche - J'irai au-delà des limites - Je dois trouver la volonté de continuer.

*Show must go on, go on, go on, go on, go on, go on, go on, go on*[151]

Le dialogue entre les hommes et les dieux se transforme ici en révolte de l'homme face aux dieux.

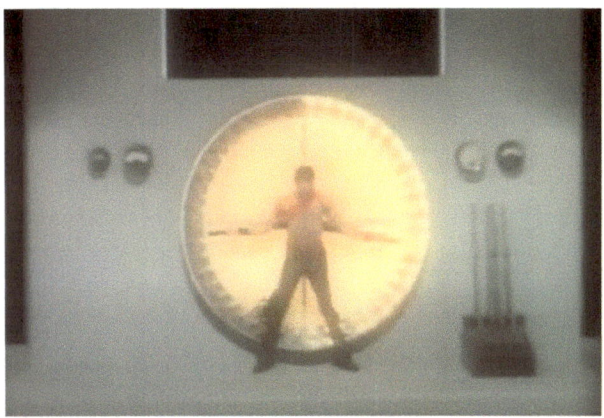

(Ctrl + Clic sur l'image pour la version en ligne)

 La révolte, cependant, se brise sur le mur du réel qui lui continuera d'exister avec ou sans le héros malheureux (*go on, go on, go on, go on, go on, go on, go on, go on...*). La musique est précisément le lieu de cette révolte (même si la révolte n'en n'est pas nécessairement le thème). Elle est le moment de l'affrontement de la subjectivité de l'artiste avec l'implacable indifférence du réel objectif, qui impose à l'homme sa tragique vérité : celle de l'incomplétude, de la finitude et de la mort.

---

[151] ...continuer le spectacle... continuer le spectacle... le spectacle doit continuer

## 31.

LE BEAU ET LE VRAI — Nous avons opéré, à la fin du chapitre 29, un rapprochement entre le Bien, le Beau et le Vrai qui nous a été soufflé par une intuition que Platon avait eue dans *La République* sur un mode, il est vrai, qui se trouvait bien éloigné de nos problématiques. Pour ce qui nous concerne, ce rapprochement nous avait été dicté à la fois par la structure de la musique — structure qui indiquait une proximité avec celle de tout discours organisé (comme le note Platon) —, par ses thèmes et par son contenu signifiant. Nous avons tenté de montrer que la musique n'avait pas nécessairement d'objet défini (au contraire du discours qui renvoie à des objets extérieurs à lui-même) mais qu'elle avait, *par sa structure même*, une signification, c'est-à-dire un contenu de vérité. La signification de la musique (et de l'art en général) tenait précisément, à notre avis, dans l'expression d'une confrontation, celle de l'identité et de la différence — identité de l'artiste qui se définissait comme un tout organisé, différenciation en creux avec le réel et avec l'autre que l'artiste comprenait dans son œuvre comme extériorités. Le caractère propre (c'est-à-dire authentique[152], *non-emprunté*) de cette expression

---

[152] Nous voulons ici éviter d'entrer dans la problématique de l'authenticité qui nous trouvons notamment chez Heidegger et qui nous fait, à notre avis, quitter le cadre de la philosophie pour le champ des jugements de valeur et de l'idéologie, voir à ce sujet notamment Theodor Adorno, *Le Jargon de l'authenticité* (1964). Adorno critique la philosophie de Heidegger, en particulier son usage du langage, qu'il accuse de mystifier et de manipuler. Chez Heidegger, les concepts d'authenticité et d'être sont abstraits, décontextualisés, et inaccessibles au commun des mortels. Selon Adorno,

est ce que nous appelons, dans le cadre de notre théorie de l'esthétique, *vérité*.

La vérité esthétique, du point de vue de l'artiste, repose sur une expérience profonde des questions qui dérivent de son rapport au monde, aux choses et aux êtres. L'œuvre d'art est la manifestation formelle (et donc communicable : la forme artistique est projection vers l'autre) de cette expérience. C'est le sens de ce fameux passage (tant de fois cité) de tiré des *Lettres à un jeune poète* (1929) de Rainer Maria Rilke : « soyez patient envers tout ce qui est non résolu dans votre cœur et essayez d'aimer les questions elles-mêmes, comme des chambres fermées à clef ou des livres écrits dans une langue très étrangère. Ne cherchez pas maintenant des réponses qui ne peuvent vous être apportées, parce que vous ne seriez pas capable de les vivre. Et il s'agit de tout vivre. Vivez maintenant les questions. Peut-être, un jour lointain, entrerez-vous ainsi, peu à peu, sans l'avoir remarqué, à l'intérieur de la réponse. » L'art, avant d'être une communication formelle, est ainsi une expérience du réel (« il s'agit de tout vivre », écrit Rilke), expérience « en nous » de cette confrontation duale avec l'extérieur. Avant d'exprimer la vie, il faut vivre et sentir la vie. L'art, comme toute création authentique, n'est pas un simple exercice de synthèse, de résumé ou d'amalgame de productions passées. C'est pourquoi, lorsque l'artiste cherche en lui *sa vérité*, il cherche aussi

---

Heidegger utiliserait un langage pseudo-profond pour évoquer des notions comme l'existence authentique, sans que cela ait une véritable clarté philosophique ou une signification tangible. Adorno se méfie du caractère élitiste et obscur du langage de Heidegger, qu'il perçoit comme une manière d'imposer une sorte de "mysticisme philosophique" qui éloigne des problématiques philosophiques concrètes.

la vérité, dans le sens où sa recherche est à la fois une exploration personnelle et une quête de l'universel (une recherche de ce qui en moi dépasse ma personne, la surface du *moi* quotidien et trivial). La recherche artistique passe ainsi par ce que nous avons appelé un « congédiement du *moi* », c'est-à-dire une mise en retrait de l'*ego* qui se laisse saisir par la question que lui pose le réel. De ce congédiement du *moi* nait l'ébauche de la forme artistique, son contenu signifiant. La vérité de l'artiste est le moment de l'*accord* entre la *forme* et son contenu signifiant, entre le dionysiaque et l'apollinien, si nous voulons nous exprimer en termes nietzschéens. Cet accord est d'abord une validation interne. Le musicien, lorsqu'il trouve une ligne musicale, un thème, un rythme, une liaison, sait qu'il a *trouvé* ce qu'il cherchait confusément. La trouvaille se manifeste dans la musique sur le mode de l'*accord* entre la projection *idéelle* de l'artiste (son anticipation confuse du développement de la mélodie par exemple) et la matérialisation de cette projection dans la note, le thème ou la ligne mélodique. Cette idée d'accord pourrait accréditer une théorie du « platonisme esthétique » (bien qu'en réalité Platon, nous l'avons compris soit en réalité très éloigné des problématiques de ce « platonisme esthétique » qui a eu notamment cours dans la seconde moitié XIXème siècle parmi les théoriciens du symbolisme[153]). Notons cependant que lorsque nous évoquons l'accord entre l'idée et sa matérialisation, il ne s'agit pas de s'inscrire dans la problématique platonicienne du mimétisme, d'après

---

[153] Voir à ce sujet Geoffroy de Clisson, *L'image de la femme ou le renversement symboliste de l'idée de vérité* (2013), thèse de doctorat.

laquelle l'œuvre d'art serait une simple copie d'une idée préexistante. La création artistique ne consiste pas à reproduire fidèlement une image immuable, comme si l'artiste n'avait qu'à transcrire un modèle idéal avec application. Au contraire, le processus créatif doit être envisagé comme une dynamique en perpétuelle évolution, un dialogue entre l'artiste et la matière, qui impose ses propres résistances, ses contraintes et ses exigences. Loin d'être un simple support d'exécution, la matière questionne, oriente et parfois même défie l'artiste dans son projet initial. Le sculpteur, par exemple, ne peut ignorer la densité et les propriétés du marbre ou du bois, qui lui opposent une résistance active, exigeant de lui des ajustements constants. Il en va de même pour le musicien, le poète ou le peintre, dont l'œuvre n'émerge jamais d'un seul bloc, mais relève d'un travail de composition. Créer, c'est composer : avec la matière, avec la langue, avec les sons. C'est un processus de négociation par lequel l'intention initiale s'affine et se transforme au contact des contraintes du médium, jusqu'à donner naissance à une forme singulière, qui n'est ni la simple exécution d'un idéal, ni une construction entièrement aléatoire. La composition est faite d'allers-retours, de reculades et d'avancées. Le processus créatif n'est, à ce titre, pas linéaire. Il relève d'un dynamisme qui peut s'analyser comme une sorte de boucle récursive entre les idées (les projections *idéelles* de l'artiste) et leur matérialisation (la réponse du réel, la réponse de l'œuvre). C'est de cette boucle récursive, de ce tâtonnement qu'advient le sentiment d'accord. L'accord est la résolution d'un problème posé par le processus créatif. Il est une forme de correspondance entre la projection *idéelle* et sa matérialisation tout aussi bien qu'une confirmation dynamique de la validité de cette correspondance par l'œuvre (le jugement de validité que prononce intérieurement l'artiste s'effectue sur l'œuvre qui se déroule dans une vision globale et procède dynamique).

Dans *La pseudo-problématique de la métaphysique*[154] (1931), Rudolf Carnap écrit : « le métaphysicien est comme un musicien sans talent musical ». En d'autres occurrences, Carnap compare par ailleurs la métaphysique à la poésie. Il reconnaît, par exemple, que la métaphysique peut avoir une valeur expressive — comme un poème qui évoque des sentiments ou des visions du monde — tout en critiquant l'idée qu'elle puisse fournir une connaissance objective ou vérifiable. Cette comparaison entre la métaphysique, la musique et la poésie nous parait tout à fait pertinente. En effet, comme le métaphysicien, le musicien et le poète travaillent à construire un édifice cohérent dont ils déroulent le fil, comme le métaphysicien, ils cherchent l'élégance de l'expression[155], comme le métaphysicien enfin, ils ne sont pas directement liés aux faits ou à ce que nous appelons « la réalité ». Le parallèle ne concerne cependant pas uniquement la métaphysique. Toute une partie des mathématiques pourrait en effet répondre à ces caractéristiques, soit parce qu'elles n'avaient pas à

---

[154] Rudolf Carnap, *Überwindung der Metaphysik durch Logische Analyse der Sprache*
[155] On pourrait ici nous faire remarquer que le musicien ou le poète ne cherchent pas nécessairement l'élégance. Le poème *Une charogne*, de Baudelaire (*Les Fleurs du Mal*) ou la chanson *God Save the Queen* des Sex Pistols (*God save the Queen – The fascsit regime…*) sont-ils élégants ? Nous répondons à cette objection que l'élégance se trouve dans l'équilibre des compositions et dans l'économie de moyens, et non pas nécessairement dans le thème des œuvres.

l'origine de lien direct avec les faits ou avec le réel, soit parce que ces liens ne furent identifiés que longtemps après leur développement. En un sens, les théories physiques, avant de pouvoir être testées, peuvent, elles aussi, avoir une valeur (structurelle), déconnectée de leur contenu applicatif. Ainsi, avant d'entrer en résonance ou en correspondance avec les faits, les théories logiques (mathématiques, physiques ou métaphysiques) recherchent toujours une forme de vérité interne (que le mathématicien, le physicien ou le métaphysicien perçoit extérieurement comme telle). De la même façon que nous percevons la cohérence interne d'une théorie ou d'une mélodie, nous pouvons aussi en remarquer les limites, les facilités ou les dissonances. L'œuvre d'art, comme toute théorie spéculative, peut être mal construite (dissonances involontaires, répétitions, lourdeurs…), mal exécutée (erreurs de perspective en peinture, erreurs sur le choix des couleurs, fausses notes…) ou mal interprétée (exagérations, contresens…). Elle n'est certes pas sujette à la sanction des faits (elle n'est pas explicative du réel, sauf quand elle essaye d'être didactique — ce qui la fait sortir du champ de l'art) mais n'en sollicite pas moins un accord interne qui est une reconnaissance de la correspondance entre la matière de l'art et la forme de l'œuvre. Cette reconnaissance de la correspondance, qui se fait par la sensibilité de l'artiste aussi bien que par son sens critique, est similaire en bien des points à la reconnaissance du scientifique auquel subitement apparait la solution d'un problème dont il s'était au préalable laissé pénétrer. Ce moment résolutoire, comme nous nous sommes attachés à le montrer dans le livre I, n'est pas de nature rationnelle ou critique, mais de nature esthétique. L'artiste, le mathématicien, le joueur d'échec, le physicien ou le scientifique de génie sont toujours à la recherche de la forme adéquate, du thème, de la suite de notes, de l'explication d'ensemble. Comme l'écrit Max Bill, architecte constructiviste influencé par les idées de Bauhaus, dans un ouvrage intitulé *Form* : « l'art est l'expression d'une pensée mathématique rendue visible ». Si nous n'allons pas jusqu'à affirmer avec Max Bill que l'artiste est un mathématicien (ou comme Carnap que le métaphysicien est un musicien sans talent), il nous faut néanmoins noter la communauté d'origine de l'ensemble des activités créatives de l'esprit. La création est d'abord intuition des formes, intuition nourrie du réel (de ce que je perçois comme extérieur et différencié) et qui à son tour est rendue réelle et communicable dans l'œuvre, dans la formule mathématique ou dans la théorie scientifique. La production de connaissances vient toujours d'un dualisme *radical*, c'est-à-dire d'une confrontation signifiante entre deux entités qui ne sont pas assimilables l'une à l'autre. Nier cette confrontation, c'est nier toute possibilité de connaître le monde, de se connaître et de se reconnaître comme identité organisée, capable de sentir, d'évaluer et de juger.

32.

LA MÉTAPHORE EST-ELLE PRODUCTRICE DE CONNAISSANCE ? — Dans un débat qui l'oppose en 1965 à Pierre Bourdieu, à Jean Hyppolite et au psychanalyste lacanien Jean Laplanche, le linguiste Georges Mounin invite ses interlocuteurs à se méfier des correspondances et à manier avec précaution les méthodes et les paradigmes que l'on transpose d'un domaine à un autre[156]. Ainsi, rappelle par exemple Mounin, l'application de la méthode de la linguistique structurale en dehors du champ de la linguistique peut s'avérer problématique et trompeuse (la remarque n'est pas innocente, nous sommes alors en pleine mode structuraliste, courant dont deux des trois interlocuteurs de Mounin sont plus ou moins directement issus). Quand je parle de linguistique générale, explique Mounin, je ne fais pas une leçon sur la peinture. Le langage est un code, mais tous les codes ne sont pas des langages.

(Ctrl + Clic sur l'image pour la version en ligne)

 En tant que code, le langage a des propriétés très particulières qu'on ne retrouve pas dans d'autres codes. C'est un code à deux étages, articulé deux fois. Toutes les fois qu'il y a

---

[156] Le Langage 2 : Pierre Bourdieu, Jean Hyppolite, Jean Laplanche, Georges Mounin, Gallica, BNF.

langue naturelle, nous trouvons des unités qui ont à la fois une forme et un sens (les « mots »). Nous avons la possibilité de réutiliser ces unités dans des contextes différents (« j'ai *mal* à la tête », « vous vous êtes *mal* conduit »). Ces unités ne sont pas insegmentables, elles sont construites elles-mêmes à partir d'unités non-significatives, des unités purement distinctives qui sont les phonèmes. À la différence des corbeaux, explique Mounin, nous disposons non pas de quatorze messages distincts, mais d'une infinité de messages (infinité de messages qui est soutenue par une mobilité évolutive du sens et des mots). À partir de là, développe Mounin, nous devons comprendre que les linguistes sont spécialisés dans le *langage* et non dans le *code* — par exemple le code entre l'artiste et le spectateur. Parler de la « grammaire » de tel cinéaste ou de la « syntaxe » de tel danseur, c'est supposer le problème de la communication résolu (le code, contrairement aux mots, se caractérise par son univocité). Il faut donc se méfier, dit Mounin, des métaphores.

Dans le domaine du langage, les métaphores sont le vecteur du tremblement du sens, de la relation entre les mots et leur signification, mais il ne faut pas confondre systèmes formels et langage. Les systèmes formels sont fondés sur la stabilité du sens (sur des axiomes intangibles et sur des variables sans substance). Le langage, lui, est évolutif. Le mot n'est jamais figé dans une définition immuable, d'où la difficulté de construire une théorie formelle des concepts (difficultés maintes fois soulignée par Gödel lui-même qui différencie bien le langage des systèmes formels). Les théoriciens non-formalistes que sont les philosophes doivent toujours avoir à l'esprit ce problème fondamental : dans le champ des sciences dures comme dans celui des sciences humaines, il faut se méfier des liens trop évidents et des correspondances de façade. La production de connaissance ne vient pas du maniement formel des mots. Les mots ne sont ni des codes ni des symboles. C'est pourquoi il faut, dans l'analyse des faits, se garder de s'enivrer de formalisme, ou pour le dire trivialement, de se « payer de mots ». Le mot n'a de valeur que dans le rapport au réel qu'il désigne. La métaphore ne saurait être productrice de connaissance que si elle est une « métaphore vive », une correspondance qui part du réel et non une équivalence purement formelle entre symboles sans substances.

Certains étudiants en philosophie (et même parfois certains philosophes confirmés) commettent souvent cette erreur qui consiste à confondre langage et système formel et à traiter des concepts comme s'il s'agissait de codes ou de symboles que l'on pourrait manipuler au sein d'un formalisme donné (formalisme mathématique par exemple). L'une des erreurs les plus communes consiste ainsi par exemple à personnifier des concepts : « la raison permet de… », « c'est la morale qui… ». Ces raisonnements traitent de concepts complexes (dont le sens n'a pas été explicitement défini) comme s'ils étaient des entités fixes dont la signification serait immuable et identique pour tous (on suppose résolu le problème de la communication comme le dit Mounin). Ces structures de raisonnement s'apparentent à des propositions purement formelles du type $f(x) = y$ où l'on suppose x défini une fois pour toutes (alors que x est souvent ce que, précisément, il s'agit de définir).

## 33.

LE BEAU EST-IL SUBJECTIF OU OBJECTIF ? — La question de l'objectivité du beau est liée, plus que nous le croyons, à la question de l'objectivité de la connaissance. A partir de la fin du XIX$^{ème}$ siècle avec les travaux notamment de Nietzsche puis de Bergson, les catégories classiques d'objectivité et de subjectivité auxquelles on reprochait — sans doute en partie à raison — une certaine rigidité qui avait pour conséquence de polariser la réflexion philosophique autour de concepts fixes, furent progressivement délaissées au profit d'un vocabulaire qui insistait davantage sur l'expérience individuelle sur le flux de la vie et sur l'interconnexion entre l'intérieur et l'extérieur. Cet abandon du couple subjectif-objectif, qui fut en un sens salutaire dans la mesure où il devait permettre de reposer la question de notre rapport au monde avec un vocabulaire neuf, eut aussi pour conséquence d'ouvrir la boîte de pandore de l'antirationalisme. Ainsi, une grande partie de la philosophie du XX$^{ème}$ siècle (notamment la philosophie de l'Europe continentale), prospéra, à partir de la critique des notions d'objectivité et de subjectivité, sur les thèmes de la destruction de la philosophie de la connaissance, du démantèlement de l'homme (il n'était plus question de l'homme, mais tout au mieux de l'être ou du *Dasein*), de la désagrégation de l'esthétique (l'esthétique comme instrument de domination des classes dirigeantes sur le prolétariat, comme réflexe pavlovien…) et de l'élimination de la morale[157]. Par ses présupposés matérialistes, le cadre épistémologique de

---

[157] Voir à ce sujet Geoffroy de Clisson, *Les Anti-humanistes ou l'avènement des Contre-Lumières*, éditions L'Harmattan, 2023

la science moderne fournissait d'ailleurs une justification commode au renoncement à cette dichotomie qui paraissait surannée. Cependant, avec l'abandon du couple subjectif-objectif, c'est en même temps, sans vraiment s'en apercevoir, à la problématique de la signification que l'on renonçait. En dehors du dualisme (symbolisé par le couple sujet-objet dans la philosophie classique), en effet, il devenait impossible, comme nous nous sommes attachés à le montrer, de penser la relation de l'homme au monde, c'est-à-dire de penser l'homme dans sa singularité d'être sensible et rationnel.

Dans le domaine de l'esthétique, la négation du dualisme se traduisait, nous l'avons évoqué, par l'élaboration de théories dont nous avons tenté de relever les contradictions (darwinisme musical, critique du jugement esthétique chez Bourdieu…). En matière d'esthétique, l'argument qui nous a semblé à la fois le plus répandu et le plus digne d'intérêt fut celui du psychologisme (argument qui dérive des théories matérialistes et darwinistes) : le sentiment esthétique dérive-t-il d'un simple mécanisme psychologique ? Sommes-nous, en d'autres termes, conditionnés au beau ?

L'argument du psychologisme était pour nous particulièrement spécieux par son incomplétude. Nul ne saurait nier, en effet, qu'à l'origine du sentiment esthétique devait se trouver, disons, une prédisposition particulière à prendre plaisir à certaines combinaisons. Comme nous l'avons évoqué au début de ce livre (voir *La musique est-elle le fruit d'un processus évolutif darwinien ?* § 2 — *L'évolution en musique*), nous pouvons bien admettre que notre sensibilité aux harmonies ou à certaines combinaisons de couleurs, relève de mécanismes innés et ancrés. Personne ne songe par ailleurs à nier l'importance de l'acquis, le plaisir que nous prenons à la répétition de combinaisons connues, vues, entendues depuis l'enfance. Cependant, l'erreur du psychologisme, comme celle du matérialisme et de toute théorie moniste en général, fut de pousser son avantage trop loin en tentant d'établir un rapport systématique d'équivalence entre le sentiment de plaisir et le sentiment esthétique (de la même manière que Nietzsche, par exemple, tentait à notre avis maladroitement d'établir une équivalence totale entre la vérité et l'intérêt partisan que nous prenons à ce que nous désignons du nom de « vérité »). Nous nous sommes au contraire efforcés de démontrer que ce rapport d'équivalence entre le sentiment de plaisir et le sentiment esthétique n'avait rien de mécanique et que l'assimilation de l'un à l'autre relevait davantage du coup de force que de la démonstration rigoureuse. L'analyse psychologiste, en négligeant la dimension dynamique et rétroactive du jugement esthétique, s'en tenait à la pure immédiateté de la satisfaction d'un besoin instinctif (qui relevait pour certains de la génétique ou de l'épigénétique[158]). De ce fait, elle était conduite à négliger, comme toute théorie moniste, la problématique de la signification qui seule permet d'appréhender la question de l'art et de la relier au jugement esthétique. Ainsi, nous avons tenté de montrer que, si le jugement esthétique relevait en partie de la psychologie (le plaisir que nous prenons à certaines combinaisons et à leur répétition), il ne

---

[158] Voir Pierre Boulez, Jean-Pierre Changeux, Philippe Manoury, *Les neurones enchantés, Le cerveau et la musique*

pouvait pas s'y réduire. En tant qu'être doués de sensibilité (d'esprit de finesse, pour le dire autrement), nous sommes capables, par exemple, de repérer les stratégies de séductions (la répétition de combinaisons éculées, la lourdeur, les facilités...). Nous sommes également capables de sortir de nos préjugés esthétiques pour nous élever à l'étage de la signification, de la direction de l'œuvre, de son sens profond. C'est pourquoi, nous pouvons affirmer qu'il existe une forme d'*objectivité* du beau, non pas au sens où l'on pourrait discourir de l'objectivité de la science ou de l'objectivité des faits, mais au sens où le sentiment esthétique, par sa dimension signifiante, constituerait une forme d'élévation par rapport à nos préjugés, nos jugements rapides ou immédiats, bref, par rapport à ce que l'on pourrait appeler notre « subjectivité restreinte ». L'objectivité du sentiment esthétique est donc à relier à la racine même du mot objectivité : l'objet, du terme latin *objectum* est littéralement « ce qui est placé devant » ou « ce qui est jeté devant ». Le jugement esthétique relève précisément de ce mouvement de déplacement et d'élargissement : il ne s'affirme pas dans l'immédiateté du sentiment de plaisir ou de déplaisir, mais se comprend au contraire dans une forme de décalage réflexif. Le jugement esthétique est un jugement évaluateur aussi bien qu'un engagement existentiel dans l'œuvre. De fait, l'interprétation de l'œuvre musicale ou théâtrale, par exemple, n'est pas uniquement le fait du musicien ou du comédien, le spectateur, lui aussi, interprète (cette interprétation du spectateur ne se limite pas bien sûr aux arts de la scène, le lecteur interprète, cherche un sens qui fait écho avec son être). Cette interprétation est un engagement objectif de l'être (le spectateur est aussi objet de la relation à l'œuvre, pas uniquement sujet), une mise en adéquation signifiante de l'œuvre. En ce sens, le jugement esthétique, qui participe à l'émotion esthétique, n'est pas lui-même un jugement psychologique, il est une projection objective du sujet. Si l'art a toujours été, est et sera toujours une activité de l'homme pour l'homme, il ne se limite pas à l'expression d'une subjectivité « sincère ». L'art, au contraire, en tant que production humaine subjective, est aussi un objet de l'homme, objet (œuvre) qui est en même temps une main tendue vers l'autre, c'est-à-dire une tentative de dépassement de l'égotisme et des particularismes (des « subjectivités restreintes », du « *moi* superficiel »). En cela, l'art est toujours tendu vers l'absolu. Il faut remonter de la forme au génie, du génie à l'homme et de l'homme à l'absolu. Rien ne pourra faire que, la musique, cette excitation d'atomes doublement interprétée, sentie et vécue n'ait pas existé. Non-retour… L'instant est un défi au temps, l'œuvre un défi au non-sens.

# Livre III

## La question de l'autre

## INTRODUCTION

> Ne pas railler, ne pas déplorer, ne pas maudire, mais comprendre.
>
> Baruch Spinoza, *Tractatus politicus*, 1677
>
> Je suis un homme et rien de ce qui est humain ne m'est étranger. (« *Homo sum, humani nihil a me alienum puto.* »)
>
> Térence, *Heautontimoroumenos* (« L'auto-punisseur »), 163 av. J.C.

Dans le livre I, nous avons tenté de montrer que les approches matérialistes et néodarwinistes, en prétendant saper les fondements de la morale n'avaient fait que renforcer sa possibilité en rendant évidentes les apories et les limites inhérentes à toute théorie moniste, c'est-à-dire à toute théorie qui passerait au travers de la problématique de la signification. Pourtant, si nous avons montré que la morale, en tant qu'idée positive agissante sur les acteurs autonomes que nous sommes, était une possibilité logique, nous n'avons pas, jusqu'ici, déterminé ses fondements, ni cherché à lui donner un contenu concret. A la lumière de nos travaux sur la connaissance et compte tenu des liens que nous avons établis entre la connaissance, l'intuition sensible, l'imagination et l'esthétique, il nous semble qu'il faille désormais reconsidérer ce que nous entendons par « contenu concret » de la morale.

Dans les *Fondements de la métaphysique des mœurs*, (1785) et un peu plus tard dans la *Critique de la raison pratique* (1788), Emmanuel Kant avait tenté de donner à la morale des maximes générales d'action plus connues sous le nom d' « impératifs catégoriques » dont les trois formulations principales étaient les suivantes : (i) « Agis uniquement d'après la maxime qui fait que tu puisses vouloir en même temps qu'elle devienne une loi universelle. », (ii) « Agis de telle sorte que tu traites l'humanité, aussi bien dans ta personne que dans celle d'autrui, toujours en même temps comme une fin, et jamais simplement comme un moyen. », (iii) « Agis comme si, par tes maximes, tu devais toujours être un législateur dans un royaume des fins[159]. » Ces trois formulations soulignaient à notre avis les trois aspects fondamentaux de la doctrine morale de Kant : (i) la dimension légaliste : Kant insistait sur le fait que les maximes morales ont la forme de lois, qu'elles s'imposent d'elles-mêmes au sujet connaissant (notion de *respect* de la loi morale), (ii) la dimension humaniste : la doctrine morale était fondée sur un axiome, celui du respect de l'humanité en moi et en l'autre, ce respect de l'humanité reposant sur des principes logiques qui sont, eux aussi, universels ou universalisables (« ne fait pas à autrui ce que tu ne voudrais pas que l'on te fasse », règle d'or que l'on retrouve à la fois dans le Talmud, chez Confucius et dans les évangiles, fondée sur le principe logique de réciprocité — mais il y a surtout chez Kant l'idée d'une reconnaissance de l'autre comme un être ayant une valeur intrinsèque qui lui est donnée par sa capacité à formuler et à suivre des principes universels), (iii) la dimension autonome de l'être humain — l'homme doit agir comme s'il était un législateur en puissance : certes la loi morale s'impose à lui, mais il a la faculté autonome de reconnaître en lui la loi morale

---

[159] Maximes issues des *Fondements de la métaphysique des mœurs*, *Grundlegung zur Metaphysik der Sitten*, 1785

(nous retrouvons ici le thème de la raison légiférée et légiférante que nous avons exposé un peu plus tôt dans le livre I). A plusieurs reprises dans son œuvre (notamment dans les *Fondements de la métaphysique des mœurs* ou dans la *Critique de la raison pratique*), Kant dégageait la problématique de la morale de l'idée d'un sentiment moral. Autrement dit, chez Kant, la morale n'était pas fondée subjectivement sur un sentiment de compassion, de sympathie ou d'appartenance émotionnelle à l'humanité. La morale reposait au contraire sur le principe d'une reconnaissance rationnelle et objective. C'est parce qu'il possède la raison, et la libre faculté d'appréciation du bien et du mal que l'homme devait être traité comme une fin en soi, et non comme un moyen. Le sentiment moral, par nature instable et fluctuant, ne pouvait constituer un fondement solide à l'édifice légaliste de Kant. Cependant, en voulant fonder la morale sur des principes légaux, Kant privait paradoxalement l'agent moral d'une grande partie de sa faculté de juger. Ainsi, ce dernier ne devait-il pas agir selon sa propre appréciation des circonstances, mais toujours en se référant à des maximes universalisables qui avaient valeur de lois immuables et non-circonstancielles (les impératifs « catégoriques »). En somme, la morale chez Kant relevait davantage d'un problème logique (problème qui à notre avis demeure valable lorsqu'il s'agit de fonder la morale en tant que possibilité, comme le fait Kant dans la *Critique de la raison pure*), que d'un problème d'appréciation esthétique (d'une « faculté de juger » dont Kant développe paradoxalement le thème sur des sujets connexes à sa doctrine morale, notamment l'esthétique). Cette approche logique et légaliste de la morale conduisit Kant dans les paradoxes qui étaient à notre avis suscités par une déconnexion entre le moment critique et le moment esthétique dans l'application des principes moraux (*Critique de la raison pratique*). Cette déconnexion procédait en réalité d'un repli sur le formalisme de la loi morale, repli qui traduisait une forme de négation de l'ouverture de l'homme sur le monde (de son état « d'être ouvert ») qui constituait pourtant le fondement même du formalisme moral. Ce que Kant donnait à l'homme d'une main, il le reprenait en somme de l'autre. En déliant le moment critique du moment esthétique (intuitif), Kant privait en quelque sorte l'homme de sa faculté de juger, niait sa position intermédiaire, duale (position intermédiaire entre le formalisme qui est l'expression de la rationalité critique d'une part et la capacité de l'homme à moduler son jugement, à adapter les règles en fonction des circonstances, capacité de modulation qui dépend de l'intuition sensible et de l'imagination d'autre part). Dans sa réponse à Benjamin Constant, intitulée, *D'un prétendu droit de mentir par humanité* (1797), Kant affirmait ainsi par exemple que le mensonge était toujours moralement condamnable, indépendamment des intentions qui pouvaient le justifier, au motif qu'il disqualifiait la source du droit. Contre Benjamin Constant qui défendait l'idée que mentir pouvait être justifié par des considérations humanitaires — Benjamin Constant prenait notamment l'exemple de l'homme de bonne volonté qui ment à un meurtrier qui est sur les traces de ses potentielles victimes — Kant soutenait que le mensonge, était, en toute circonstance, nuisible à la dignité humaine et sapait la confiance qui devait nécessairement soutenir les relations interpersonnelles. Il fallait en somme, selon Kant, toujours s'en référer aux maximes de l'impératif catégorique, et ce, y compris contre ses propres inclinations morales. L'homme qui avait été sorti de l'état de minorité grâce à l'usage supérieur de sa raison (voir Kant, *Qu'est-ce que les Lumières ?*) se voyait ainsi réassigné à résidence dans l'usage de sa faculté morale de juger. Ce que Kant accordait au génie artistique (ce talent qui donne les règles à l'art), il le refusait « catégoriquement » à l'agent moral. Il ne pouvait y avoir, pour Kant, de « génie » moral[160]. L'homme était invité à se soumettre aux prescriptions de l'impératif catégorique que sa raison avait (une fois pour toutes) librement examinées et validées. Ainsi, les principes moraux, qui chez Kant constituaient d'abord un cadre formel à l'action morale (comme le serait par exemple l'harmonie ou la gamme dans une œuvre musicale) se transformaient-ils en préceptes à contenu déterminé, préceptes qu'il s'agissait de suivre avec rigueur et zèle.

C'est pour nous dégager des problèmes liés à une application trop rigoureuse de lois présentées comme immuables que nous préférons au terme de *morale* le terme d'*éthique,* ce dernier terme nous semblant mieux rendre compte des problématiques que nous souhaitons aborder dans ce livre. D'abord, en effet, il nous semble que le terme « éthique » est moins normatif que le terme de « morale » (la morale comme ensemble de préceptes normés), ensuite, nous pensons que la notion d'éthique est plus analytique et réflexive

---

[160] Ce en quoi Kant diffère à nouveau radicalement de Nietzsche qui voyait par exemple dans la figure du Christ une incarnation de ce « génie » moral. Le Christ ne respectait pas les préceptes d'une morale héritée, il inventait une morale de l'action qui se définissait en même temps qu'elle se vivait.

(réflexion critique sur des questions concrètes), enfin le terme d'éthique semble d'emblée moins prescriptif et davantage ouvert aux circonstances qui sont celles de l'exercice de notre sens critique. Nous essayerons ainsi de traiter la morale non pas en tant qu'elle serait un *corpus* déterminé de règles figées (quand bien même ces règles auraient été découvertes librement par notre raison de manière autonome) mais en tant qu'elle se détermine dans les circonstances particulières qui font toujours appel à notre faculté de juger (faculté de juger qui procède précisément de notre position intermédiaire entre le formalisme et le réel).

## Morale vs. Utilitarisme darwiniste – les impasses du monisme

### Les limites du materialisme

Dans ce livre consacré à l'éthique, nous reprenons par endroit les principaux arguments qui constituaient une critique de la théorie de la connaissance du matérialisme que nous avons donnés dans le livre I. Afin de ne pas alourdir le propos, nous passerons donc rapidement sur certaines analyses en renvoyant le lecteur aux premiers chapitres du livre I, notamment au chapitre intitulé *Les degrés d'émergence – les degrés de liberté – le problème de la morale*.

### 1.

LES PÉTITIONS DE PRINCIPE DU BEHAVIORISME — Le matérialisme, lorsqu'il est pris comme doctrine et non comme méthode, entraîne des contradictions sur lesquelles nous nous sommes longuement attardées dans le livre I. En matière d'étude des comportements, le matérialisme se sépare en deux branches aux caractéristiques proches : d'un côté le néodarwinisme (celui de l'Américain Daniel C. Dennett par exemple[161]) qui considère que la morale est une sorte de réflexe de conservation de l'espèce humaine, de l'autre, le behaviorisme qui ne s'attache qu'aux manifestations concrètes de l'action humaine en négligeant les processus mentaux, le fondement signifiant des émotions et, plus généralement, toute la problématique

---

[161] Voir par exemple Daniel C. Dennett, *Théorie évolutionniste de la liberté*, (*Freedom evolves*) (2003)

du fondement de la connaissance et de l'éthique. Développée au début du XX$^{\text{ème}}$ siècle par des psychologues comme John B. Watson et B.F. Skinner, l'approche behaviouriste considérait que tous les comportements humains et animaux étaient appris à travers des interactions avec l'environnement (ce qui est, comme nous l'avons souligné dans le livre I, un truisme — nous sommes évidemment d'accord avec les behaviouristes pour reconnaître le rôle de l'environnement dans les comportements humains, et à plus forte raison dans les comportements animaux, encore faudrait-il prouver que l'environnement soit le seul facteur d'influence des comportements, ce que le behaviorisme ne fait jamais, faute même d'envisager, dans ses axiomes, qu'il puisse exister autre chose que l'environnement). Dans ses principes mêmes, le behaviorisme s'intéressait uniquement à ce qui peut être observé et mesuré objectivement (c'est-à-dire aux actions et réactions physiques des individus). Nous retrouvons là un réflexe de la science moderne : en matière de connaissance, seul compte ce qui peut être vu (contentez-vous de constater que la maison tient debout, comme me le soufflait mon architecte positiviste). Il faut faire fi de l'idée et se concentrer sur ce qui est observable, c'est-à-dire la matière, la façon dont elle se comporte et réagit. Seulement, si cette doctrine possède un certain degré de fécondité lorsqu'il s'agit d'étudier le comportement de la matière, son application aux organismes complexes soulève plusieurs questions épistémologiques fondamentales. D'abord, (i) l'idée qu'il ne faille considérer que ce qui est observable en matière de comportements humains et animaux repose sur l'hypothèse non démontrée que les déterminismes du comportement humain et animal sont uniquement de nature matérielle (raison qui justifierait que l'on emploie une méthode issue du matérialisme), ensuite (ii) l'idée que l'on puisse tirer des règles de comportement uniquement par l'observation de ces derniers en faisant fi de leurs motifs et de leurs déterminations internes (en d'autres termes, l'idée que l'on pourrait passer par-dessus la tête du sujet agissant pour le comprendre mieux que lui-même et sans lui) repose sur l'hypothèse non démontrée que les relations de corrélations statistiques puissent avoir une quelconque valeur de loi, enfin, (iii) y compris s'il s'avérait *in fine* que les corrélations statistiques observées puissent avoir valeur de loi (ce que nous contestons avec vigueur), il resterait, pour le behaviouriste, à expliquer le statut même de ces lois (on commence par affirmer que seul ce qui est observable est susceptible d'être scientifiquement considéré, que faire dès lors des lois statistiques non observables et purement interprétatives,— corrélation n'étant pas raison ! — qui sont tirées de l'observation des comportements. Faut-il leur enlever toute pertinence interprétative au motif que les interprétations ne se promènent pas sous nos yeux à visage découvert ?). Ainsi, les théories du conditionnement, dans leur version classique (une forme d'apprentissage où un *stimulus* neutre devient associé à une réponse involontaire, comme dans l'expérience du chien de Pavlov dans laquelle un son de cloche était associé à la salivation d'un chien) comme dans leur version opérante (théorie développée par B.F. Skinner qui explique comment les comportements sont modifiés par leurs conséquences[162]) en mécanisant à l'extrême les comportements humains, négligent-elles le rôle des idées régulatrices sur le comportement de leurs sujets d'étude. Les comportements, et notamment les comportements humains, ne peuvent pas être réduits à leurs déterminants physiques ou physiologiques. Faire l'économie de la problématique de la signification, dans la philosophie de la connaissance, comme dans la sociologie des comportements, conduits à d'indépassables contradictions. En tant qu'êtres doués d'une faculté de compréhension des langages organisés (qui ne sont pas uniquement, comme le disait George Mounin, des codes — nous ne sommes pas faits à l'image des corbeaux qui disposent d'une quantité finie de messages codés, nous utilisons au contraire d'un langage qui articule les signes et leur donne une signification différente en fonction des contextes de leur emploi), nous sommes soumis aux influences des

---

[162] Un comportement qui est suivi par une conséquence favorable (un renforcement) est plus susceptible d'être répété, tandis qu'un comportement suivi d'une conséquence désagréable (une punition) est moins susceptible de se reproduire. Renforcement positif : ajouter une récompense pour encourager un comportement (exemple : donner une friandise à un chien qui exécute un ordre). Renforcement négatif : retirer un *stimulus* désagréable pour encourager un comportement (exemple : éteindre un bruit fort lorsqu'un certain comportement est adopté). Punition positive : ajouter un *stimulus* désagréable pour décourager un comportement (exemple : donner une réprimande à un enfant qui désobéit). Punition négative : retirer un élément agréable pour décourager un comportement (exemple : priver un enfant de jeu après une mauvaise action). Le conditionnement opérant repose donc sur l'idée que les comportements sont façonnés et modifiés par les conséquences qu'ils engendrent. Voir notamment B.F. Skinner, *The Behavior of Organisms* (1938), Science and *Human Behavior* (1953).

idées. Ces idées peuvent être cohérentes ou incohérentes, effectives ou ineffectives, vraies ou fausses, elles n'en constituent pas moins des déterminants concrets de nos comportements. Nier l'analyse de ces déterminants dans les comportements humains, c'est nier ce qui fait précisément la spécificité de l'homme : sa capacité à articuler une idée dans un langage compréhensible de tous, son appartenance à une « communauté de signification ».

Nous n'entendons pas ouvrir ici le débat de la corroboration des théories behavioristes. Comme toute théorie totalisante, le behaviorisme aura d'ailleurs toujours la parade à n'importe quel contre-exemple (on inventera une nouvelle variable, un nouveau facteur d'influence observable dont on ne pourra d'ailleurs prouver la pertinence que par d'autres corrélations statistiques qu'on aura échoué à fonder scientifiquement — voir à ce sujet livre I, § 43 — *Contre le modèle statistique* : la statistique comme instrument de corroboration d'une intuition esthétique et non comme instrument de connaissance en soi). Il nous importe seulement de noter que le behaviorisme, en tant que doctrine moniste, est une contradiction dans les termes. En refusant obstinément toute problématique de la signification qui ouvrirait le champ au problème des motifs de l'action (plutôt qu'à l'analyse statistique de ses déterminants), le behaviorisme s'impose de rester sur un terrain plat. Il monte cependant paradoxalement d'un étage lorsqu'il en parvient à ses conclusions statistiques qu'il présente comme des vérités scientifiques. Dans un curieux moment d'auto-aveuglement, ce qu'il interdit au sujet de ses études (l'analyse, la réflexion, la délibération, le jugement), le behavioriste se le permet à lui-même sans s'apercevoir que ce jugement même invalide la théorie qu'il soutient.

## 2.

LES PARADOXES DU NEODARWINISME MORAL — Le néodarwinisme moral, procède selon une méthode similaire à celle du behaviorisme, quoique sur un terrain légèrement différent. Pour le néodarwinisme, en effet, tout doit pouvoir s'expliquer à travers le prisme de la conservation des espèces. Selon le philosophe américain (néodarwiniste) Daniel C. Dennett, par exemple, la morale serait une invention de l'espèce humaine, invention fabriquée en vue de sa conservation. Par suite d'un intérêt bien compris, les hommes vont privilégier, selon Dennett les comportements sociaux aux comportements agressifs, le respect des intérêts de chacun plutôt que la guerre de tous contre tous. Pour un néodarwiniste, cette idée est sans doute séduisante, mais, là encore, elle repose sur plusieurs hypothèses non démontrées. D'abord, (i) Daniel C. Dennett tient pour acquis que les comportements moraux puissent être génétiquement induits (en tant que produits de l'évolution — idée certes tout à fait recevable, mais qu'il s'agirait de confirmer empiriquement, ce qui nous semble induire quelques défis méthodologiques), ensuite (ii) Dennett considère que la manifestation matérielle d'un comportement suffit à expliquer ce comportement, ce qui, là encore, ne repose sur aucune démonstration sérieuse (c'est ce que nous nous sommes efforcés de montrer tout au long du livre I — le vecteur d'une information, par exemple, *n'est pas* l'information elle-même, l'encre n'est pas le message : le néodarwinisme passe au travers de toute la problématique de la signification), (iii) Dennett n'envisage pas réellement le cas dans lequel les comportements d'une espèce pourraient aller à l'encontre de ses propres intérêts (l'humanisme, par exemple, n'est pas nécessairement un réflexe de défense des intérêts de l'espèce humaine, rien n'empêche d'ailleurs de défendre le vivant dans son ensemble au nom de l'humanisme, parfois contre les propres intérêts de l'homme), enfin (iv) comme le behaviouriste, le néodarwiniste obère la question de la signification de ses propres conclusions eu égard à sa théorie moniste. En d'autres termes, le néodarwinisme commence par récuser l'intentionnalité de la nature pour ensuite paradoxalement ratifier l'utilitarisme moral qui serait lui-même la cause de la survie des espèces à long-terme. Pour que cette théorie soit cohérente, il faudrait cependant que le sujet ne comprenne pas son intérêt, qu'il agisse de manière aveugle, comme le jouet de la nature qu'il est censé être. Dès lors que le sujet est conscient de son propre intérêt à agir, c'est-à-dire qu'il comprend l'idée d'après laquelle l'abandon d'une partie de sa liberté (et de son agressivité) se fait au prix de sa propre sécurité, alors le sujet devient conscient et son comportement intentionnel. De fait, le néodarwinisme moral, à l'image du béhaviorisme, accepte dans ses conclusions ce qu'il avait chassé dans ses prémisses : l'intentionnalité qui était refusée à la matière est entérinée au niveau de l'individu (même si, là encore, les néodarwinistes feront tout pour prouver que cette intentionnalité n'est qu'une illusion de l'esprit en se fondant notamment sur certaines thèses neuroscientifiques dont nous avons montré les limites et les contradictions dans le livre I, voir notamment § 2 — *Le monisme physicaliste est-il logiquement soutenable ?* et plus généralement première partie du livre I : *Les impasses logiques du physicalisme réductionniste et du néodarwinisme*, la défense des neuroscientifiques est cependant principalement fondée sur le critère de l'immédiateté — les actions infraconscientes, les déterminismes physiques inconscients de l'action — alors que le néodarwinisme de Dennett fait explicitement référence à des motifs idéaux, à des maximes d'action qui déterminent un comportement général[163], et non une action physiquement induite).

Dans le néodarwinisme moral comme dans le behaviorisme, c'est le refus radical de considérer la problématique générale de la signification qui conduit à l'incohérence des thèses. En voulant rester au niveau zéro de la matière, le behaviorisme, comme le néodarwinisme, se privent de toute possibilité d'analyser les *motifs* de l'action. Focalisé sur les conséquences observables des motifs, le behaviorisme — et, dans une moindre mesure, le néo-darwinisme — catégorisent ainsi l'action sans jamais chercher à lui donner un fondement explicatif acceptable.

---

[163] On pourrait résumer les principes d'action que Dennett approuve par la maxime : « agis dans ton propre intérêt en respectant l'intérêt de l'autre », il s'agit bien ici d'une idée régulatrice. C'est l'idée générale qui influence l'action (non-violence par exemple) et non pas un mécanisme infraconscient du genre de celui que nous présente Stanislas Dehaene dans son analyse de l'expérience de Libet par exemple. Voir à nouveau § 2 — *Le monisme physicaliste est-il logiquement soutenable ?*

### 3.

Tout va pour le mieux dans le meilleur des mondes possibles

Voltaire, *Candide* (parodiant Leibniz, *Essais de Théodicée*, 1710)

RELATIVISME MORAL, RELATIVISME SCIENTIFIQUE — Un certain relativisme moral soutient que nos lois et nos codes moraux ne seraient valables que dans ce monde, pour notre espèce, avec notre faculté de juger et nos sens propres. Sans nous intéresser ici au contenu éventuel de ces lois et de ces codes moraux (nous y reviendrons), nous pouvons remarquer que le relativisme moral a recours à des arguments que nous avions déjà identifiés dans le cadre du livre I consacré à la philosophie de la connaissance. Ainsi, l'argument selon lequel les lois de la physique ne seraient valables que dans notre monde, que nous les percevons avec nos propres sens et notre faculté de juger particulière ne nous semblait pas être un argument contre la validité et l'effectivité de la connaissance. Il ne faut pas confondre ce qui est circonstanciel avec ce qui est relatif. Notre connaissance est liée à un état de fait circonstanciel de l'univers (une configuration possible de l'univers qui lui a donné naissance), les lois que nous dérivons de l'observation de l'univers sont donc valables pour cet univers particulier, ce qui ne remet pas en cause leur caractère non-relatif (toutes choses égales par ailleurs, la loi est universellement valable, non-relative). Même s'il nous est permis de faire des spéculations sur d'autres univers possibles, cela ne doit pas nous conduire à remettre en cause la validité de nos lois (ou l'existence même de ces lois qui seule permet et soutient l'édifice de la connaissance[164]). Le relativisme moral procède de la même idée en confondant notamment morale circonstancielle et morale relative. Si nous acceptons l'argument selon lequel la morale pourrait être circonstancielle (elle dépend de notre sensibilité, de la structure de notre raison, de notre faculté de juger…), nous récusons l'équivalence supposée entre cette éventuelle « circonstancialité » et l'idée que la morale pourrait être relative (l'idée que « chacun verrait midi à sa porte » comme le dit l'expression populaire). A circonstances égales (appartenance à l'espèce humaine, par exemple, à la fois sensible et rationnelle), rien n'empêche de considérer l'idée d'une morale valable pour tous.

4.

CRITIQUE DES NEUROSCIENCES — Les neuro-scientifiques s'appuient, dans leur grande majorité, sur des présupposés non démontrés selon lesquels la manifestation physiquement observable dans le cerveau d'une action physiquement observable dans le réel constitue la « cause » de cette action. En d'autres termes, les neurosciences considèrent que la matière est la cause de la matière, dans un système clos sur lui-même. Si nous appliquons cette idée (qui est en fait un axiome) à l'expérience de Libet, que nous détaillons dans le livre I (voir § 2 — *Le monisme physicaliste est-il logiquement soutenable ?*), nous sommes conduits à

---

[164] Nous utilisons ici un argument pragmatique. Si le réel n'était soumis à aucune loi, il ne serait pas pensable. Or le réel est pensable, donc il est soumis à des lois (indépendamment de la question du contenu de ces lois), voir livre I, §13 — *Peut-on penser un monde sans loi ?*

affirmer que la cause première du déclenchement de notre action d'appuyer sur un bouton n'est pas notre volonté d'appuyer sur ce bouton, volonté qui commanderait la décision ou « l'autorisation de principe » d'envoyer un signal nerveux jusqu'à notre doigt (une telle affirmation impliquerait d'accepter l'existence de la problématique de la signification, et donc des motifs de l'action), mais qu'elle est à rechercher du côté des déterminants matériels situés à l'intérieur de notre cerveau qui commandent, en dehors de tout processus conscient l'action d'appuyer sur le bouton (la conscience de l'action intervenant après que la décision a été effectivement prise par le cerveau). Cependant, en montrant que l'activité cérébrale précède le moment de la prise de conscience effective de la décision, ne fait-on pas que déplacer le problème de l'action et de ses déterminants ? Qui a autorisé cette activité cérébrale ? Quels en sont les motifs profonds ? L'activité cérébrale infraconsciente qui précède la décision consciente d'appuyer sur le bouton aurait-elle eu lieu si le sujet avait au contraire consciemment décidé de ne pas appuyer sur le bouton ? Le cerveau agit-il toujours à notre insu ou pouvons-nous être guidés par des idées qu'il identifie et reconnaît comme « vraies » ou « effectives » dans un effort de compréhension du monde ? Nous voyons que l'approche cognitive des neurosciences conduit à une escalade ascendante de questions qui trouvent toujours la même réponse : la matière est tout et à l'origine de toute chose, elle est et doit être l'explication à tout.

Dans un livre intitulé *Du vrai, du beau, du bien* (2008), Jean-Pierre Changeux utilise dans le domaine du jugement esthétique un argument proche de celui que nous trouvons chez Platon lorsque ce dernier rapproche notre faculté de jugement esthétique de notre faculté de jugement moral : « Pour Herbert Simon[165], écrit Changeux, un trait propre aux humains est l'existence d'une réponse émotionnelle à la "beauté de la parcimonie" qui aurait ainsi été sélectionnée au cours de l'évolution des espèces. Elle serait utile à la survie des espèces par la capacité qu'elle offre de *détecter* des distributions organisées dans la nature[166]. » Comme Platon, Jean-Pierre Changeux, dans le commentaire positif qu'il fait de la pensée d'Herbert Simon, accrédite l'idée selon laquelle la faculté de juger esthétique serait liée à la faculté de juger en général (Changeux ne parle pas ici explicitement de la morale, mais de faculté utile à la survie de l'espèce — ce qui est d'ailleurs la manière dont Dennett qualifie et définit la morale). Cependant, en croyant arrimer à bon compte l'esthétique (qui est liée à la problématique de la signification comme nous nous sommes attachés à le montrer dans le livre II) à la survie de l'espèce, Changeux se crée une nouvelle difficulté en introduisant le concept de « beauté de la parcimonie ». Pour Changeux, la beauté est liée à

---

[165] Herbert Simon (1916-2001) était un scientifique américain particulièrement reconnu pour ses travaux sur la prise de décision humaine et sur l'idée de rationalité limitée (*bounded rationality*), qui décrit comment les individus prennent des décisions dans des conditions de rationalité imparfaite, c'est-à-dire lorsqu'ils ne disposent pas de toutes les informations ou du temps nécessaire pour faire des choix parfaitement rationnels. Simon a reçu le Prix Nobel d'économie en 1978 pour ses recherches sur la prise de décision dans les organisations. Il a également joué un rôle pionnier dans le développement de l'intelligence artificielle (IA) et des systèmes experts, des programmes informatiques capables de simuler des processus décisionnels humains
[166] Op. cit., p. 178

l'économie de moyens qui se trouve elle-même liée à l'efficience de la nature, et donc à la « robustesse » de ses créatures. Notre sens esthétique, comme notre sens moral, serait donc avant tout une arme qui pourvoirait à notre capacité de survie en tant qu'espèce. Là encore, nous retrouvons l'idée selon laquelle la nature agit dans notre dos en nous traitant comme des automates intelligents. Là encore, cependant, Jean-Pierre Changeux bute sur le problème de l'émergence (de la conscience) en cherchant à en minimiser les conséquences (nous avons vu combien les neuroscientifiques entendaient traiter l'émergence de la conscience comme un phénomène « résiduel » que la science finira par expliquer). A partir du moment, en effet, où la « parcimonie » (à supposer que l'esthétique se résume à la parcimonie ou à l'élégance, comme c'est très loin d'être le cas comme nous l'avons analysé précédemment), est consciemment désignée comme telle, elle entre dans ce que nous avons appelé notre « réseau de significations », qui conditionne nos appréciations et nos jugements sur le monde. Agir dans le monde, apprécier le monde, c'est précisément, pour nous, formuler à l'endroit du monde un jugement critique fondé sur notre compréhension du réel. En introduisant la notion de « parcimonie » dans le jugement esthétique, Changeux entre donc bien, à nouveau (comme tout être vivant qui ferait usage d'un langage articulé et rationnel) dans la problématique de la signification (comment se définit la parcimonie dans les choses, quels en sont les critères idéels… ?). En voulant ici réduire le problème de la signification à celui de la matière, on le déplace — de manière parfaitement stérile — sans jamais pouvoir, faute de le considérer dans toute son étendue et sa complexité, y apporter une réponse sérieuse. De la même manière, les questions éthiques et morales ne peuvent se traiter à notre avis que dans le cadre de la problématique (dualiste) de la signification. C'est à cette condition seulement que nous pourrons tenter d'y apporter une réponse qui ne soit pas entachée de contradictions.

LA REPONSE A LA QUESTION ETHIQUE A
L'INTERIEUR DU MATERIALISME

5.

INSATISFACTIONS LIEES A LA REPONSE QUANTIQUE
— Comme nous l'avons mentionné dans le livre I, la tentative qui consiste, dans le cadre du débat entre déterminisme et liberté, à tenter de localiser dans le cerveau l'endroit de la superposition quantique (qui serait en quelque sorte l'endroit de la prise de décision libre) nous parait manquer sa cible[167] : nous ne pouvons comprendre la liberté que dans sa relation étroite avec le déterminisme. Loin de constituer une sorte d'antinomie de la liberté, le déterminisme physique est au contraire, nous l'avons vu, l'une des conditions *sine qua non* de l'exercice de ma liberté (ne serait-ce qu'en raison du problème de la chaîne de commandement entre mon intention et mon action : comment être libre si mes actions ne sont pas déterminées par mes intentions ?). Il ne faut pas à notre sens comprendre la liberté dans une opposition avec le déterminisme, de la même manière qu'il ne faut pas comprendre l'idée dans une opposition avec la matière. En revanche, le problème de l'indétermination quantique nous parait particulièrement intéressant dans la mesure où il reflète en réalité la structure de notre rapport au réel. L'indétermination quantique est fondamentalement liée au problème de la mesure, c'est-à-dire au problème de l'« interférence » entre le mesurable et le mesuré. Cette structure circulaire fait en un sens penser à celle de l'individu agissant qui modifie son comportement et

---

[167] Voir Roger Penrose, *Les deux infinis de l'esprit humain*

ses actions au fur et à mesure qu'il prend conscience de lui-même et de ses intentions, dans un mouvement de spirale vers le haut : je commets une action ou j'ai une pensée, je me vois commettre une action ou avoir une pensée par autoréflexivité, je me vois me voyant, etc. : mon comportement est affecté par ma division interne, par ma faculté de me dissocier de mes actions et de mes pensées, en somme, l'indéterminisme est ici séquencé dans le temps et s'appuie sur ma division interne et sur ma faculté à me représenter moi-même. Cette faculté de nous représenter nous-mêmes, ce que nous avons appelé « dualisme interne », est ce qui nous permet de nous comprendre comme sujets moraux dynamiques. Le questionnement éthique est caractérisé par ce mouvement de retour sur soi dans lequel le sujet ne se considère pas seulement comme un sujet (comme un organisme vivant légalement déterminé) mais aussi comme un objet (un sujet d'étude). Le questionnement éthique est en cela semblable à la problématique en spirale du problème de la mesure en mécanique quantique : le sujet qui se regarde comme objet modifie son propre comportement par la connaissance qu'il a de lui, connaissance qui crée une interférence avec lui-même et modifie son action.

Une idée très proche est exposée par Max Planck dans *Initiations à la physique* (1930) que nous citons *in extenso* : « On ne pourrait refuser à quelqu'un la conscience de son libre arbitre que s'il pouvait, par application du principe de causalité, prévoir son propre avenir. Mais cela même est impossible, car cette hypothèse renferme en elle une contradiction. Toute connaissance véritablement complète suppose, en effet, que l'objet à connaître ne sera pas modifié par des phénomènes intervenant dans le sujet connaissant. Or c'est une supposition incompatible avec le cas où le sujet et l'objet sont identiques. Ou, pour user de termes plus concrets, la connaissance d'un motif d'action volontaire est un événement interne du sujet qui peut être la source d'un nouveau motif et ainsi le nombre de motifs possibles est augmenté. Cette constatation est une nouvelle connaissance, source éventuelle d'un nouveau motif, la série de ces derniers est donc susceptible de s'accroître indéfiniment. Le sujet ne pourra donc jamais parvenir à la production d'un motif absolument définitif, relativement à l'une de ses propres actions futures, c'est-à-dire à une connaissance incapable de provoquer l'éclosion d'un nouveau motif d'action. [...] Non, la loi causale ne suffit à aucun homme, même le plus intelligent, pour lui permettre de produire des motifs décisifs, pour aucune de ses actions conscientes. Il faut un autre fil conducteur : la loi morale. La plus haute intelligence, l'analyse la plus pénétrante ne sauraient y suppléer[168]. » Pour Planck, c'est la connaissance que nous avons de nous-même (en tant qu'objets) qui modifie le cours de notre action. Cette connaissance étant potentiellement infinie, les déterminants de l'action ne sauraient être strictement prédits par une loi de causalité (si tant est que cette loi de causalité ne soit pas appliquée au légalisme moral, qui est une autre forme de causalité de l'action, mais ce serait admettre que le principe ne s'applique pas purement et uniquement à la matière, ce que le matérialiste récuse rigoureusement, puisque seule la

---

[168] Op. cit., p. 164

matière existe[169]). Or la connaissance implique la conscience, aussi bien la conscience des choses que la conscience que nous avons de nous-mêmes. On comprend dès lors pourquoi les neuroscientifiques ont tenté de déplacer le problème des déterminants de l'action en direction des actions infraconscientes exécutées par notre cerveau. Si Max Planck demeure assez kantien dans la dernière partie du passage que nous citons (dans sa référence à la loi morale), la première partie de sa remarque désigne clairement les failles de raisonnement du matérialisme en matière de prédiction des comportements. Dès l'instant où l'organisme adaptatif acquière la possibilité de prendre conscience du réel (prise de conscience qui ouvre la possibilité de la connaissance), il n'agit plus *uniquement* par déterminisme physique. L'idée (le motif) exerce une influence sur lui, or l'idée peut être fausse, le mécanisme physique, lui, ne le peut pas, ce qui constitue une nouvelle preuve que l'un n'est pas strictement équivalent à l'autre.

### 6.

LA VOLONTE PEUT-ELLE ETRE LIBRE ? — Mes volontés ont-elles lieu, selon l'expression de Malebranche, « en moi sans moi » ou suis-je le maître en ma demeure ? Si nous considérons la question du point de vue strictement matériel (ou phénoménal), nous ne pouvons que concéder le fait qu'en tant que créatures composées de matière, l'ensemble de nos

---

[169] Sur la forme tautologique et totalisante de ce raisonnement, voir livre I, § 4 — *Tautologies physicalistes* et impasses des théories monistes et § 13 — *Peut-on penser un monde sans loi ?*

agissements doivent bien avoir pour déterminants des causes matérielles : nos actions obéissent à un enchaînement causal déterminé que nous ne maîtrisons pas et dont nous ne sommes pas nécessairement les initiateurs conscients (cause première). Par conséquent, s'interroger sur la liberté de notre volonté revient, pour reprendre l'image que Spinoza utilise dans *L'Ethique* (1677), à s'interroger sur la liberté de mouvement de la girouette qui tourne au gré du vent. Comme le note toutefois Leibniz dans ses *Essais de Théodicée* (1710) : « Aristote a déjà remarqué qu'il y a deux choses dans la liberté, à savoir la spontanéité et le choix, et c'est en quoi consiste notre emprise sur nos actions[170]. » Cette distinction entre la spontanéité de l'action et le choix délibéré nous parait intéressante dans la mesure où elle introduit la notion de temporalité dans l'idée de liberté, c'est-à-dire l'idée d'une suspension de l'action au profit de l'analyse. En d'autres termes, nous soutenons que plus un acte est effectué de manière spontanée, moins il peut être dit « libre » au sens où l'agent pourrait agir consciemment sur ses déterminants. Si les animaux agissent généralement de manière spontanée et instinctive en suivant les lois de leur espèce (quoiqu'il faudrait nuancer ce propos en tenant compte de la faculté d'apprentissage des animaux qui est déjà un pas vers l'autonomie), ce n'est pas toujours le cas des êtres humains qui ont, eux, la faculté de suspendre ou de retarder leurs désirs ou volitions. Cette capacité à suspendre le cours mécanique des choses est liée à la représentation que nous nous faisons de leurs causes et surtout de leurs conséquences (nous retrouvons d'ailleurs cette faculté de représentation chez les

---

[170] Op. cit., § 34

animaux capables d'apprentissage individuels, raison pour laquelle nous pouvons également parler de degrés d'autonomie chez les animaux, voir à ce sujet livre I, § 19 — *Les degrés de liberté*, à la différence des humains cependant, les animaux, y compris les grands primates, n'ont pas la capacité à utiliser les fonctions supérieures du langage que sont par exemple la description et l'argumentation, voir livre I § 20 — *L'idée comme non-matière agissante sur la matière*). Dès lors que la suspension de l'instinct ou du désir immédiat entraîne au cœur du sujet l'ébauche d'une délibération argumentée (délibération qui implique les fonctions supérieures de formalisation que sont la description et l'argumentation), nous pouvons affirmer que se pose réellement le problème de la liberté. Ce problème se retrouve ainsi à nouveau lié à la problématique de la signification : si nous remontons d'un degré dans la question de la liberté, c'est-à-dire si nous considérons que la liberté ne concerne pas uniquement notre faculté à agir spontanément et sans entrave, se pose alors la question des motifs de l'action et, par suite, de ses déterminants indirects que sont les délibérations formelles. Qu'est-ce en effet que la volonté si ce n'est notre capacité à appliquer les délibérations signifiantes que nous avons formulées en notre for intérieur ? Peut-on d'ailleurs parler de volonté dans le cas où nos actions (i) ne répondent pas à un processus délibératif, comme cela arrive avec la plupart de nos actions infraconscientes ou (ii) ne se mettent pas en conformité avec nos délibérations (dans ce dernier cas, on invoque d'ailleurs à raison une défaillance de la volonté) ? Si nous définissons la volonté comme le processus par lequel nos décisions signifiantes sont effectivement traduites dans nos actions (par opposition à la satisfaction spontanée de nos désirs ou de nos besoins les plus vitaux), alors se posent de nouveau deux questions : (i) le déterminisme que nous revendiquons au niveau des phénomènes (du monde « matériel ») ne s'applique-t-il pas de la même manière dans tous nos processus délibératifs ? (ii) comment une représentation (une idée, une argumentation logique, une délibération) peut-elle provoquer une action ? A la première question, nous devons répondre que si nous prenons le déterminisme pour hypothèse au niveau du monde matériel, nous ne pouvons pas revendiquer l'aléa (ou même le libre-arbitre comme puissance sèche d'auto-détermination du sujet) au niveau de nos propres délibérations. Nos délibérations, elles aussi, suivent un enchaînement causal (enchaînement causal qui peut certes être vicié, mais nous sommes toujours capables, dans ce cas, de reconnaître le vice de forme dans ledit enchaînement). Pas plus que dans le monde phénoménal, sommes-nous en droit, dès lors, de revendiquer une puissance de détermination totalement libre sur nos pensées. Cependant, de même que le déterminisme matériel ne pouvait être pensé comme l'antithèse de la liberté (voir livre I — *Les degrés d'émergence – les degrés de liberté – le problème de la morale*), il serait tout aussi inadéquat de concevoir la nécessité interne qui régit nos pensées comme une limitation de notre autonomie. Comment en effet pourrait-on concevoir la liberté indépendamment du processus déterminant et contraignant du formalisme logique ? Quelle forme de liberté pourrait bien résulter du pur arbitraire de nos pensées, ou d'un aléa semblable à celui qui se manifeste dans nos rêves – rêves dont nous nous sentons parfois comme « les prisonniers » ?

Il ne faut pas cependant confondre ici déterminisme logique et déterminisme matériel. Nous soutenons en effet que nos pensées ne sont pas déterminées matériellement au sens où nous serions directement conditionnés à penser ce que nous pensons par notre histoire, nos influences et notre environnement. En tant qu'êtres rationnels, nous avons en effet la capacité de formuler des idées qui peuvent être vraies ou fausses, effectives ou ineffectives *indépendamment* de notre histoire personnelle ou de nos déterminants matériels directs (dans le sens où la matière réagirait sur le mode action-réaction sur un mode pavlovien par exemple). Ainsi, les déterminants matériels immédiats, s'ils peuvent exercer une influence sur nos comportements et nos idées, ne sont que faiblement explicatifs des comportements humains. Si l'expérience nous fournit la matière de nos raisonnements, ces derniers ne sont pas nécessairement des redites de raisonnements appris. Nous ne sommes pas, en d'autres termes, des machines à recracher de la pensée préfabriquée (ou en tout cas, nous ne devrions pas l'être). Le réel nous fournit la « matière » nécessaire à notre pensée. La pensée authentique part toujours des faits, de l'analyse du réel (de la confrontation au réel, pourrait-on dire) et ne doit pas se comprendre comme une synthèse formelle de l'existant (synthèse que les machines sont désormais capables d'opérer de manière quasi-parfaite).

Nous pouvons certes encore affirmer que les pensées, y compris celles qui ne sont pas directement déterminées par un état donné de la matière sont en réalité toujours liée à la matière dans la mesure où elles sont le fruit de l'adaptation (matérielle) de notre organisme à un état de fait de la matière. Notons d'ailleurs que cette faculté d'adaptation n'est pas propre à l'homme, mais aux organismes vivants dans leur ensemble (voir livre I, § 19 — *Les degrés de liberté*). Il est sans doute exact, et nous le concédons volontiers, que notre faculté d'adaptation soit à l'origine du développement du langage et d'un langage organisé de type descriptif et argumentatif. Il est sans doute tout aussi exact d'affirmer, avec les matérialistes et les néodarwinistes, que le langage, dans son usage, soit étroitement corrélé à ses manifestations physiques — ou qu'il soit même une émanation de processus physiques observables et localisables dans notre cerveau grâce à l'imagerie cérébrale (bien qu'il soit impossible d'affirmer avec une rigueur absolue, du point de vue matérialiste, que le langage découle directement de processus physiques observables, et non, comme nous le soutenons, que ces processus physiques soient une émanation du langage qui est lui-même le *medium* de notre confrontation au monde). Cependant, dès lors que cette faculté de création et d'utilisation du langage émerge de l'être vivant, nous devons considérer les problématiques qui lui sont propres. En d'autres termes, avec l'émergence du langage, émergent un ensemble de règles propres au langage (une structure, une grammaire, des significations), ensemble qui suscite des problématiques spécifiques. Le fait de tenter d'enjamber ces problématiques (comme le font bien souvent les doctrines strictement matérialistes) entraîne des contradictions qui nous ont semblé indépassables. Au-delà des règles autonomes qui sont imposées par le langage, les facultés de description et d'argumentations qu'il crée ouvre la problématique du vrai et du faux, de l'adéquat et de l'inadéquat, de l'effectif et de l'ineffectif.

Ainsi, si le langage a bien à la fois une origine et des manifestations matérielles, il n'est pas, *lui-même* parfaitement identifiable à de la matière, comme nous nous sommes attachés à le montrer dans le livre I (voir notamment livre I, § 31 — *Contre le psychologisme*). Avec l'utilisation du langage (en tant que système organisé de formes qui trouve l'origine de son développement dans l'être) c'est au monde des significations que nous sommes confrontés (ce que Karl Popper appelle le *monde 3*, qui contient les produits de l'esprit humain, tels que les idées, les théories, les œuvres d'art, les institutions sociales, les langages, les livres…). L'accès à cette sphère autonome est ce que nous appelons « liberté ».

Si nous définissons par le terme de « liberté » cette faculté spécifiquement humaine de faire usage d'un langage descriptif et argumentatif — cet usage pouvant avoir un effet rétroactif sur nos comportements — il nous reste à déterminer les conditions dans lesquelles nous pouvons réellement exercer cette liberté. Lorsqu'en effet nous nous fourvoyons ou agissons d'après des idées fausses ou ineffectives, pouvons-nous être dits « libres » ? Dans une certaine mesure, nous pouvons répondre positivement à cette question : dans le cas où nous nous trompons, nous avons fait librement usage de notre faculté à évaluer et à délibérer. Notre liberté aura été plus grande que celle de l'animal ou du primate qui lui n'a pas accès aux fonctions structurantes du langage. Cependant, notre liberté ne sera-t-elle pas plus étendue ou plus complète si nous effectuons nos choix d'après des idées vraies, cohérentes ou effectives ? Sans nul doute, une information juste ou une idée correcte nous aidera à prendre une décision de manière éclairée et libre (pour prendre un exemple trivial, si nous nous faisons l'idée que le feu de circulation est vert alors qu'il est rouge, nous risquons une collision, notre décision est influencée par notre idée de la couleur du feu, le daltonien doit y être particulièrement attentif !). Mais alors, la liberté ne consiste-t-elle pas à agir d'après ce qui est vrai (vrai, effectif ou cohérent) ? Si, dès lors, nous sommes contraints par le « vrai », pouvons-nous être dits « libres » ?

Nous sommes ici confrontés au problème central de la liberté. En réalité, si nous affirmons que la liberté ne peut s'exercer qu'en conformité avec une vérité (factuelle, artistique ou morale) alors, nous subordonnons l'idée de liberté à l'idée de « bonne volonté ». Être libre suppose ainsi de vouloir ce qui est juste, ce qui est bon, ce qui est beau, ce qui est vrai. La volonté libre devient alors le synonyme de bonne volonté (la volonté cherche le vrai, se met au diapason du vrai). Nous pouvons encore cependant noter que nous pouvons très bien reconnaître ce qui est juste, ce qui est bon, ce qui est beau, ce qui est vrai et agir en *connaissance de cause* contre ce que nous reconnaissons comme tel : c'est ce que nous appelons la « perversité ». Le sujet pervers fait un usage délibérément négatif et éclairé de sa liberté. La perversité est ainsi jouissance d'agir contre une *autorité* reconnue comme légitime (elle est, à ce titre, pure contradiction). La notion de perversité doit être distinguée, de la notion de mauvaise foi (ou de ce que nous appelons aujourd'hui la « post-rationalisation » ou « post-vérité » qui sont des notions connexes). A la différence du sujet pervers, le sujet de mauvaise foi ne revendique pas la transgression d'une loi morale ou de principes éthiques comme des actes positifs. Il élabore plutôt un discours auto-justificateur, la plupart du temps incohérent, pour se décharger d'une action ou d'une pensée qui serait injustifiable si le sujet se mettait au diapason des principes qu'il reconnaît par ailleurs lui-même comme justes. Rares, en effet, sont ceux qui osent à la fois reconnaître une vérité objective et agir contre cette vérité tout en la reconnaissant comme fondée ou légitime (la tendance est plutôt, il faut bien le dire, à la relativisation et au relativisme, instrument pratique qui sert à justifier tout et son contraire). Dans *La religion dans les limites de la simple raison*, Kant, s'il admet que nous puissions agir délibérément contre la loi morale, se refuse à considérer que nous puissions faire de l'autorité de la loi morale un motif négatif d'action. Dans ses analyses sur ce qu'il appelle le « mal radical », Kant envisage deux options, c'est-à-dire deux propositions qui pourraient accréditer l'idée d'un mal radical (d'un mal qui serait à la racine de l'être humain et dont nous ne pourrions pas nous défaire). La première consiste à affirmer que l'homme est mauvais par nature, c'est-à-dire par instinct ou par sensibilité originelle. Kant réfute cette première proposition en affirmant que l'inclination à faire le mal n'a pas de rapport direct avec le mal (on ne reproche pas, par exemple, à un lion de tuer ses proies, ni au chat de jouer avec la souris qu'il s'apprête à dévorer). Nous ne pouvons pas être tenus responsables de nos inclinations innées au mal (elles sont en nous, nous n'y pouvons rien), nous pouvons seulement répondre de notre penchant au mal, c'est-à-dire de notre propension à faire le mal librement, en reconnaissant par ailleurs l'autorité de la loi morale (ou l'autorité de nos principes éthiques). Ce penchant au mal est la manifestation, affirme, Kant de notre caractère faillible (en d'autres termes, dès lors que nous avons la capacité d'agir *en connaissance de causes*, nous commettons le mal par faiblesse et non par une aptitude radicale au mal[171]). La seconde option, écrit Kant, consiste à considérer la proposition selon laquelle le mal radical n'est pas lié à notre sensibilité ou à une mauvaise nature, mais à une « *dépravation* de la raison législatrice morale ». D'après cette proposition, l'agent moral reconnaîtrait l'autorité de la loi morale, mais nierait les obligations qui en dérivent. Pour Kant, ce cas est impossible puisqu'il signifierait que l'opposition à la loi serait élevée au rang de motif, et, affirme Kant, « le sujet deviendrait ainsi un être *diabolique*[172] ».

Dans le cas où l'homme reconnaît la loi morale comme valide universellement et pour lui-même et qu'il décide d'agir contre la loi morale *en connaissance de cause*, c'est que (i) des motifs sensibles ou d'intérêts propres seront passés au-dessus de la loi morale (je passe au feu rouge, car je suis pressé), c'est ce que nous appelons « l'inconséquence » (ii) nous nous reconstruisons une morale circonstancielle pour justifier un acte avec lequel nous sommes en réalité en désaccord, nous ne nous reconnaissons pas dans cet acte (« je suis passé au feu rouge, car j'étais pressé et, de toute façon, il n'y avait personne au carrefour »), c'est-ce que nous appelons la « mauvaise foi », (iii) nous agissons contre la loi morale,

---

[171] L'argumentation de Kant suppose dans ce cas que nos représentations (représentation de la loi morale en l'occurrence) peuvent avoir un effet sur nos actions.
[172] Voir Emmanuel Kant, *La religion dans les limites de la simple raison*, I, 3, *L'homme est mauvais par nature*, p. 78, Librairie Philosophie J. Vrin,1994 – édition de poche.

car nous la reconnaissons comme telle et que nous voulons la détruire (« je suis passé au feu rouge parce qu'il était rouge, je jouis de cette transgression »), c'est ce que nous appelons « perversité » — que Kant qualifie de « diabolique ». A ces trois catégories, nous en ajoutons une quatrième, qui est un prolongement de la troisième : (iv) le sujet agit délibérément contre l'autorité de la loi morale avec la volonté de la détruire et superpose à cette action un discours d'auto-justification qui conserve les apparences de la loi morale (« je suis passé au feu rouge parce qu'il était rouge, je jouis de cette transgression, mais j'affirme que le feu était vert »), c'est ce que nous appelons le « cynisme pervers ». Dans ces deux derniers cas (la perversité et le cynisme pervers, que Kant refuse de considérer puisqu'il les considère comme contradictoires) la volonté est bien libre (elle agit de manière éclairée) mais elle est aussi *dépravée*, c'est-à-dire qu'elle jouit de la destruction des principes qu'elle reconnait comme légitimes.

Nous pouvons certes encore envisager le cas dans lequel le sujet n'aurait *aucune* morale (l'amoralité). Il nous semble cependant qu'un tel sujet, s'il se déclare ou se sent amoral, peut en réalité être classé dans une ou plusieurs des quatre catégories dont nous avons établi la liste ci-dessus (la plupart du temps, l'amoralisme est une figure simple de l'inconséquence). A l'image du sceptique qui devient rationaliste au moment de traverser la route, l'amoraliste peine à ne pas entrer en contradiction avec lui-même. L'amoralisme est, dans les faits, le plus souvent une variante du thème de l'inconséquence (« je fais ce que je veux ») plutôt que la reconnaissance d'un caractère authentiquement animal

(« je ne suis pas concerné par les problématiques éthiques je n'agis que par instinct »). Il nous semble que l'amoralisme tient plutôt de l'auto-illusion que d'une position authentiquement soutenable. Bien que ce ne soit pas réellement le sujet de ce livre, signalons au passage que Friedrich Nietzsche qui est le plus souvent cité en exemple de philosophe « amoraliste » est en réalité très éloigné des positions anti-éthiques qu'on lui prête[173]. La remise en cause — à notre avis salutaire — de la morale traditionnelle, n'entraîne pas nécessairement l'amoralisme. Chez Nietzsche, la destruction des valeurs de la morale traditionnelle se fait à travers un questionnement éthique radical (qui fera d'ailleurs dire à Gilles Deleuze qu'il était en réalité le plus exigeant des moralistes[174]).

Que la volonté se comprenne comme intrinsèquement bonne (dans la mesure où elle ferait sienne les principes éthiques ou les lois morales que la raison s'est librement donnée) ou comme dépravée (dans la mesure où elle agirait dans le but de détruire une morale qu'elle tient par ailleurs pour valide et légitime), la connaissance (la progression dans notre compréhension du monde) demeure bien le vecteur d'un accroissement de la liberté (le fait de savoir si le feu est vert ou rouge, indépendamment du comportement que j'adopterais compte tenu de cette information et de ce qu'elle signifie, éclaire toujours mon action). L'effort vers la connaissance est en cela un effort vers la liberté (agir *en connaissance de cause*, c'est agir plus librement). Dans l'*Ethique* (1677), Spinoza, tout en demeurant dans le

---

[173] Voir par exemple à ce sujet Geoffroy de Clisson, *Nietzsche ou la valeur morale de l'instant*
[174] Voir Gilles Deleuze, *Nietzsche et la philosophie*, 1962

cadre du déterminisme, établit une relation de même nature entre connaissance et liberté, en affirmant que la véritable liberté émerge d'une compréhension rationnelle du monde et de soi-même. Pour Spinoza, la liberté ne se définit pas simplement par l'absence de contraintes externes, mais plutôt par notre capacité à agir selon notre propre nature[175], capacité qui est elle-même déterminée par la connaissance. La liberté véritable réside ainsi dans la capacité d'un individu à comprendre les causes de ses actions et de ses affects. Spinoza établit à ce sujet une distinction entre les actions (les actes que nous accomplissons lorsque nous en sommes la cause adéquate, c'est-à-dire que nous comprenons ce qui nous incite à agir) et les passions (les états dans lesquels nous sommes dominés par des forces externes et nous subissons des émotions, sans en comprendre les causes : nous sommes alors passifs, non libres.). Cette distinction action-passion que nous

---

[175] Nature qui est intrinsèquement liée à ce que Spinoza appelle le *conatus,* qui signifie littéralement « effort » ou « tendance ». Dans la philosophie spinoziste, le *conatus* désigne l'effort par lequel « chaque chose, autant qu'il est en elle, s'efforce de persévérer dans son être. » (*Éthique*, Partie III, Proposition 6). Pour Spinoza, tout être, qu'il soit humain, animal, ou plante, est animé par ce principe fondamental de persévérance. Le *conatus* n'est pas simplement un instinct de survie. Il est l'expression de l'essence de chaque être qui veut continuer à exister de la manière la plus adéquate et la plus puissante possible. Chez l'homme, le *conatus* prend une forme particulière, car il est lié à la conscience de soi et au désir (le désir étant une manifestation du *conatus* chez les êtres conscients). Pour Spinoza, l'un des désirs fondamentaux de l'homme est le désir de connaître, car la connaissance nous aide à mieux persévérer dans notre être. La compréhension des causes naturelles, des émotions, et des lois qui régissent l'univers nous permet d'agir de manière plus adéquate avec notre être, d'échapper à la soumission des forces extérieures.

retrouvons déjà chez Descartes (notamment dans *Les Passions de l'âme*, 1649) est fondamentale pour comprendre comment la connaissance s'articule avec notre volonté et comment nos représentations (qui sont liées à notre volonté dont les conditions sont elles-mêmes déterminées par la connaissance) peuvent nous servir à influencer nos actions (en conformité avec notre volonté).

Le mouvement par lequel nous nous interrogeons sur les causes et les conséquences de nos actions, mouvement qui est avant tout une projection vers l'altérité (vers ce qui n'est pas moi) est ce que nous appelons « mouvement éthique » ou « questionnement éthique ». La question de la prise en compte de l'autre – en tant qu'« autre que moi » et simultanément comme un « autre *moi* », c'est-à-dire comme un être égal à moi-même – ne prend sens que dans la mesure où elle est susceptible d'influer sur mes comportements et mes actions. La pertinence de cette question repose donc sur une problématique plus fondamentale : celle de la liberté, entendue comme notre capacité à nous adapter à autrui. Or, cette adaptation suppose la reconnaissance de la dimension signifiante de l'autre, c'est-à-dire de sa dignité. Nous avons vu qu'une définition de la liberté qui prétendrait s'affranchir de l'idée de déterminisme se perdait dans des contradictions (qui sont aussi celles des théories du libre-arbitre dans lesquels l'homme apparaît comme une sorte de demi-dieu, capable d'échapper au cours des choses et aux déterminismes matériels). Nous avons établi au contraire que la liberté ne pouvait se penser et se concevoir que dans un monde déterministe (voir livre I, § 18 – *Comment penser l'articulation entre l'émergence de la conscience, l'apparition des structures du langage et le déterminisme des phénomènes naturels : qu'est-ce que la liberté ?*). Notre liberté consiste en réalité à comprendre ces déterminismes, c'est-à-dire à être capables de formaliser les mécanismes légaux et contraignants qui sont à l'origine des choses. C'est par la compréhension de ces mécanismes que nous devenons plus libres (que l'étendue de nos possibilités augmente). C'est aussi par une meilleure compréhension des mécanismes des choses que nous nous modifions « matériellement » (le cerveau comme boucle itérative avec le réel, la raison légiférée et légiférante). La connaissance nous modifie, nous change au sens figuré comme au sens purement matériel. Ce processus de modification, fait d'itérations entre le matériel et le formel, entre le réactif et le signifiant, est précisément ce qui nous rend libres : la liberté est connaissance et la connaissance est liberté[176].

---

[176] Il s'agit là d'une formule, la liberté dépasse bien sûr la connaissance (nous anticipons les procès en tautologie !).

## LA MORALE OU LA SEPARATION INTERNE DE LA CONSCIENCE. LA DUALITE DE L'HOMME

## 7.

BILATERALITE DE L'ETHIQUE : LA PROMESSE — Nous ne revenons pas, dans ce chapitre sur l'idée de morale comme motif d'action à la fois autonome (non lié aux déterminations sensibles immédiates) et contraignant (dans le sens où il exerce une influence sur l'action, même si cette influence n'est pas nécessairement décisive, voir notamment ce que nous venons d'évoquer sur les motifs de détermination de la volonté). Ces aspects ont notamment été développés dans les paragraphes 20 à 22 du livre I, intitulés *L'idée comme non-matière agissante sur la matière* (§ 20), *L'idée agissante : la morale comme possibilité* (§ 21) et *L'idée de l'homme comme fondement de la morale* (§ 22), auxquels nous renvoyons le lecteur. Nous ne revenons pas non plus sur la dimension performative du langage, voir à ce sujet livre I, § 65, *Le langage opérant*. Nous notons tout de même la relation entre ces deux problématiques du point de vue de notre problématique éthique : (i) la capacité de l'homme à comprendre la cohérence de principes éthiques qu'il peut reconnaître comme « justes » ou « vrais » de manière autonome, c'est-à-dire indépendamment des notions d'intérêt immédiat ou même d'intérêt différé que mettent en avant les matérialistes et les néo-darwinistes (ii) la capacité de l'homme à s'engager sur ces principes à travers un langage signifiant — ce que le philosophe John Austin appelle le langage *performatif*, l'exemple le plus connu étant le mariage, il « suffit », selon Austin, que les mariés échangent publiquement leurs consentements pour être mariés aux yeux de la société, dans ce cas le langage a une conséquence directe : l'acte de langage de consentement est en même temps une action performative de consentement. La dimension performative du langage ne s'arrête pourtant pas à la dimension institutionnelle (ou sacrée) de certains actes spécifiques de langage (nous pensons encore au baptême ou aux conversions religieuses). Elle concerne plus généralement tout acte engageant. Les excuses font partie de cette catégorie : dire « je m'excuse » ou « je suis désolé » constitue un acte performatif par lequel le locuteur accomplit l'action de demander pardon simplement en prononçant la phrase. La faculté de promettre, par le langage est, ce qui dans le cadre de nos réflexions éthiques, nous concerne et nous intéresse le plus. Pour Austin, lorsque quelqu'un dit « je promets de venir demain », sa phrase ne décrit pas un fait ou un état du monde ; elle n'est ni vraie ni fausse en tant que telle. Elle a pour objectif de réaliser une action par le simple fait d'être énoncée : elle traduit un engagement du locuteur à effectuer une action ou à adopter un comportement dans le futur. En prononçant la promesse, le locuteur crée une obligation morale ou sociale pour lui-même. Il s'engage à accomplir l'action promise, modifiant ainsi la situation entre lui et son interlocuteur. L'acte de langage n'est donc pas une simple description du monde, mais un acte d'engagement. Le langage devient ici un moyen d'agir sur les relations humaines. Pour que cet acte performatif fonctionne, certaines conditions doivent être réunies : (i) le locuteur doit être sincère, c'est-à-dire qu'il doit réellement avoir *l'intention* de tenir sa promesse (voyons comment, avec cette notion d'intention, nous rebasculons déjà dans le problème du dualisme). Si le locuteur ment ou n'a pas l'intention de respecter sa promesse, l'acte performatif échoue ; (ii) le contexte doit être approprié, c'est-à-dire que la situation doit permettre que cette promesse soit recevable. Si le sujet qui s'engage promet une chose impossible ou au-delà de son contrôle, l'acte de promesse peut être invalide (problème de la cohérence et de la vraisemblance) ; (iii) l'interlocuteur doit accepter l'engagement du locuteur : si celui à qui la promesse est faite rejette cette promesse, elle perd sa validité.

Avec la promesse, le locuteur modifie la réalité des relations ou des engagements sociaux par le simple fait de prononcer des mots signifiants. John Austin insiste cependant, dans sa description des conditions de validité de la promesse, sur la nécessité pour le locuteur d'être sincère. En somme, l'idée même de promesse suppose le dualisme. Pour définir le concept de sincérité dans la promesse il nous faut (i) reconnaître que le locuteur comprend ce qu'il dit, c'est-à-dire admettre qu'il fait partie du « monde des significations », (ii) reconnaître que l'homme se comprend lui-même comme être séparé — que vaudrait, par exemple, la promesse d'une intelligence « artificielle » purement formelle qui ne s'identifierait pas elle-même comme être autonome et ne se sentirait pas « engagée » par son énoncé ? (iii) reconnaître qu'il a la capacité d'agir, en tant qu'être séparé, dans et sur le monde. Cette notion d'engagement signifiant dans un énoncé est pour nous capital. Rappelons à ce sujet que nous avons utilisé nous-même une notion du même type pour proposer une nouvelle solution au paradoxe du menteur (voir livre I., § 40 — *Que signifie penser ?*).

Dans *Quand dire c'est faire* (1962), John Austin envisage bien les cas où la promesse peut échouer. C'est ce qu'il appelle un « échec de performativité ». Pour Austin, une promesse faite sans intention de la tenir ou dans un contexte inapproprié constitue un acte de langage « infélicite ». Que faire cependant des promesses que l'on se fait à soi-même ? Contrairement aux promesses que l'on fait à autrui, les promesses que l'on fait à soi-même ne sont pas directement concernées par le problème de la sincérité (on peut toujours se faire une promesse en étant insincère, bien que cela ne présente pas pour nous le moindre intérêt). L'on suppose de même que l'interlocuteur (nous) accepte la promesse qui lui est faite. En revanche, la promesse est toujours sujette à un formalisme approprié et à un contexte cohérent. Elle peut bien sûr toujours réussir ou échouer. Le locuteur peut ainsi avoir conscience, au moment où il se fait la promesse de la difficulté qu'il aura à la tenir et à être régulièrement confronté à l'échec de ses volitions (« *I cheated myself, like I knew I would*[177] »), cela ne signifie pas pour autant qu'il fasse preuve d'insincérité au moment où il fait la promesse. Contrairement à ce que prétend l'adage, les promesses n'engagent pas seulement « ceux qui les écoutent ». Dans l'acte authentique de promettre, il y a toujours une bilatéralité (entre le locuteur et le destinataire de la promesse), bilatéralité que nous retrouvons même dans les promesses que nous nous faisons à nous-mêmes. La validité de la promesse tient bien de notre engagement sincère dans l'énoncé de la promesse (dans la volonté de la tenir). Nous ne pouvons pas ainsi sérieusement

---

[177] Ce sont les paroles de la chanson d'Amy Winehouse intitulée : *You know I'm No Good*, Album *Back to Black* (2006).

réduire la promesse à un acte langagier sans conséquences pour le locuteur (ne serait-ce que parce que, dans bien des cas, le locuteur s'expose aux conséquences éventuelles liées au fait, par exemple, de ne pas tenir sa promesse, tout acte de langage signifiant est, en effet, susceptible de conséquences, il *agit* sur les choses).

Certes, la promesse (notamment la promesse que l'on se fait à soi-même), ne doit pas nécessairement se comprendre comme un acte de soumission à un impératif absolu (ou catégorique). Nietzsche a ainsi probablement raison de critiquer le formalisme kantien eu égard à la question de la morale — formalisme que nous défendons d'un côté puisque la morale doit, pour être effective, respecter des critères de cohérence et de possibilité, ce qu'Austin souligne dans son analyse, mais que nous critiquons aussi de l'autre lorsque le formalisme se substitue au contenu même de la morale et au dynamisme du questionnement éthique (quand le principe général devient loi morale particulière, comme c'est le cas, à notre avis dans l'opuscule de Kant intitulé *D'un prétendu droit de mentir par humanité*). Dans le cadre du questionnement éthique, la promesse est pour nous un acte dynamique d'engagement de l'être envers soi-même ou envers l'autre. La promesse peut ainsi constituer un acte authentique de la volonté libre (et non une forme de « domestication de l'homme » comme le soutient Nietzsche). Si Nietzsche n'aborde, à notre connaissance, jamais directement le thème de la promesse dans sa problématique du dépassement des valeurs traditionnelles et dans sa vision de ce qu'il appelle le « Surhomme » (*Übermensch*), l'œuvre de

Nietzsche est traversée par de telles réflexions[178]. Dans un aphorisme d'*Aurore*, par exemple, intitulé *En quelle mesure le penseur aime son ennemi*, nous trouvons le passage suivant : « Ne jamais réprimer ni te taire à toi-même une objection que l'on peut faire à ta pensée ! Fais-en le vœu ! Cela fait partie de la probité première de la pensée. Tu dois chaque jour mener aussi campagne contre toi-même[179]. » Ici la dualité du principe éthique apparait de manière très explicite, d'abord dans le titre de l'aphorisme (le penseur qui « aime » son ennemi interne, celui qui lui fait des objections) et dans le contenu de l'aphorisme : il y a celui qui formule des principes et celui qui objecte, il s'agit bien de diviser le *moi* en deux pour « mener campagne contre soi-même ». Enfin, Nietzsche présente bien son aphorisme comme un principe éthique. Il s'agit d'une part de respecter la probité de la pensée (thème récurrent chez Nietzsche, pensons au fameux passage du *Gai savoir* : « vive la physique ! Et vive davantage encore ce qui nous y contraint — notre probité[180] ! ») et d'autre part de faire une promesse envers soi-même (« Fais-en le vœu ! »). La formulation d'une telle recommandation a donc tout, selon nous, d'un principe éthique (sincérité, engagement envers soi-même ou envers un autre, séparation interne du *moi*). Nous retrouvons de même de nombreux principes éthiques dans *Ainsi parlait Zarathoustra* (1883-1885) ainsi que dans certaines formulations de l'éternel retour, notamment dans *le Gai savoir*, au paragraphe 341 intitulé *Le poids le plus lourd*, qui

---

[178] Nous renvoyons à nouveau à Geoffroy de Clisson, *Nietzsche ou la valeur morale de l'instant*
[179] Friedrich Nietzsche, *Aurore* (1881), § 370
[180] Friedrich Nietzsche, *Le Gai savoir* (1882), IV, § 335

décrit une expérience de pensée dans laquelle Nietzsche imagine un monde dans lequel nous serions forcés de revivre une infinité de fois ce que nous avons déjà vécu, paragraphe que Nietzsche conclut par ces phrases : « Si cette pensée prenait pouvoir sur toi, elle te métamorphoserait, peut-être, mais elle t'écraserait aussi ; la question à chaque chose "Veux-tu ceci encore une fois et d'innombrables fois ?" pèserait sur tes actions comme le plus lourd des poids ! Ou combien te faudrait-il aimer toi-même et la vie pour ne plus rien souhaiter d'autre que cette ultime confirmation, ce sceau ? ». Là encore, la pensée de l'éternel retour agit comme un filtre, un principe d'action (que se passerait-il si je devais poser les mêmes actes une infinité de fois ? Suis-je suffisamment en *accord* avec moi-même pour supporter cette pensée ou même la souhaiter ?). Dans ce passage du *Gai savoir*, comme dans l'aphorisme d'*Aurore* que nous citions plus tôt, nous voyons que Nietzsche fait de l'éthique (de la probité, *Redlichkeit* qui peut aussi être traduit par loyauté, honnêteté, rectitude et qui induit la notion d'engagement signifiant) un principe dynamique, un questionnement perpétuel et incessant qui aiguille la pensée sans pour autant lui donner nécessairement un contenu.

L'éthique, contrairement à la morale, se définit avant tout comme un effort, une tension vers la promesse que nous nous sommes fait ou que nous avons faite à l'autre, et non comme un ensemble de règles préétablies ou transcendantes qu'il s'agirait de respecter à la lettre, en mettant de côté, une fois validé le principe fondamental, tout jugement critique. Dans le questionnement éthique, cependant, demeure cette mise sous tension du sujet promettant, mise sous tension qui est un effort que le sujet s'impose à lui-même d'après les principes cohérents qu'il a identifiés en lui. L'éthique est en quelque sorte la réintégration du dualisme au sein du sujet agissant : le dualisme n'est pas uniquement résolu une fois pour toutes dans la loi morale, il est le moteur permanent de l'action.

8.

UNE MORALE DE L'ACTION — La question de la morale ne doit pas seulement nous être posée dans les termes rationnels de la conformité à une légalité transcendante. Cela ne signifie pas, pour autant, qu'il n'existe pas de grands principes moraux indépassables et imprescriptibles (l'interdiction absolue du meurtre, du viol…) qui nous seraient dictés à la fois par notre sensibilité, notre inclination à l'autre, et par une certaine exigence logique et formelle (principe que nous retrouvons, par exemple, dans la formule : « Ne fais pas à autrui ce que tu ne voudrais pas qu'on te fasse »). A la racine, en effet, de tout questionnement éthique se trouve une exigence de cohérence formelle. Cette exigence de cohérence, qui implique la sincérité du raisonnement éthique (*Redlichkeit*), est au fondement des questions morales. Elle fournit le cadre de ce que nous avons appelé la « bonne volonté » en imposant au sujet moral de reconnaître un certain nombre de principes formels structurants (comme les règles de l'harmonie sont structurantes pour une mélodie, y compris dans le cas où une œuvre mélodique se veut « déstructurée »). Cependant, si la forme (légale) de la loi morale structure les principes éthiques d'action, elle n'en donne pas directement le contenu. C'est toujours le sujet moral qui détermine lui-même, « en son âme et conscience » selon la formulation juridique, l'action qui convient en fonction des circonstances qui la commandent : la substitution du principe légaliste à la faculté du jugement de l'agent moral ne rend pas tout à fait justice à la substance et à la réalité de l'homme. En effet, nous ne pouvons pas, à notre sens, strictement concevoir l'action dite « morale » en termes de conformité à une loi. En raison de la structure duale du monde, le sujet moral ne se trouve jamais face à une réalité strictement identique, pas plus qu'il ne demeure absolument le même lorsqu'il est confronté à une situation analogue. Penser que l'on peut appliquer les mêmes règles morales à des situations hétérogènes, c'est se condamner à faire de la casuistique avec les Jésuites. Le questionnement éthique est, nous l'avons suggéré dans le paragraphe précédent, un questionnement dynamique. Ce dynamisme n'est ni décrété ni transcendant, il est la manifestation même de la situation de déséquilibre du sujet, toujours poussé, presque malgré lui, dans un monde qui ne l'attend pas et qui lui propose à chaque instant une réalité différente. L'éthique est ainsi un renouvellement permanent du questionnement du sujet sur sa manière d'agir dans le monde (« vivre une vie bonne, avec et pour autrui, dans des institutions justes[181] », dit Paul Ricœur, ce qu'il présente lui-même comme sa « petite éthique »). Si le questionnement éthique se trouve figé dans un ensemble fini de formules ou de principes absolus, alors l'agent moral, se trouvant comme infantilisé et déresponsabilisé par ses propres maximes, se prive de l'exercice réflexif requis par sa condition. Il

---

[181] Voir par exemple Paul Ricœur, *Soi-même comme un autre* (1990)

devient alors son propre épouvantail, fanatique et fétichiste d'une morale qui lui est devenue extérieure (hétéronome).

A Nietzsche revient sans doute le mérite d'avoir replacé le questionnement éthique au centre de la problématique de l'homme, de son engagement dans le monde. Chez Nietzsche, le questionnement éthique n'est jamais considéré comme réglé une fois pour toutes. Il demeure dynamique et vivant dans chacune de nos actions et dans chacune de nos pensées. Ainsi écrit-il par exemple dans *L'Antéchrist* (1888) : « Avec quelque tolérance dans l'expression, on pourrait appeler Jésus un "libre esprit", — il ne se soucie point de tout ce qui est fixe : le verbe tue, tout ce qui est fixe tue. L'idée, l'expérience de « vie », comme seul il les connaît, répugnent chez lui à toute espèce de parole, de formule, de loi, de foi, de dogme. Il ne parle que de ce qu'il y a de plus intérieur : « vie », ou « vérité », ou bien « lumière » sont ses mots pour cette chose intérieure, — tout le reste, toute la réalité, toute la nature, la langue même, n'ont pour lui que la valeur d'un signe, d'un symbole[182]. » Nietzsche ajoute un peu plus loin : « Si je comprends quelque chose chez ce grand symboliste, c'est bien le fait de ne prendre pour des réalités, pour des vérités, que les réalités intérieures — que le reste, tout ce qui est naturel, tout ce qui a rapport au temps et à l'espace, tout ce qui est historique ne lui apparaissait que comme des signes, des occasions de paraboles[183]. » Pour Nietzsche, l'interprétation des textes des évangiles dans le sens de saint Paul, c'est-à-dire (dans l'esprit de

---

[182] Op. cit., § 32
[183] Op. cit., § 34

Nietzsche) comme un ensemble de préceptes ou de lois à respecter, est plus que fautive : elle est un dévoiement radical et total du texte des évangiles. Les notions de péché et de châtiments sont, affirme Nietzsche, étrangères à la personnalité du Christ. Cette exigence éthique comprise comme un devoir envers soi sans cesse renouvelé éloigne Nietzsche des positions kantiennes. Il reproche d'ailleurs à Kant, dans des termes très clairs (et assez virulents) d'avoir formulé une morale de l'affaiblissement, de l'infantilisation : « le succès de Kant, écrit-il, toujours dans *L'Antéchrist*, n'est qu'un succès de théologien ; Kant n'était, comme Luther, comme Leibniz, qu'un frein de plus à l'intégrité allemande déjà si peu solide. […] Un mot encore contre Kant en tant que moraliste. Une vertu doit être notre invention, notre défense et notre nécessité personnelles : prise dans tout autre sens, elle n'est qu'un danger. Ce qui n'est pas une condition vitale, est nuisible à la vie : une vertu qui n'existe qu'à cause d'un sentiment de respect pour l'idée de « vertu », comme Kant la voulait, est dangereuse. La « vertu », le « devoir », le « bien en soi », le bien avec le caractère de l'impersonnalité, de la valeur générale — des chimères où s'exprime la dégénérescence, le dernier affaiblissement de la vie, la chinoiserie de Königsberg[184] ». Si Nietzsche ne rend pas tout à fait justice à Kant et fait même preuve, il faut bien le dire, d'une certaine cruauté envers lui, il souligne tout de même ce qui pour nous est problématique dans la pensée de Kant, c'est-à-dire le glissement entre le légalisme formel sans contenu et la maxime d'action universellement valable à contenu déterminé (l'éthique devient un appendice pratique de conformité à la loi

---

[184] Op. cit., § 10 et § 11

morale dictée par la raison autonome). Si ce glissement est déjà contenu en germes dans le *Fondement de la métaphysique des mœurs* (1785) et dans la *Critique de la raison pratique* (1788), il est encore davantage perceptible dans l'œuvre plus tardive de Kant, notamment dans *Métaphysique des mœurs*[185] (1797) et *D'un prétendu droit de mentir par humanité* (1797) que nous citions plus tôt, ouvrages dans lesquels Kant dérive directement les principes d'action morale des formulations légalistes présentes dans son œuvre critique.

### 9.

LA QUESTION DU CONTENU DE LA MORALE — Si Nietzsche s'est opposé de manière récurrente dans son œuvre à la morale de Kant, il n'est pas pour autant demeuré « amoraliste ». Nietzsche, en effet, n'attaquait pas l'édifice de la morale traditionnelle avec pour ambition de détruire toute morale. Il ne faut pas réduire Nietzsche, comme cela est trop souvent le cas, à l'image du « philosophe au marteau ». En réalité, Nietzsche critiquait presque toujours la « morale » au nom de la morale. La question éthique, nous l'avons dit, traverse l'œuvre de Nietzsche, de ces premiers écrits à ces écrits les plus tardifs. Avec la « disparition du ciel métaphysique », selon l'expression de Nietzsche, c'est la

---

[185] Dans cet ouvrage, Kant développe davantage ses idées sur l'éthique et la moralité, en expliquant comment les impératifs catégoriques se traduisent dans des règles pratiques et des devoirs spécifiques. Kant se livre parfois, dans ces œuvres, à des interprétations rigides des impératifs sans forcément, à notre avis, que ces interprétations soient aussi fermement établies que dans la partie critique de son œuvre (*Critique de la raison pure, Critique de la raison pratique, Critique de la faculté de juger*).

question éthique dans son ensemble qui est retombée sur les épaules de l'homme. C'est l'une des conséquences de la « mort de Dieu » que Nietzsche prophétisait dans le *Gai savoir* (1882) et que nous citons ici *in extenso* : « Dieu est mort ! Dieu reste mort ! Et c'est nous qui l'avons tué ! Comment nous consolerons-nous, nous, les meurtriers des meurtriers ? Ce que le monde a possédé jusqu'à présent de plus sacré et de plus puissant a perdu son sang sous notre couteau — qui effacera de nous ce sang ? Avec quelle eau pourrons-nous nous purifier ? Quelles expiations, quels jeux sacrés serons-nous forcés d'inventer ? La grandeur de cet acte n'est-elle pas trop grande pour nous ? Ne sommes-nous pas forcés de devenir nous-mêmes des dieux pour du moins paraître dignes des dieux ? Il n'y eut jamais action plus grandiose, et ceux qui pourront naître après nous appartiendront, à cause de cette action, à une histoire plus haute que ne fut jamais toute histoire[186]. » La destruction de la morale traditionnelle chez Nietzsche impliquait l'émergence d'une responsabilité inédite et écrasante (*« La grandeur de cet acte n'est-elle pas trop grande pour nous ? »*). Cette responsabilité découlait d'un geste radical de rupture et de libération, formulé dans l'annonce tragique et triomphante : *« Dieu est mort ! [...] Et c'est nous qui l'avons tué ! »*. Toutefois, cette émancipation n'était pas sans conséquence : en abolissant Dieu, l'homme héritait du problème de Dieu. La mort de Dieu ne signifiait pas seulement la dissolution des valeurs transcendantes, mais le renversement de la charge ontologique sur l'homme lui-même, désormais sommé d'assumer une position divine (*« Ne sommes-nous pas forcés de devenir nous-*

---

[186] Op. cit., § 125

*mêmes des dieux ?* »). Ce poids nouveau révélait un péril majeur aux yeux de Nietzsche : le nihilisme des valeurs, c'est-à-dire le risque d'un effondrement du sens, d'une dissolution totale des repères axiologiques. C'est sans doute en un sens pour conjurer ce danger que Nietzsche introduisit la notion de transvaluation (*Umwertung aller Werte*), processus par lequel le Surhomme se faisait créateur de nouvelles valeurs, affranchies d'un carcan moral hérité du passé. Cette transvaluation reposait sur un renversement des valeurs traditionnelles – que Nietzsche percevait comme aliénantes et avilissantes – au profit de valeurs nouvelles, affirmatives, fondées sur une exaltation de la vie (en accord avec ce que Nietzsche appelait la volonté de puissance, principe fondamental de l'existence, qui conduit tout être à s'affirmer, à croître, à dominer et à se dominer). Ainsi, loin de se réduire à une simple négation des anciennes valeurs, la pensée nietzschéenne cherchait à dépasser le nihilisme en instaurant une éthique de la puissance créatrice, où l'homme, affranchi de la morale héritée, devenait le démiurge de son propre sens.

Il y a pourtant chez Nietzsche une résolution de la question éthique qui nous semble comporter quelques contradictions. D'un côté, en effet, Nietzsche affirme l'existence d'une préoccupation éthique fondamentale, un questionnement de chaque instant (« *Tu dois chaque jour mener aussi campagne contre toi-même* »), et de l'autre, il s'empresse — un peu à l'image de Kant — de donner au cadre formel de sa préoccupation éthique un contenu concret : c'est la transvaluation, l'affirmation des valeurs de la vie, censées être les valeurs supérieures du Surhomme. Ce contenu concret, est, à notre sens problématique dans la mesure où il constitue un point de torsion avec le principe éthique général. Si nous mettons en parallèle le Nietzsche de la *Redlichkeit* – celui qui interroge le cadre général de l'éthique dans une démarche qui, en un sens, s'apparente déjà à une exigence de cohérence formelle (puisque les notions de rectitude, de sincérité et de loyauté impliquent une certaine con-formité) – et le Nietzsche du *Übermensch*, qui exalte les valeurs de la vie, de la préservation et de l'accroissement de l'être, de l'affirmation de soi et de la volonté de puissance, nous nous trouvons face à une tension apparente, voire un *hiatus* conceptuel. En effet, tandis que le Nietzsche de la *Redlichkeit* ne conférait pas de détermination substantielle à son principe éthique – la probité étant pour lui une exigence formelle par laquelle le sujet précédait ses actes, les assumait et en rendait compte avec exactitude –, le Nietzsche du *Übermensch*, au contraire, assignait à son éthique un contenu nettement plus précis. Alors que le principe de probité de Nietzsche était radicalement anti-sensible (presque kantien, en un sens) sa morale de l'affirmation vitale se traduisait concrètement par une inflation progressive de l'*ego*. Ainsi l'*ego* contrarié du Nietzsche d'*Aurore* (l'*ego* dual, c'est-à-dire moral) se transformait-il progressivement en un *ego* revendiquant son pouvoir et sa puissance : le dualisme éthique se transmuait en une affirmation égotique, monolithique et sans nuances. Dans *Ecce homo* (1888), œuvre tardive de Nietzsche, cette affirmation devenait presque mégalomaniaque. Nietzsche y faisait des déclarations grandioses, s'identifiant à des figures historiques comme Dionysos ou Jésus et assurant que ses œuvres représentaient une révolution dans l'histoire de la pensée humaine (les titres des quatre parties d'*Ecce homo* sont, à cet égard, assez éloquents : *Pourquoi je suis si sage ? Pourquoi je suis si intelligent ? Pourquoi j'écris de si bons livres ? Pourquoi je suis un destin ?*). Cette emphase de Nietzsche et cette tonalité prophétique peuvent certes être interprétées comme des signes de son état mental fragile : nous savons que peu de temps après avoir terminé *Ecce homo*, Nietzsche s'effondra mentalement à Turin, probablement à la suite d'une crise de syphilis tertiaire non traitée (bien que certains chercheurs débattent de cette hypothèse). Après janvier 1889, il ne retrouvera d'ailleurs jamais sa lucidité et passera le reste de sa vie dans un état de démence, pris en charge par sa mère puis par sa sœur jusqu'à sa mort en 1900. Nous n'en constatons pas moins que dans son œuvre, la problématique de la *Redlichkeit*, cette honnêteté cruelle envers soi-même se transforme progressivement en une exhibition forcenée du *moi* : *ecce homo !* Voici l'homme ! finit par affirmer Nietzsche à la toute fin de son œuvre. Si Nietzsche désignait avec ironie la morale kantienne comme une simple « morale de monsieur Kant », nous aurions beau jeu de relever en retour, que son propre projet éthique semble aboutir à une « morale de monsieur Nietzsche » – c'est-à-dire une perspective dans laquelle l'affirmation des valeurs reste intimement liée à la subjectivité et au positionnement singulier du penseur lui-même. Cette évolution vers une affirmation hégémonique de l'*ego* était-elle inscrite dans la logique interne de la pensée nietzschéenne, au point d'être prévisible et inéluctable ? Un Nietzsche pleinement lucide aurait-il délibérément orienté son raisonnement éthique dans cette direction ? A cette question, il nous semble qu'il faille répondre par l'affirmative (au risque de faire de la « philosophie fiction »). En effet, même si Nietzsche ne théorise pas immédiatement la volonté de puissance, les considérations générales sur le dépassement des valeurs traditionnelles contiennent, dès ses premiers écrits, les problématiques qui deviendront celles de la volonté de puissance. Avec le concept de vie, d'affirmation de la vie, Nietzsche pense très tôt pouvoir se défaire du dualisme, de l'idéalisme transcendantal et des influences hégéliennes de ses premiers écrits (influences particulièrement présentes dans *La naissance de la tragédie* publié en 1872, avec lesquelles il rompt dès l'année suivante avec *Vérité et mensonge au sens extra-moral*). Pour Nietzsche, une philosophie de l'affirmation n'avait pas besoin de traverser la négativité, tout comme une pensée de l'action pouvait se dispenser d'une réflexion sur ses déterminants. Plutôt que d'analyser les motifs, Nietzsche privilégiait l'exploration des instincts, considérant que la force vitale l'emportait sur toute tentative de justification rationnelle. Son œuvre apparaît ainsi comme une entreprise périlleuse, visant à faire tenir la philosophie sur un seul pied, après avoir brisé l'autre à coups de marteau. Il ne s'agissait plus de penser le monde à travers des oppositions abstraites, mais d'assumer pleinement la dynamique de la vie, affranchie des contraintes métaphysiques héritées du passé.

Pouvait-on seulement briser l'idée de dualisme en conservant la question de la morale ? C'est ce que Nietzsche s'est efforcé de faire en essayant de transformer l'ancienne morale des valeurs traditionnelles (la morale hétérogène, imposée) en morale de l'action, qui devait se définir dans l'instant (et dans une forme de spontanéité). Toutefois, cette tentative de réinscrire l'interrogation éthique dans l'instant aboutissait chez lui à une réapparition insidieuse du dualisme, que Nietzsche, en raison de ses propres présupposés, ne voulut apercevoir. Dans *L'Antéchrist*, par exemple, lorsque Nietzsche qualifiait Jésus de « grand symboliste », il s'inscrivait de manière manifeste dans une problématique dualiste, le symbole impliquant nécessairement une relation de signifiance qui présupposait une distinction ontologique entre des réalités hétérogènes. Plus généralement, les réflexions éthiques dont Nietzsche parsemait ses écrits (plus particulièrement dans la période d'*Aurore* et du *Gai savoir*) révélaient cette structure binaire sous-jacente, dont nous ne reprenons pas ici l'examen. Cependant, Nietzsche, emporté par la dynamique de sa critique radicale de la morale traditionnelle, semblait en être à la fois le déconstructeur et le captif. Son entreprise généalogique, l'amenait tantôt à chercher des réconciliations paradoxales entre les contraires, tantôt à dépasser, voire à occulter, les tensions internes et les apories que son propre projet faisait émerger. L'anti-animalité des principes éthiques se transformait ainsi en un discours de la vitalité et d'une animalité spiritualisée (pensons par exemple aux figures du chameau, du lion ou de l'aigle et du serpent dans *Ainsi parlait Zarathoustra*), tandis que la dualité manifeste du principe éthique (non pensons au titre du paragraphe d'*Aurore* : « en quelle mesure le penseur aime son ennemi », qui évoquerait presque la notion de mentalité élargie que Kant expose dans la *Critique de la faculté de juger*) se transformait en une affirmation indifférenciée du *moi* (la volonté et la « volonté de puissance » sont une seule et même chose affirme Nietzsche, on ne peut vouloir que la vie). Le Nietzsche de la transvaluation ressemblait en cela au Kant de la *Métaphysique des mœurs* (1797), quoique de manière presque diamétralement opposée. Si l'*ego* de Kant s'effaçait derrière le principe légaliste (c'est la logique du désintérêt kantien), celui de Nietzsche s'affirmait dans une figure subjective de moralité immanente. C'est, dans les deux cas, l'articulation entre les principes généraux du questionnement éthique et les maximes concrètes de détermination de l'action qui suscitaient les problèmes et les contradictions que nous avons relevés.

Une fois que nous avons entrepris la critique des morales kantienne et nietzschéenne, pouvons-nous échapper, à notre tour, à la question de l'articulation entre le questionnement éthique et l'action morale ? L'éthique peut-elle se penser indépendamment d'un contenu moral déterminé, sans s'ancrer dans une doctrine, des principes ou des règles ? Comment concevoir des principes moraux qui soient à la fois personnels et universels ? Notre questionnement éthique a-t-il un fondement ? Peut-il s'enraciner dans autre chose que la subjectivité immédiate du sujet moral ? Si tel n'est pas le cas, comment s'extraire de cette subjectivité pour interroger la possibilité d'un tel fondement ? Nous avons déjà tenté de répondre à ces questions dans le cadre des problématiques de la philosophie de la connaissance, puis de la philosophie esthétique. Il nous faut maintenant examiner dans quelle mesure les réponses esquissées dans les deux premiers livres nous permettent de progresser dans notre réflexion éthique.

## UNE ESTHETIQUE DE LA MORALE ?

### 10.

L'OBJECTIVITE DE LA MORALE — Si nous refusons de donner à la morale un contenu défini, comment nous est-il possible d'envisager une quelconque objectivité de ses principes ? Dans sa forme, cette question est analogue à celles que nous nous sommes posées dans le livre I (« Quelles sont les conditions de la connaissance objective ? Comment passer de la subjectivité des sensations une forme supérieure d'objectivité qui serait celle de la science ? »), et dans le livre II (« Comment dépasser le point de vue strictement subjectif du point de vue de l'esthétique » ?). Dans le livre I, comme dans le livre II, le passage de la subjectivité à l'objectivité s'est effectué par un décentrement du sujet vis-à-vis de l'objet. Dans le livre I, nous avons appelé ce décentrement, avec Max Planck, la « désanthropomorphisation », tandis que dans le livre II, le décentrement du sujet a été qualifié de « tension vers l'autre », de projection vers l'extériorité. Dans les deux cas, le décentrement n'a pu s'opérer qu'à travers la prise en compte de la problématique de la signification, problématique qui nous a menée à la confirmation de la thèse du dualisme — dualisme qui nous avons identifié comme étant à la racine du questionnement éthique, la reconnaissance de l'altérité étant la forme morale du dualisme *radical*.

Pour poser la question de la morale, il faut d'abord se poser la question de l'autre, c'est-à-dire, dans un premier temps, admettre la possibilité de l'existence de l'autre comme une extériorité qui n'est pas uniquement menaçante (dans la mesure où elle serait susceptible de remettre en cause l'intégrité du *moi*, que je cherche à défendre, en tant que créature naturelle) mais qui m'est aussi *semblable*. La reconnaissance du principe de différenciation (le *moi* n'est pas tout et ne se dissout pas dans un narcissisme hégémonique et contradictoire) aussi bien que du principe de réciprocité (j'admets l'existence d'autres êtres que moi, doués comme moi de sensibilité, de raison et d'une capacité d'abstraction signifiante) me conduisent à la question éthique. Le *souci* de l'autre (de ce qu'il pense, de ce qu'il ressent, de ce qu'il est) est la manifestation concrète de la reconnaissance des principes de différenciation et de réciprocité. Il est ainsi élan vers l'extérieur (élan qui procède de l'identification d'une intériorité, c'est-à-dire d'une différenciation avec l'autre). Avec la question éthique, je suis comme projeté vers un être qui n'est pas moi, je m'*intéresse* à autre chose qu'à moi. Cet intérêt, n'est pas et ne peut pas être, à notre avis, purement projectif et affirmatif. Il n'est pas un simple « élan vital » vers l'autre (comme le serait par exemple l'élan vital de la reproduction : je m'intéresse à l'autre non pas en tant qu'autre, mais pour satisfaire mes propres désirs qui sont eux-mêmes liés à mon appartenance à l'espèce), ni même un élan vital spiritualisé (comme c'est le cas en un sens dans la philosophie de Nietzsche). S'il en était ainsi, la question éthique, en se ramenant *in fine* à celle d'un instinct ou de dispositions naturelles, se dissoudrait d'elle-même. L'intérêt que nous portons à l'autre, dans la mesure où il a atteint chez nous, êtres humains, ce que nous pouvons appeler le « stade de la signification » est, au contraire, nécessairement un intérêt à la fois projectif *et* rétrospectif. Dans la question éthique, je suis à la fois poussé vers l'autre (poussé à sortir de moi-même) et incité à m'interroger rétrospectivement sur moi-même, sur les conséquences de mes idées, de mes paroles ou de mes actions sur l'autre. La question éthique est donc ainsi profondément liée à la question de l'autre dans sa dimension signifiante (c'est la raison pour laquelle nous pensons d'abord l'éthique non pas en termes d'anti-nature, puisque le comportement éthique peut très bien devenir au contraire une « seconde nature », comme peut l'être le génie artistique lentement développé, par exemple, mais comme une question qui se pose à côté de celle de nos instincts, une question « surnaturelle » en somme, qui dépasse notre nature et nos inclinations premières). Cette projection signifiante vers l'autre est déjà, dans le questionnement éthique, un dépassement de l'« égotisme immédiat », un pas vers ce que nous appelons la subjectivité éthique. Se poser la question de l'autre en somme, c'est déjà tendre vers une forme d'objectivité (même si ici le terme d'objectivité est mal choisi, le terme de « désubjectivation » conviendrait sans doute mieux).

Dans le questionnement moral, comme dans la question de la connaissance, la subjectivité est la racine logique et ontologique de l'objectivité. Sans sensibilité, sans ouverture sur le monde (le fait d'être ouvert sur le monde impliquant aussi le fait de se laisser saisir par les choses, accepter une forme de porosité du *moi*), il ne peut y avoir de questionnement objectif. L'objectif implique, pour le dire prosaïquement, le passage par cet instrument de mesure qu'est notre corps. Cependant, les jugements de valeur (ou les jugements éthiques) se différencient des jugements factuels ou logiques qui sont au fondement de notre aptitude à progresser dans notre connaissance du monde. En effet, les jugements de valeur ne répondent pas aux catégories du « vrai » et du « faux ». Le jugement de valeur est par essence normatif. Ce n'est pas un jugement de conformité dans le sens où il se rapporterait à un résultat attendu (comme c'est le cas des jugements sur les faits du type est-ce arrivé – oui ou non — ou des jugements logiques qui sont corrects ou fautifs). Pour autant, le jugement éthique est toujours rendu au nom d'un principe supérieur, ce principe supérieur étant la considération, l'attention ou le souci porté à *l'autre*. En cela, il peut relever d'une conformité : conformité des principes, conformité avec l'idée que je me fais de l'éthique, de l'homme et de moi-même. Contrairement au jugement qui a la connaissance pour objet, le jugement normatif (éthique) ne se fait pas nécessairement par comparaison avec une norme déjà existante. L'agent moral ne se contente pas, en effet, de suivre des règles ou une méthodologie qu'il s'agirait d'appliquer avec zèle. Dans le *Gai savoir*, Nietzsche nous adresse d'ailleurs cette mise en garde : « Ce serait pour nous une rechute que de tomber totalement dans la morale, du fait même de notre irascible probité, et qu'à satisfaire d'excessives exigences, nous finissions par devenir des monstres, des épouvantails de vertu. Nous devons être capables aussi de nous tenir par-delà la morale : et pas seulement pour tenir avec la raideur anxieuse de quelqu'un qui craint à tout instant de glisser et de tomber, mais aussi la survoler et jouer au-delà ! Comment alors nous priver de l'art, comment nous priver du fou ? — Et tant que vous aurez quelque honte de vous-même, vous ne serez point encore des nôtres[187] ! » Dans l'idée qu'il faille se

---

[187] Op. cit., § 107

conformer à un cadre moral rigide et universel, il y a contenu en germe le danger de la bigoterie et le risque de devenir un « épouvantail de vertu », un philistin, c'est-à-dire un monstre. Quand le cadre moral se substitue au questionnement éthique, alors l'homme infantilisé peut se décharger de son obligation éthique, c'est-à-dire du devoir qui est le sien de réfléchir à l'autre, non pas à travers le cadre prédéfini et confortable de la morale traditionnelle, mais à travers sa sensibilité d'homme en considérant cet autre qui n'est pas tout à fait moi, qui a son histoire, sa culture, ses projets, ses besoins, ses attentes…

Nous n'entendons pas ici tracer le sillon d'une morale relativiste (ni d'une rigidité absolue ni d'une tolérance sans bornes, qui sont les deux écueils d'un même problème : ne rien tolérer ou tolérer l'intolérable). Au contraire, nous affirmons que l'éthique, c'est-à-dire le questionnement moral, doit toujours partir de l'autre : l'autre dans son altérité, mais aussi l'autre qui est en moi. L'autre est en somme à la fois la racine du questionnement et le contenu déterminé de l'éthique. C'est à cette seule condition d'une considération attentive de l'autre (le *souci* de l'autre) que la question éthique peut se développer, non pas de manière statique ou figée, mais de manière dynamique, comme se développerait une mélodie.

## 11.

MORALE ET HARMONIE — Peut-on parler de la morale comme on parlerait en musique d'harmonie ou même de beauté ? Notre effort qui consiste à ne pas considérer la morale comme un ensemble déterminé de règles formelles (tout en lui donnant un cadre, qui est celui de la cohérence formelle et de la reconnaissance logique et ontologique de l'autre comme autre *moi*) est sans aucun doute à rapprocher de nos réflexions sur l'esthétique. Dans le domaine de l'esthétique, comme dans celui de l'éthique, il existe certes, un cadre formel (les harmonies, les gammes…) mais ce cadre formel ne constitue pas une limitation de l'œuvre. Au sein de ce cadre, l'œuvre évolue en réalité de manière « libre ». Elle n'est pas prisonnière du cadre, comme l'équation le serait de ses variables. En tant que création signifiante, elle peut s'en écarter (ce sont, par exemple, les « accidents » en musique, ou le « chromatisme »). C'est précisément ce que refuse Kant à Benjamin Constant — sans doute inquiet à l'idée d'ouvrir la doctrine morale au subjectivisme — dans *D'un prétendu droit de mentir par humanité*. En réalité, que pourrions-nous reprocher à l'homme qui ment pour dissimuler une famille juive que des soldats nazis recherchent pendant la guerre de 1940 ? Trouverait-on beaucoup de voix pour s'élever contre le mensonge de cet homme au motif qu'il aurait, par ses paroles mensongères, « disqualifié la source du droit » ? Si l'on comprend bien que Kant fonde le droit sur le principe universel qui est au fondement de sa morale (il y a presque chez Kant une identification du droit et de la morale qui constituera l'un des axes surprenants de défense d'Eichmann dans son procès à Jérusalem en 1961[188]), cette identification est pour nous

---

[188] Voir à ce sujet le traitement qu'Hannah Arendt fait de la profession de foi kantienne d'Eichmann dans *Eichmann à Jérusalem* (1963). Dans *Eichmann à Jérusalem*, rapportant les

propos d'Eichmann au procès de Jérusalem en 1961, Hannah Arendt avait écrit :

« Eichmann soupçonnait bien que, dans toute cette affaire, son cas n'était pas simplement celui du soldat qui exécute des ordres criminels dans leur nature comme dans leur intention, que c'était plus compliqué que cela. [...] L'on s'en aperçut pour la première fois lorsqu'au cours de l'interrogatoire de la police, Eichmann déclara soudain, en appuyant sur les mots, qu'il avait vécu toute sa vie selon les préceptes moraux de Kant, et particulièrement selon la définition que donne Kant du devoir. À première vue, c'était faire outrage à Kant. [...] la philosophie morale de Kant est, en effet, étroitement liée à la faculté de jugement que possède l'homme, et qui exclut l'obéissance aveugle. Le policier n'insista pas, mais le juge Raveh, intrigué ou indigné [...], décida d'interroger l'accusé. C'est alors qu'à la stupéfaction générale, Eichmann produisit une définition approximative, mais correcte, de l'impératif catégorique : "Je voulais dire à propos de Kant, que le principe de ma volonté doit toujours être tel qu'il puisse devenir le principe des lois générales" [...] Interrogé plus longuement, Eichmann ajouta qu'il avait lu la *Critique de la raison pratique* de Kant. Il expliqua ensuite qu'à partir du moment où il avait été chargé de mettre en œuvre la Solution finale, il avait cessé de vivre selon les principes de Kant [...] et qu'il s'était consolé en pensant qu'il n'était plus "maître de ses actes", qu'il ne pouvait "rien changer". Mais il ne dit pas au tribunal qu'à cette "époque où le crime était légalisé par l'État" [...] il n'avait pas simplement écarté la formule kantienne, il l'avait déformée. De sorte qu'elle disait maintenant : "Agissez comme si le principe de vos actes était le même que celui des législateurs ou des lois du pays." Cette déformation correspondait d'ailleurs à celle de Hans Frank [...], qu'Eichmann connaissait peut-être : "Agissez de telle manière que le Führer, s'il avait connaissance de vos actes, les approuverait." Certes, Kant n'a jamais rien voulu dire de tel. Au contraire, tout homme, selon lui, devient législateur dès qu'il commence à agir ; en utilisant sa "raison pratique" [...]. Mais la déformation inconsciente qu'Eichmann avait fait subir à la pensée de Kant correspondait à une adaptation de Kant "à l'usage domestique du petit homme", comme disait l'accusé. Cette adaptation faite, restait-il quelque chose

de Kant ? Oui : l'idée que l'homme doit faire plus qu'obéir à la loi, qu'il doit aller au-delà des impératifs de l'obéissance et identifier sa propre volonté au principe de la loi, à la source de toute loi. Cette source […] dans l'usage qu'en faisait Eichmann, c'était la volonté du Führer. Et il existe en effet une notion étrange, fort répandue en Allemagne, selon laquelle "respecter la loi" signifie non seulement "obéir à la loi", mais aussi "agir comme si l'on était le législateur de la loi à laquelle on obéit". […] Ce qui explique en partie que la Solution finale ait été appliquée avec un tel souci de perfection. L'observateur, frappé par cette affreuse manie du "travail fait à fond", la considère en général comme typiquement allemande, ou encore : typiquement bureaucratique. »
Si Eichmann explique de manière tout à fait claire qu'à partir du moment où il avait été chargé de mettre en œuvre la solution finale il avait « cessé de vivre selon les principes de Kant », Hannah Arendt tente, dans la suite de l'extrait, d'expliquer en quoi Eichmann n'aurait pas simplement cessé de vivre selon les principes de Kant, mais qu'il les aurait en fait déformés. La première formulation du *Fondement de la métaphysique des mœurs* : « Agis seulement d'après la maxime grâce à laquelle tu peux vouloir en même temps qu'elle devienne une loi universelle » deviendrait alors, dans la pensée d'Eichmann : « Agissez comme si le principe de vos actes était le même que celui des législateurs ou des lois du pays. », ce qui revient à peu près à la même chose, dit Hannah Arendt, que la formulation de Hans Frank : « Agissez de telle manière que le Führer, s'il avait connaissance de vos actes, les approuverait. ». Si Kant invite le sujet à se faire lui-même législateur en accordant ses maximes avec l'exigence d'universalité, Eichmann au contraire interpréterait l'impératif catégorique comme une soumission aux ordres du Führer. Cette confusion (passage du sujet souverain chez Kant au sujet soumis chez Eichmann réinterprété par Arendt) serait rendue possible, selon Hannah Arendt, par l'ambivalence, propre à la culture allemande, de la notion d'obéissance à la loi qui, pour Hannah Arendt, implique aussi bien l'idée de soumission au droit que l'identification à la source du droit. Eichmann, fonctionnaire consciencieux,

problématique non pas au sens de la défense à notre sens intenable d'Eichmann (voir note de bas de page précédente) mais dans la mesure où elle crée une sorte de fétichisme de la règle (au profit du jugement) dont Eichmann est le symbole. C'est cette liaison trop étroite de la morale et du droit qui explique sans doute l'accent que met Kant dans *D'un prétendu droit de mentir par humanité* sur les conséquences potentielles de l'acte au détriment des intentions de l'acteur. Même si l'intention première du mensonge est de préserver autrui, affirme Kant, ses effets concrets échappent à la maîtrise du sujet moral. Ainsi, si le meurtrier découvre finalement sa victime malgré — ou à cause — du mensonge de celui qui l'a renseigné, l'agent moral qui a menti pourrait être tenu pour responsable, selon Kant, des conséquences de son acte, indépendamment de l'intention qui l'a motivé. Cette position illustre l'intransigeance du formalisme kantien, par lequel seule la conformité de la maxime à la loi morale détermine la moralité de l'action (le fait ici de ne pas mentir), et non ses résultats (Kant en somme ne considère pas que la fin puisse justifier les moyens, même si la fin est louable). Le raisonnement kantien repose sur l'idée que la moralité d'une action doit être évaluée en fonction de la maxime qui la sous-tend et de sa conformité à l'impératif catégorique, indépendamment de ses conséquences empiriques, puisque celles-ci demeurent contingentes et échappent à la maîtrise du sujet moral. Mais cette indifférence aux effets concrets de l'action

---

aurait donc été incité malgré lui à s'identifier à la source du droit nazi, c'est-à-dire au Führer.
(Ce passage est tiré de Geoffroy de Clisson, *Les Anti-Humanistes ou l'avènement des Contre-Lumières*, éditions L'Harmattan, 2021)

ne pourrait-elle pas être interprétée comme une forme de lâcheté devant la responsabilité pratique, voire comme une abdication face aux exigences du réel ? Peut-on ainsi abandonner une victime potentielle à son bourreau au motif que mentir contreviendrait à la loi morale et, par extension, à la loi civile, si l'on suppose que cette dernière trouve son fondement dans la première ? Une telle posture ne revient-elle pas à subordonner la protection de la personne à une fidélité abstraite au devoir, au risque de faire primer la pureté formelle de l'acte sur l'exigence concrète de justice ? Dans l'exemple que nous prenons, Kant adopte un raisonnement qui est l'exact opposé de celui de Nietzsche. L'homme ne dit pas : « voici l'homme ! » (*Ecce homo !*), ou « je me présente devant vous en tant qu'être responsable de ses actions et des conséquences de ses actions », mais « voici la loi ! » et « si vous regardez bien, l'homme est caché derrière ».

## 12.

GÉNIE DE LA MORALE — Traiter le sujet de l'éthique et de la morale uniquement à travers le prisme de la conformité à la loi ou à des principes transcendants, c'est prendre le risque de réduire la question de l'éthique à celle de la codification de l'action (les « tables de la loi », par exemple). Or si nous réduisons l'éthique à une telle codification, nous éloignons précisément le sujet moral de sa *préoccupation* éthique. Cette préoccupation éthique ne doit pas en effet se réduire à la question : « est-ce que le motif de mon action correspond aux principes que je me suis librement fixés ? », ou, ce qui — revient à peu près au même : « pourrais-je élever la maxime de mon action au rang de loi ou de maxime universelle ? », au contraire, en tant que jugement qui ne relève pas du principe de la conformité, il doit demeurer ouvert sur une inconfortable incertitude. La question éthique est, en effet, profondément intriquée avec la question de notre ouverture sur le monde et avec celle, nous l'avons dit, de reconnaissance de l'autre (reconnaissance sensible immédiate, car nous sommes d'abord des êtres sensibles, reconnaissance rationnelle rétroactive, car nous sommes aussi des êtres rationnels, et « sensés », c'est-à-dire capable d'interpréter le monde avec nos réseaux de significations, capables aussi de comprendre les réseaux signifiants de l'autre). Si, comme nous le pensons, la question éthique est d'abord pour nous la question de l'autre, elle doit demeurer une question ouverte *sur* l'autre. En d'autres termes, elle ne peut trouver de résolution confortable dans une sentence formelle (un jugement de conformité). Dans le jugement de conformité, le sujet moral se retranche en fait derrière le formalisme (« je ne peux rien faire, je suis désolé, c'est la règle, c'est la loi… »). Ce retrait de l'agent moral est proprement ce qu'il y a d'amoral dans le jugement de conformité. Dans la question éthique, la loi est dérivée du cas et non l'inverse. Nous partons toujours ainsi de l'autre, du problème de l'autre et non de la problématique de l'application d'une loi existante à un problème qui n'existait pas encore. La question de l'éthique fait ainsi appel à la faculté de *juger* (et non à la faculté de reconnaître, d'identifier un cas déjà connu). Cette faculté est très proche de la faculté de jugement esthétique (c'est ce que Platon présentait dans *La République*, quoique sur un mode différent, comme nous l'avons déjà signalé). L'évaluation morale de l'action (« que dois-je faire pour l'autre, en considérant sa situation, son histoire… ? »), comme le jugement esthétique, ne répond à aucun critère préétabli. Comme le jugement esthétique, elle place par ailleurs le sujet évaluateur dans une forme d'équilibre instable, dans une inquiétude qui ne trouve pas de résolution immédiate.

Comme il existe un génie artistique, il doit sans doute aussi exister ce que l'on pourrait nommer un « génie moral », un talent qui donne ses règles non pas à l'art, mais à l'action. Comme le génie artistique, le génie moral se définit d'abord comme un « être ouvert » aux choses et au monde. C'est en raison même de cette structure d'ouverture (qui se traduit par une disposition d'esprit) qu'il saisit la problématique de l'autre, cette faculté d'ouverture à l'autre est aussi faculté de se mettre en quelque sorte *au diapason* de l'autre. Dans le questionnement éthique, comme dans le questionnement artistique, il y a cette faculté de décentrement de l'*ego* par rapport à lui-même. Dans le questionnement éthique, l'*ego* ne recherche pas de récompense pour lui-même, il ne court pas après la satisfaction du travail bien fait ou du devoir accompli (danger que Kant note lui-même lorsqu'il met en doute le fait qu'un seul acte moral ait vraiment été accompli, l'action morale s'accompagnant toujours plus ou moins d'une satisfaction de l'*ego*), sa préoccupation reste de fait toujours tournée vers l'extérieur, elle demeure « souci » ou « inquiétude de l'autre ». En réalité, l'action morale est une action qui considère l'autre, qui prend l'autre en compte en le plaçant avant tout principe (cela d'ailleurs est valable à mon sens pour l'éducation des enfants). Cela ne veut pas dire pour autant qu'il n'existerait pas de *principes moraux* (de la même manière que nous ne prétendons pas que le beau soit relatif), cela signifie seulement que les principes moraux ne résolvent pas nécessairement l'ensemble des « cas de conscience ». Il ne s'agit donc pas de basculer dans une forme de relativisme moral, mais au contraire de nous imposer une exigence plus grande et de ne jamais se satisfaire de l'application d'une règle. L'agent moral est libre, c'est-à-dire créateur. Cependant, en tant qu'agent libre, il doit aussi rendre des comptes, c'est-à-dire se présenter aux côtés de son action, être capable d'en répondre. L'homme moral doit pouvoir en somme d'affirmer « me voici ! » et non pas seulement « c'était mon devoir… ». Ce « me voici ! » n'est pas cependant (et ne peut pas être) le *Ecce homo !* nietzschéen. Alors que chez Nietzsche, la notion de responsabilité est liée à une forme d'exhibition de l'*ego* qui est lui-même soumis aux exigences supérieures des « valeurs de la vie », nous défendons la vision d'un homme qui ne serait soumis à rien d'autre que son exigence de probité envers lui-même et envers les autres. Cette probité n'est pas uniquement un exercice de cohérence, elle est aussi un exercice de rassemblement de l'être qui se définit en intégrant (ou au contraire en rejetant), les actions qu'il approuve ou qu'il réprouve. L'action morale est ainsi l'action dont nous pouvons répondre, que nous pouvons en toute conscience, en cohérence et en autonomie de jugement, intégrer à ce que nous sommes, à la manière dont nous acceptons de nous définir ou de nous raconter.

Ainsi, nous le voyons, le questionnement éthique n'est pas entièrement superposable au questionnement légaliste ou moral au sens kantien du terme. Il faut séparer, dans notre réflexion, ce qui nous permet de fonder une sociabilité, c'est-à-dire, pour le dire vite, ce qui pourrait inspirer les lois de l'Etat « idéal », de ce qui nous permet de nous reconnaître nous-mêmes comme êtres humains, c'est-à-dire êtres sensibles, sensés et rationnels. Cette reconnaissance ne peut pas totalement s'identifier avec le saisissement autonome en nous d'une éventuelle « loi morale » comme Kant l'avait théorisé. Cette idée de « loi morale » ou d'« impératif catégorique » laisse en effet sur le bord de la route une grande partie de ce qui fait de nous des hommes : notre capacité de juger non pas « une fois pour toutes » (la raison dans son autonomie saisit la loi morale transcendantale) mais perpétuellement et à chaque instant. Si, en effet, nous nous débarrassions de la question morale en l'abandonnant à des considérations logiques, nous risquerions de faire de la morale une question de formalisme. Or l'origine de la question morale n'est précisément pas formelle. Elle est au contraire reconnaissance fondamentale de l'ouverture sur l'autre, c'est-à-dire du dualisme *radical*. L'autre, dans la question morale, ne peut jamais être réduit à une dialectique formelle codifiée (y compris si cette dialectique reconnaît et incorpore la question de l'autre dans ses fondements). C'est la raison pour laquelle Emmanuel Levinas a sans doute raison d'analyser le visage de l'autre dans ce qui fait précisément son irréductibilité. Pour Lévinas, le visage de l'autre est plus qu'un simple phénomène visuel ou une forme physique. Le visage est, avant tout, l'expression de l'autre en tant qu'être vulnérable et singulier. La vision du visage de l'autre produit une interpellation silencieuse, un appel à la responsabilité. Cet appel n'est pas une demande explicite, mais une interpellation éthique à prendre soin de l'autre, à ne pas le réduire à un objet de connaissance ou à une chose que l'on peut dominer. Pour Lévinas, l'autre n'est jamais une simple extension du *moi* ou une projection de ce que je suis. L'autre, en tant que visage, est absolument *autre*, irréductible à mes catégories, mes pensées ou mes concepts. Cette altérité radicale constitue le fondement de l'éthique : il s'agit de reconnaître l'autre dans son altérité absolue et de lui répondre. Lévinas insiste ainsi sur l'asymétrie de la relation éthique : l'autre n'est pas mon égal abstrait (comme dans la règle d'or qui veut qu'on ne fasse pas à autrui ce qu'on ne voudrait pas qu'autrui nous fasse, règle qui tient davantage de la logique de la préoccupation de l'autre) mais un autre qui m'ordonne de le respecter, de l'écouter, et de répondre à son besoin.

La philosophie de Lévinas nous apprend ainsi que notre relation à l'autre n'est pas d'abord formelle. Le formalisme légal n'est qu'une conséquence communicable de mon état d'ouverture sur l'autre et non pas une règle transcendante ou *a priori*. Mon état de déséquilibre (le fait que je ne sois pas une créature uniquement formelle qui pourrait jouir de sa propre complétude) est précisément ce qui me *projette* vers l'autre. Nous sommes, nous aussi, pour refaire ici une lointaine référence à Gödel, des systèmes incomplets, seulement notre incomplétude n'est pas vécue sur un mode négatif. Elle est au contraire le signe de notre irréductible ouverture. C'est ainsi par la médiation de l'autre que nous avons la possibilité de progresser dans notre être, dans la définition de notre identité (« qui suis-je pour moi et par rapport à moi qui suis déjà un autre ? qui suis-je pour l'autre ? ») aussi bien que dans la compréhension de ce que nous sommes.

# Livre IV

# Qui suis-je ?

## Introduction

Cette dernière partie, consacrée à la question de l'identité, n'a pas vocation à traiter le problème de manière extensive. Il s'agit juste pour nous d'ébaucher une redéfinition du concept d'identité à la lumière des développements des trois précédents livres. Nous avons tenté jusqu'ici d'analyser et d'exposer les différentes dimensions du *moi* : d'abord le *moi* de la connaissance (ou le sujet de la connaissance) ensuite le *moi* esthétique et enfin le *moi* éthique. Tout au long de notre argumentation, nous nous sommes efforcés de ne jamais poser l'existence du *moi* comme une hypothèse que nous aurions cherché à corroborer. Nous sommes au contraire partis de l'hypothèse inverse et avons montré à quelles apories menait cette hypothèse (celle du moniste matérialiste, son extension vers les thèses de complétudes de Hilbert). L'existence d'un sujet séparé (qui impliquait logiquement le dualisme) a d'abord été montrée négativement, en pointant les aspects contradictoires des thèses opposées (si nous montrons que le sujet ne peut pas ne pas exister, alors nous avons démontré son existence[189]). Dans les livres

---

[189] Nous pourrions ici nous faire la remarque que fait Brouwer à propos du tiers-exclu et des raisonnements par l'absurde. Pour Brouwer, en effet, la vérité d'un énoncé mathématique consiste en notre capacité à le prouver, et non en sa correspondance avec la réalité objective ou en une vérité qui existerait en dehors des constructions effectives de l'esprit. Suivant cette même idée pragmatique, l'intuitionnisme de Brouwer rejette les raisonnements fondés sur l'absurde ou le tiers-exclu (négation de non-existence ne

II et III, nous avons tenté de montrer en quoi « l'état-d'être-ouvert » du sujet — pour reprendre une expression heideggerienne — que nous avons déduit du livre I, structurait sa relation au monde, à la fois dans son expression artistique et dans sa préoccupation éthique (qui est, comme nous l'avons vu, d'abord préoccupation ou « souci » de l'autre). Nous avons ainsi abordé la question de l'identité sous l'angle de la « résonance » du *moi* avec l'extériorité radicale que constitue, pour l'artiste, le réel, pour le spectateur, l'œuvre d'art, et pour le sujet moral, l'autre. Tout au

---

valant pas existence, seuls les objets construits ou constructibles existent).

Notons cependant que Brouwer pose lui-même comme hypothèse que les mathématiques sont des constructions mentales qui n'ont pas leur autonomie propre (Brouwer s'oppose à Gödel et à la vision platoniste des mathématiques). Il insiste ainsi sur le fait que la vérité mathématique est liée à notre capacité de construire explicitement des objets mathématiques. Si une proposition n'est pas prouvée (ou réfutée) par une méthode constructive, on ne peut pas affirmer qu'elle est soit vraie, soit fausse. Ainsi, ce sont les actes de liaison posés par le mathématicien qui doivent établir l'existence ou non d'un objet mathématique.

Outre le fait que la théorie constructiviste de Brouwer a été largement critiquée, notamment du fait des succès théoriques et pratiques qui contredisent certaines hypothèses de Brouwer, il nous faut noter que pour Brouwer, le fondement ultime de toute activité mathématique est la conscience du temps et de l'acte mental qui permet de construire les objets mathématiques. La construction mathématique découle d'une expérience interne, et cette temporalité intuitive est cruciale. Cette approche implique une dualité entre la conscience (qui est créatrice et active) et le « rien » ou le vide, c'est-à-dire l'absence de toute construction préalable. De fait, le constructivisme accepte en réalité déjà le dualisme radical dans ses axiomes.

long des trois premières parties, nous avons par ailleurs régulièrement employé des termes empruntés au vocabulaire de la musique pour qualifier la relation profonde de l'être ouvert aux choses (« harmonie », « diapason », « consonance », « résonance », « accord »…) sans encore évoquer le « contenu » concret de ce qui serait susceptible de définir le sujet (c'est-à-dire celui qui est en « consonance » avec les choses, qui se met « au diapason de l'autre » ou qui donne son « accord » ou sa validation à un énoncé donné…). Si nous avons tracé les contours de l'identité (contours logiques, contours organiques…), il nous reste donc désormais à définir ce qui donne une matérialité à ses contours, c'est-à-dire une substance à ce que nous sommes.

## L'IDENTITE COMME RASSEMBLEMENT SIGNIFIANT

### IDENTITE COMME RETOUR SIGNIFIANT SUR SOI

#### 1.

Dans la *Critique de la raison pure*, Emmanuel Kant développe la notion d'aperception transcendantale afin de désigner la conscience que nous avons de nous-mêmes en tant que sujet connaissant, c'est-à-dire la conscience de notre propre activité cognitive lorsque nous unifions les diverses perceptions sensibles. L'aperception transcendantale est un processus actif par lequel le « je pense » (l'*ego*) accompagne toutes nos représentations. Ainsi, pour qu'une perception puisse être reconnue comme une connaissance, elle doit être liée à cette conscience du *je*. Cette unification est ce qui permet la synthèse des représentations diverses en une expérience cohérente. Dans la *Déduction transcendantale des catégories*, Kant affirme que notre expérience du monde repose sur l'unité de notre conscience, c'est-à-dire sur la capacité que possède notre esprit à lier ensemble différentes perceptions en une seule et même expérience cohérente. Cette unité est ce que Kant appelle « l'unité synthétique de l'aperception ». Sans cette unité, explique Kant, nos perceptions resteraient éparses et désordonnées, et nous serions incapables de former une compréhension unifiée de la réalité. Kant distingue bien, cependant, l'aperception empirique (la conscience de soi fondée sur l'expérience) et l'aperception transcendantale (la conscience de soi pure, indépendamment de toute expérience particulière). L'aperception empirique est contingente et varie selon les circonstances de l'expérience individuelle, tandis que l'aperception transcendantale est la condition *a priori* nécessaire pour que toute expérience soit possible. L'expression « je pense » est pour Kant le marqueur fondamental de l'aperception transcendantale[190]. Pour que je puisse dire que je perçois quelque chose, cette perception doit être unifiée sous la forme du « je pense », ce qui signifie que toutes les représentations que je reçois sont attribuées à un sujet unique et sont organisées de manière cohérente. Sans ce « je pense », il n'y aurait aucune connexion entre les diverses perceptions, et il ne pourrait y avoir de connaissance possible. L'aperception transcendantale est étroitement liée, chez Kant, à la synthèse transcendantale, qui désigne le processus par lequel l'esprit organise et unifie les données de l'intuition sensible selon les concepts de l'entendement (les catégories). Ce processus synthétique est possible grâce à l'aperception transcendantale, car c'est elle qui permet d'appliquer de manière cohérente ces catégories aux diverses représentations. Pour Kant, l'aperception transcendantale est une condition nécessaire pour que les jugements synthétiques *a priori* soient possibles. Pour que nous puissions faire des jugements qui ne dépendent pas uniquement de l'expérience (par exemple, les jugements mathématiques ou les principes fondamentaux de la physique), il doit exister une unité

---

[190] « Le "je pense" doit pouvoir accompagner toutes mes représentations ; car autrement quelque chose serait représenté en moi qui ne pourrait être pensé, ce qui revient à dire que la représentation serait impossible, ou bien ne serait rien pour moi. La représentation qui peut être donnée avant toute pensée s'appelle intuition. Tout le divers de l'intuition a donc une relation nécessaire au je pense, dans le même sujet où ce divers se rencontre. » écrit Kant dans la *Critique de la raison pure*, B 131

sous-jacente à notre conscience. Cette unité est ce que fournit l'aperception transcendantale, en assurant que toutes nos représentations appartiennent à une seule et même conscience. L'aperception transcendantale est donc chez Kant une conscience pure et originaire de l'unité du sujet connaissant, qui permet à toute connaissance de se former. Elle joue un rôle fondamental dans sa tentative de montrer que toute expérience possible est rendue cohérente par l'action synthétique de notre esprit. L'unité de la conscience est ainsi la condition transcendantale de possibilité de la connaissance. Ce concept constitue un des pivots de la philosophie kantienne, car il relie les intuitions sensibles et les concepts de l'entendement sous l'égide du sujet connaissant, tout en fondant la possibilité même de la connaissance *a priori*. Pour Kant, le dualisme (aperception transcendantale comme conscience de l'unité du sujet et de sa séparation avec le monde) est donc une condition *sine qua non* de la connaissance. Cependant, l'aperception chez Kant, qu'elle soit empirique ou transcendantale, si elle est liée à l'identité du sujet et à la reconnaissance implicite du sujet lui-même comme identité répond davantage à la question des contours logiques et psychologiques du sujet qu'à la question du contenu ou de la substance de cette identité.

Comment, à la lumière des trois précédents livres, pouvons-nous désormais répondre à la question du contenu de l'identité ? S'il nous semble que la question de l'identité se déploie dans plusieurs directions (identité corporelle, identité psychologique, identité culturelle, identité morale…) que nous allons tenter de suivre tour à tour dans ce livre, il nous faut noter que ces directions ont, pour la plupart, le même point d'origine : celui de notre capacité à nous hisser au niveau de la signification. C'est en effet parce que nous sommes des êtres capables de manier et de comprendre le langage que se pose pour nous la question de l'identité. Le langage, nous l'avons évoqué, n'est pas seulement un outil de communication, il est aussi un mode fondamental de structuration du réel. Lorsque l'individu apprend à utiliser le langage, il commence à distinguer le monde extérieur de lui-même. C'est à travers cette différenciation que la conscience de soi se forme. Le langage permet de désigner des objets externes tout en construisant une distinction entre « je » et « autre ». Dans *La philosophie des formes symboliques* (1923-1929), Ernst Cassirer montrait que, dans les sociétés anciennes, l'expérience du monde était d'abord dominée par une vision mythique, au sein de laquelle la distinction entre l'individu et la nature ou la collectivité était floue. Dans la pensée mythique, l'individu était absorbé dans un univers de symboles partagés qui ne lui permettait pas de se distinguer nettement comme sujet individuel. Avec le développement de la pensée rationnelle et du langage abstrait, l'individu commençait à se percevoir comme un sujet autonome. Cette évolution marque le passage d'une conscience collective (ou cosmique, dans le mythe) à une conscience individuelle. Le *je* émerge ainsi de l'évolution des formes symboliques vers une différenciation plus précise entre le sujet et l'objet. Pour Cassirer, l'émergence du *je* est liée à la capacité humaine d'objectiver le monde. En dissociant le sujet de l'objet, les formes symboliques, notamment le langage et la science, offrent à l'individu la possibilité de se distancer de lui-même : l'individu devient capable de se voir comme un objet parmi les autres objets dans le monde. C'est cette capacité d'auto-objectivation qui est au cœur de la formation du *je*. *Dans La philosophie des formes symboliques*, Cassirer développe les trois temps de cette formation du *je* (Tome 1 : Le langage, Tome 2 : La pensée mythique, Tome 3 : La phénoménologie de la connaissance). Le corolaire de cette pensée de l'émergence du *je* est la question de l'identité : comment un être capable d'utiliser un langage signifiant peut de comprendre et de se raconter lui-même (comment même cet être signifiant peut-il arriver à une pleine conscience de lui-même) ?

La question de l'identité ne se résume pas ainsi, pour les créatures signifiantes que nous sommes, à un « simple » problème épistémologique. Elle concerne plus généralement la manière dont nous construisons l'idée du *moi*, idée non pas immuable et immarcescible qu'il s'agirait de saisir une fois pour toutes comme une essence éternelle, mais idée progressivement formée, formulée et comprise, à travers nos expériences personnelles, notre développement psychologique et moral, à travers aussi les processus historiques et culturels qui nous précèdent et nous façonnent, idée, enfin, fabriquée à l'aune de notre regard critique qui interroge et bouscule les formes symboliques mouvantes qui ont structuré le *moi* parfois avec le *moi* et parfois aussi sans lui ou à son corps défendant.

## L'IDENTITE COMME PROJECTION DU *MOI*

### 2.

La question de l'identité est originellement liée, nous l'avons évoqué, à la structure de notre relation au monde. Le *moi*, par son état originel d'ouverture sur le monde, est dominé par deux mouvements. D'abord, un déséquilibre « avant » vers le monde : le *moi* est comme projeté vers les choses, il est à proprement parler « impressionnable », c'est-à-dire dans une relation duale (imposée) avec les choses. Seulement ce caractère impressionnable du *moi* ne peut se comprendre que dans la mesure où nous envisageons précisément un *moi* comme entité impressionnable, c'est-à-dire comme identité. C'est dans un sens proche que Kant formule, dans la *Critique de la raison pure*, l'idée d'une aperception transcendantale. Avant toute possibilité de perception, nous ne pouvons que supposer, du point de vue épistémologique,[191] un sujet qui perçoit : la perception suppose la réception. Ce déséquilibre vers l'avant du *moi* implique ainsi l'idée logique d'une identité perceptrice, aussi bien qu'un retour sur soi, c'est-à-dire une identification comme sujet percevant. Cependant, la conscientisation de ce second mouvement par le sujet, c'est-à-dire l'identification *concrète* du *moi* par le *moi* ne peut pas être, elle, un moment *a priori* ou transcendantal, elle est en réalité une construction progressive, une identification historique du *moi* comme identité. Cette dimension historique est en fait

---

[191] Kant emploierait sans doute plutôt le terme « *a priori* », l'aperception transcendantale étant une conscience pure déjà supposée dans tous les actes de connaissance du sujet.

double, elle est à la fois historico-culturelle — il y a une prise de conscience progressive du *moi* dans l'histoire des hommes — et psychologique, personnelle (prise de conscience progressive du *moi* dans l'histoire personnelle du *moi*). Dans le troisième tome de *La philosophie des formes symboliques* intitulé *La phénoménologie de la connaissance*, Ernst Cassirer insiste sur cette dimension historique et en un sens constructiviste du concept d'identité. Pour Cassirer, le mythe, la déification des éléments extérieurs au sujet, constitue un premier pas dans le long processus d'identification du *moi* : « C'est à des traits de physionomie précis, relativement constants, qu'on reconnait le démon ou le dieu et qu'on le distingue des autres [le mythe comme élément de différenciation[192]]. Et ce que le mythe commence dans cette direction, le langage et l'art l'achèvent [les formes symboliques comme *medium* de différenciation du *moi*] : car l'individualité achevée n'échoit au dieu qu'avec le nom et l'image du dieu [complémentarité du langage et de l'image signifiante]. Ainsi, l'intuition de soi-même comme d'une essence singulière, précisée et bien délimitée [problématique de l'identité comme délimitation formelle du *moi*], n'est pas ce à partir de quoi l'homme se constitue peu à peu sa vision globale du réel [contre l'idée d'une aperception transcendantale, *a priori*] : elle n'est au contraire que le terme, le fruit mûr d'un processus de création au sein duquel toutes les diverses énergies premières de l'esprit s'activent et s'interpénètrent[193]. » Cassirer, en réinterrogeant la notion kantienne d'aperception transcendantale, insiste sur le rôle actif de la pensée dans la construction de la

---

[192] C'est nous qui commentons entre crochets.
[193] Op. cit., p. 109

réalité, mais il va plus loin en élargissant le champ des « formes de l'aperception ». Contrairement à Kant, qui se concentrait surtout sur la synthèse cognitive, Cassirer considère que les formes symboliques – que ce soit le langage, l'art, la science ou le mythe – représentent une modalité d'aperception à part entière. Chaque forme symbolique façonne une manière unique de structurer la réalité et d'interpréter le monde. Ainsi, pour Cassirer, l'aperception transcendantale n'est pas une unité monolithique de la conscience, mais un ensemble diversifié et dynamique de processus symboliques qui définissent l'expérience humaine. En somme, Cassirer réinterprète l'aperception transcendantale en la transformant en une activité de symbolisation, qui n'est pas seulement une activité intellectuelle formelle, mais aussi un processus culturel et historique diversifié. Cassirer conserve bien l'idée kantienne d'un « je pense » qui accompagnerait toutes nos représentations, mais considère que cette fonction d'unification de la conscience s'exprime différemment selon chaque forme symbolique, en façonnant des « mondes » de sens. Il voit donc la structure de la connaissance non pas comme strictement transcendantale dans le sens kantien, mais comme intrinsèquement liée aux formes culturelles à travers lesquelles les individus donnent sens à leur expérience. Là où Kant identifiait une séparation nette entre l'aperception transcendantale (inconditionnée) et l'aperception empirique (conditionnée et liée aux expériences particulières), Cassirer suggère que cette unité peut être construite par les formes culturelles elles-mêmes. Autrement dit, l'unité de la conscience de soi est en quelque sorte médiatisée par ces formes symboliques. On pourrait dire que Cassirer tend à

« culturaliser » la fonction de l'aperception, ce qui l'amène à ne pas opposer aussi rigoureusement que Kant les dimensions transcendantale et empirique et à prendre ses distances avec la vision *aprioriste* de la connaissance de Kant. D'une certaine manière, la philosophie de Cassirer, tout en conservant les fondamentaux kantien est plus « évolutionniste » dans le sens où elle analyse ce que Kant appelle les « transcendantaux », non pas nécessairement comme des donnés immédiats ou *a priori*, mais précisément comme le résultat de processus évolutifs et culturels (ce qui, nous le pensons, n'est pas incompatible avec l'esprit de la philosophie kantienne).

La construction de l'identité (c'est-à-dire de la reconnaissance du sujet lui-même comme sujet connaissant, délimité et séparé du monde), si elle répond à un long processus historico-culturel est aussi le fait d'une évolution psychologique du sujet. Sur le plan de l'histoire personnelle du sujet, nous pouvons ainsi rapprocher les travaux de Cassirer, de ceux, plus récents, de Jean Piaget (même si les travaux de Piaget se situent dans une problématique différente, sans aucun doute, de celle de Cassirer). Pour Piaget, nous l'avons déjà rapidement évoqué au livre II, la connaissance se construit par des processus d'assimilation et d'accommodation au fil des stades de développement cognitif. Cassirer, bien qu'il ne s'intéresse pas directement au développement cognitif de l'enfant, voit également la connaissance comme le produit d'une activité humaine dynamique. Dans sa philosophie des formes symboliques, chaque domaine de la culture – qu'il s'agisse de la science, de la religion, du mythe, de l'art ou du langage – est une manière de structurer et de donner sens à l'expérience. Ainsi, les formes symboliques fonctionnent d'une manière analogue à celles des schémas de Piaget, en organisant la réalité selon différentes logiques et règles. Piaget et Cassirer s'accordent par ailleurs pour dire que la réalité n'est pas simplement reflétée par la pensée, mais activement construite par elle. Chez Piaget, cette construction dépend des interactions entre l'individu et son environnement, tandis que chez Cassirer, elle résulte des systèmes symboliques et des formes culturelles qui médiatisent la relation de l'humain au monde. Dans les deux cas, la connaissance n'est donc pas une simple découverte du réel, mais une structuration progressive et contextuelle de l'être signifiant. Enfin, Cassirer, dans son analyse des formes symboliques, donne une place centrale au langage comme première médiation symbolique entre l'esprit et le monde. Piaget, même s'il se concentre davantage sur les opérations logiques, reconnaît aussi l'importance du langage et du symbole dans la construction cognitive. Piaget, comme Cassirer, pense que le symbolisme est essentiel au développement de la pensée abstraite, bien que Cassirer l'envisage dans un cadre philosophique et culturel plus large.

Ce qu'il nous importe ici de montrer, à travers ce détour par les observations de Cassirer et de Piaget, c'est que l'identité ne se définit pas d'une manière figée et essentialiste, mais qu'elle se conçoit au contraire de manière dynamique, ce dynamisme reflétant la structure profonde de notre mode d'être au monde. Dans le processus d'identification du *moi*, il y a cependant aussi un mouvement rétrospectif qui est le moment de regard conscient du *moi* sur lui-même (ce moment essentiel de la constitution de l'identité où le *moi* se voit, s'identifie comme *moi*). Sans ce mouvement rétrospectif de synthèse, le *moi* en effet ne peut prétendre parvenir à sa pleine conscience (il n'est que le *moi* projeté sans conscience du *moi*). La conscientisation du *moi* passe ainsi par la capacité du *moi* à se raconter lui-même, à faire de lui une sorte de synthèse signifiante, qui rassemble son histoire, sa culture, ses pensées, ses actions… Cette capacité à se raconter, à s'identifier, même confusément, comme entité individuelle est ce que Paul Ricœur appelle, dans *Soi-même comme un autre* (1990), l'« identité narrative ». Chez Ricœur, l'identité narrative se déploie dans deux directions : (i) *l'identité ipse* (ou identité de soi) qui désigne l'identité *dynamique* du sujet, celle qui lui permet de se maintenir dans le temps, malgré les changements ; elle se construit à travers les relations et les actions, et demeure liée à la manière dont une personne se raconte et interprète ses expériences ; l'identité *ipse* ne repose pas sur des caractéristiques statiques, mais sur la fidélité à soi-même dans une série d'actes et d'engagements ; (ii) *l'identité idem* qui renvoie aux aspects de l'identité qui demeurent les mêmes malgré le passage du temps, comme le nom, les traits de caractère, ou les rôles sociaux ; c'est une forme d'identité plus stable et fixe, mais qui ne suffit pas à définir la subjectivité dans son entier.

Pour Ricœur, l'identité d'une personne se construit et se comprend par le récit. Cette identité narrative permet de tisser ensemble les événements, les actions et les expériences dans une continuité temporelle qui donne un sens au « soi ». En se racontant, l'individu relie les événements de sa vie dans une trame narrative, intégrant les ruptures, les conflits, les aspirations et les regrets dans une histoire cohérente. Ce récit devient la manière dont le sujet se comprend lui-même et peut être compris par les autres. L'identité narrative joue un rôle essentiel, car elle permet au sujet de naviguer entre permanence et changement. Le récit que l'on fait de soi évolue, s'enrichit et s'adapte aux nouvelles expériences, permettant ainsi une identité fluide, mais cohérente dans le temps. L'identité narrative est liée, chez Ricœur, à la mémoire et à l'interprétation : le sujet se remémore, réinterprète les événements passés et intègre ses projets d'avenir dans une histoire signifiante. Ricœur voit le récit comme un moyen par lequel le sujet négocie sa relation au temps. La narration permet de donner un sens aux changements, aux ruptures et aux actions qui font que la vie d'un sujet ne peut être réduite à une simple liste de faits. En ce sens, l'identité narrative est une « identité ouverte » toujours en construction et susceptible d'évoluer.

L'identité, en tant que synthèse consciente du *moi*, ne se définit pas, de prime abord, par la recherche de qui pourrait constituer une intégrité du *moi*, au sens, par exemple, ou Maurice Barrès l'entend (notamment dans sa trilogie intitulée *Le culte du moi*, dans laquelle Barrès entretient une vision romantique d'un *moi* profondément unique, que chacun devrait cultiver et protéger des influences extérieures, le culte du *moi* consistant précisément à découvrir et à affirmer sa propre essence en se séparant des branches mauvaises[194]). L'identité du

---

[194] Dans le premier tome du *Culte du moi*, intitulé *Sous l'œil des barbares*, Maurice Barrès, compare le *moi* à un arbre qu'il faudrait élaguer. L'arbre doit se séparer de ses branches

*moi*, c'est-à-dire « ce qui définit le *moi* comme objet signifiant » (et donc objet de narration) ne peut partir d'autre chose que de ce qui précisément permet sa constitution : l'état d'ouverture sur le monde. Le mouvement d'ouverture aux choses précède ainsi nécessairement le mouvement synthétique de retour sur soi et l'affirmation de l'identité narrative du *moi* (on ne peut opérer de retour critique ou synthétique sur une coquille vide). Le mouvement de rassemblement signifiant du *moi*, nécessaire à la pleine conscience de l'identité, n'est donc pas nécessairement un moment de fermeture du *moi*. Au contraire, il se comprend comme intégration dynamique de l'hétérogène dans une

---

mauvaises, rejeter toute parcelle étrangère et n'assimiler que ce qui lui est « identique ». Nous voyons que Barrès se limite presque strictement à la définition (nécessairement incomplète) de l'identité *idem*. N'est susceptible de constituer mon identité que ce qui est semblable au moi, ce qui lui est assimilable :
« Notre moi, en effet, n'est pas immuable ; il nous faut le défendre chaque jour et chaque jour le créer. Voilà la double vérité sur quoi sont bâtis ces ouvrages. Le culte du Moi n'est pas de s'accepter tout entier. Cette éthique, où nous avons mis notre ardente et notre unique complaisance, réclame de ses servants un constant effort. C'est une culture qui se fait par élaguements et par accroissements nous avons d'abord à épurer notre Moi de toutes les parcelles étrangères que la vie continuellement y introduit, et puis à lui ajouter. Quoi donc ? Tout ce qui lui est identique, assimilable parlons net tout ce qui se colle à lui quand il se livre sans réaction aux forces de son instinct. », Maurice Barrès, *Sous l'œil des barbares* [1888] in *Le Culte du moi*, Paris, Emile-Paul éditions, 1910, p. 13
Au début du livre (le premier de la trilogie), Maurice Barrès commence d'ailleurs par mettre en exergue cette citation de Victor-Emile Michelet : « Qu'on me rende mon moi ! »

identité homogène et projective (qui se définit et évolue dans le temps).

## Identite et ouverture : *Moi* et dualite

### Identite et histoire

### 3.

Nous avons vu que l'identité individuelle est originellement structurée par un rapport d'ouverture du sujet au monde (le *moi* déséquilibré, projeté vers l'avant presque malgré lui). Cette structure d'ouverture au monde du sujet, conjuguée au regard rétroactif et critique qu'il jette sur lui-même, constitue ce que Paul Ricœur appelle « l'identité narrative » (l'identité comme capacité à se raconter). Il est intéressant de noter, que dans la philosophie de Ricœur, c'est d'abord le sujet qui se raconte, c'est-à-dire qui se définit et se limite lui-même. Ainsi, le sujet n'est pas présenté uniquement comme « défini » par des influences diverses, il est au contraire l'acteur de sa propre identité. C'est ainsi bien le sujet qui choisit, dans son processus narratif, ce qui le constitue et ce qu'il rejette. L'identité, chez Ricœur, ne se fait pas, contrairement à ce que revendique par exemple Maurice Barrès, par assimilation instinctive de l'identique (dimension statique de l'identité) mais par progression dynamique dans des réseaux de significations qui s'étendent au fil du temps.

Comment cependant apporter une réponse neuve à une question qui ne relève pas entièrement des conditions de notre connaissance, mais davantage de ce que nous pourrions appeler des « jugements de valeur » ? Avant d'arriver à la question de l'identité, nous avons cherché, à partir de l'étude épistémologique et phénoménologique du sujet à dégager les caractéristiques fondamentales qui constituent le sujet en tant que sujet : son état d'ouverture sensible sur le monde, sa capacité à créer le langage et à en faire un usage logique, sa faculté à se hisser au niveau de la signification, sa dimension rationnelle et critique, etc. C'est ainsi en commençant par examiner les conditions de notre être au monde que nous avons pu dévier sur des sujets connexes (l'esthétique, l'éthique, l'identité). Peut-on cependant ici prétendre passer d'un sujet épistémologique (quelle est la structure profonde de la question de l'identité) à un sujet axiologique (qui se rapporte aux valeurs) ? Nous touchons là à l'une des grandes difficultés de la pensée philosophique : la philosophie doit-elle se limiter à dégager les conditions de possibilité de la connaissance ou a-t-elle quelque chose à dire au-delà de ce simple exercice, et si oui à quelles conditions ? Nous avons déjà commencé à répondre à cette question en dépassant le cadre strict de l'épistémologie dans les livres II (*L'Esthétique*) et III (*L'Ethique*). Notre démarche, tout au long de ces livres, a consisté à renverser l'ordre habituel de la problématisation des axiologies. Il ne s'agissait pas d'interroger la possibilité d'un fondement épistémologique des jugements de valeur, c'est-à-dire de se demander si l'épistémologie, et plus largement la théorie de la connaissance, pouvait fournir un éclairage sur les questions axiologiques. À rebours de cette approche, nous avons cherché à savoir si l'axiologie elle-même pouvait se dispenser d'une interrogation préalable sur les fondements de la connaissance. Autrement dit, nous avons posé la question en termes de condition de possibilité : toute axiologie présuppose-t-elle nécessairement une réflexion sur les structures de la connaissance ? A cette question, nous avons répondu : « oui ». L'axiologie, comme toute discussion argumentée, est seconde par rapport à la critique épistémologique. Les jugements de valeur présupposent toujours une certaine vision de la connaissance (ne serait-ce que dans la construction argumentée, dans l'utilisation de la rationalité). À ce titre, ils ne sauraient se soustraire à un examen de leurs propres fondements. Il est d'ailleurs révélateur que les axiologies antirationnelles aient souvent cherché à évacuer cette exigence, allant parfois jusqu'à revendiquer positivement la notion de « préjugé » comme un principe légitime, ou, dans leurs formulations les plus conséquentes, à assumer des positions relativistes. Cette tentative d'échapper à la question du fondement témoigne paradoxalement de son inéluctabilité : toute axiologie, même lorsqu'elle s'efforce de nier la nécessité d'un ancrage rationnel, s'inscrit malgré elle dans une structure qui présuppose un mode de légitimation, fût-il implicite ou autoréférentiel. Dans *Les déracinés* (1897), l'une des œuvres majeures de Maurice Barrès, et premier volume de sa trilogie *Le roman de l'énergie nationale*, nous trouvons une occurrence particulièrement intéressante de cet emploi du terme « préjugé ». Au début de son roman, Maurice Barrès décrivant la façon dont le professeur Bouteiller, kantien patenté, exercera une influence néfaste sur ses petits lycéens lorrains, attachés à leur terre d'origine, à ses valeurs et à ses traditions, mais encore trop perméables aux influences étrangères, écrit : « Déraciner ces enfants, les détacher du sol et du groupe social où tout les relie, pour les placer hors de leurs préjugés dans la raison abstraite, comment cela le gênerait-il, lui qui n'a pas de sol, ni de société, ni, pense-t-il, de préjugés[195] ? ». Chez Barrès, la raison « abstraite » est décrite comme « hors

---

[195] Op. Cit., éditions Bartillat, Paris 2020, p. 24

sol » (combien de fois n'a-t-on pas entendu cette expression depuis Barrès !), elle s'oppose aux « préjugés », qui sont, pour Barrès les racines idéologiques des lycéens, leur terreau doctrinal, celui dont on ne peut s'arracher sans perdre ses racines, c'est-à-dire son âme. Les lycéens, bien sûr, un peu trop épris d'émancipation intellectuelle, connaîtrons, les uns après les autres, de funestes destinées, qui sonneront comme une sorte de châtiment divin : nul ne se déracine impunément de sa terre natale semble nous dire Maurice Barrès, et c'est Paris bien sûr qui achèvera de pervertir les fragiles étudiants. Dans la suite du roman, Rœmerspacher, l'un des anciens étudiants du professeur Bouteiller, fait une remarque que l'on croirait tout droit sortie de la bouche de Maurice Barrès lui-même : « J'étais trop élève, monsieur, pour demeurer celui de M. Bouteiller et admettre une formule qui implique la possibilité d'une législation universelle. J'en ai parlé souvent avec l'un de mes amis, un catholique, Gallant de Saint-Phlin, et qui s'en tient toujours à la morale théologique. Il oppose à Kant la constatation de Pascal : "Vérité en deçà des Pyrénées, erreur au-delà" que vous avez pour nous mille fois contrôlée. Les hommes, de siècle en siècle, comme de pays en pays, conçoivent des morales diverses qui, selon les époques et les climats, sont nécessaires et partant justes. Elles sont la vérité tant qu'elles sont nécessaires. Alors, monsieur, nous apportons devant la vie ce que vous ressentiez devant l'œuvre de Balzac : la curiosité passionnée d'une si abondante zoologie[196]. » Ici, nous voyons comment le glissement s'opère entre la destruction de la philosophie kantienne — et plus généralement la

---

[196] Ibid., p. 149

disqualification même de l'idée d'un fondement rationnel des idées — et la consécration d'une approche taxinomiste du réel (l'abondante zoologie). En opposant la critique des fondements à l'étude du vivant, on feint de croire que la philosophie de la connaissance s'oppose à l'expérience du vivant. Rien n'est en réalité plus faux, la recherche des fondements n'excluant pas, par principe, l'explication dynamique des comportements du vivant. Notons au passage que Pascal, s'il fait le constat lucide et presque amusé d'une vérité à « géographie variable » ne s'en tient pas à une forme d'indifférence relativiste (proclamation de vérité n'est pas nécessairement vraie !). Chez Pascal, comme chez la plupart de ceux que l'on regroupera plus tard sous l'appellation de « moralistes français », le relativisme des idées ne saurait être conçu comme le terme ultime de la réflexion. Plus particulièrement, la mise en question pascalienne du relativisme des représentations humaines ne relève pas du simple scepticisme, mais vise à mettre en évidence la nécessité d'un ordre de vérité transcendant, qui excède les limites de la raison et ne se donne qu'à la foi. Ainsi, la contingence et la variabilité des idées ne sont pas tant affirmées pour elles-mêmes que pour mieux marquer l'exigence d'un fondement absolu, échappant à l'instabilité du jugement humain (aspect de la pensée pascalienne que néglige évidemment Barrès).

Chez Barrès, comme en général dans la pensée nationaliste du début du XX$^{\text{ème}}$ siècle en France, c'est l'évitement de la question des fondements qui autorise le glissement vers le relativisme. Une axiologie qui se soustrait à l'examen critique de ses principes premiers se condamne à l'arbitraire : les valeurs qu'elle érige en références absolues ne trouvent plus leur légitimité que dans une adhésion contingente à un état de fait (adhésion aux valeurs imposées par le milieu social, la famille, la nation…). En l'absence d'ancrage critique et réflexif, ces valeurs ne peuvent prétendre à une normativité universalisable et se dissolvent dans la logique du particularisme ou de la simple convention sociale. Les positions relativistes qui dérivent parfois de telles axiologies pourraient à la rigueur nous sembler satisfaisantes si elles conduisaient à une forme de suspension du jugement (cet ἐποχή des anciens qui conduit à l'ἀταραξία, c'est-à-dire à une forme de tranquillité de l'âme). Cependant, dans les idéologies nationalistes, force est de constater que le relativisme n'est que de façade : débarqué par la fenêtre, l'idée de supériorité de la nation mère sur les autres nations réapparait généralement par la porte. L'attachement sentimental procure une forme de légitimité autoritaire et proclamative, comme l'affirme de manière très claire Rœmerspacher, l'anti-kantien : « Ecoute, dit Rœmerspacher, c'est oiseux de discuter si l'on doit se conduire d'après telle théorie. Fût-elle juste, il ne s'ensuit pas que ce soit une vérité qui nous influence. Ce qui détermine nos actes est plus profond, antérieur à nos acquisitions d'étudiants. Quand il s'agit de prendre une décision, ce que nous appelons "la vérité", c'est une façon de voir que nous tenons de nos parents, de notre petite enfance, de notre maîtresse, et qui par-là possède une telle force sentimentale que nous lui attribuons le caractère d'évidence[197]. » Il faut ainsi s'en tenir à l'« évidence » du sentiment national ou même régional (et non pas suspendre son jugement). Ce qui

---

[197] Ibid., p. 315

est vrai, c'est ce qui est nécessaire, ce qui est nécessaire, c'est ce qui exalte mon sentiment d'appartenance à un tout qui me dépasse. « Chacun ne raisonne que d'après ses sensations [198]! » avait proclamé Johann G. Herder dans *Histoire et cultures* (1774), « on appelle cela préjugé ! rudesse populacière ! nationalisme borné ! Le préjugé est bon, en son temps ; car il rend heureux[199] ». Dans cette philosophie axiologique, la question des fondements de la connaissance est totalement éludée au profit d'une exégèse normative du sentiment. C'est précisément le caractère normatif (et donc en définitive non-relativiste) de cette exégèse qui fonde, par exemple, Maurice Barrès à exclure Emile Zola, dans *Scènes et doctrines du nationalisme* (1902) du droit à s'exprimer en tant que Français : « Qu'est-ce que M. Émile Zola ? Je le regarde à ses racines : cet homme n'est pas un Français [...]. Il se prétend bon Français ; je ne fais pas le procès de ses prétentions, ni même de ses intentions. Je reconnais que son dreyfusisme est le produit de sa sincérité. Mais je dis à cette sincérité : il y a une frontière entre vous et moi. Quelle frontière ? Les Alpes. [...] Parce que son père et la série de ses ancêtres sont des Vénitiens, Émile Zola pense naturellement comme un Vénitien déraciné[200] ». Dans ce passage on voit clairement comment Maurice Barrès transforme une question judicative (liée à la faculté de juger) en une question axiologique (liée à l'étude des valeurs). Ainsi, Barrès ne cherche pas à discuter de la « sincérité » de Zola, ni même de sa capacité à bien juger le fond d'une

---

[198] Johann Gottfried von Herder, *Histoire et cultures, une autre philosophie de l'histoire*, p. 49
[199] Ibid. p. 78
[200] Maurice Barrès, *Scènes et doctrines du nationalisme*, 1902, p. 40

affaire judiciaire complexe. La divergence de vue sur l'affaire Dreyfus ne peut donc pas être une divergence d'analyse entre deux personnes également dotées d'une faculté d'exercer leur rationalité critique. Le différend est, selon Barrès, plus originel. Il renvoie en réalité à la question du sang et de la descendance. Si Zola ne peut avoir la même idée que Barrès sur l'affaire Dreyfus, c'est parce que son père « et la lignée de ses ancêtres » sont vénitiens. Nous voyons comment Barrès géographise ainsi la question de la faculté de juger (que viennent faire les Alpes dans cette affaire ?) avant de l'essentialiser : Zola n'étant pas d'origine française, il ne peut pas être un « bon Français ».

Avec ces déclarations virulentes et sans nuances, Barrès a ici au moins le mérite d'exposer de manière synthétique les fondements idéologiques du nationalisme : (i) la faculté de juger est liée et uniquement liée à l'appartenance à la communauté nationale, (ii) cette appartenance à la communauté nationale ne peut pas se décréter par le citoyen lui-même, elle est avant tout appartenance du sang et de la lignée, raison pour laquelle Zola ne peut pas être un « bon Français » — notons que Barrès, dans ses réflexions identitaires, est obsédé par la question du sang (le sang des soldats) et de la mort, (iii) la communauté se définit négativement par l'exclusion de ce qui n'est pas elle, à l'image d'ailleurs de l'identité individuelle : il s'agit d'élaguer les « mauvaises branches » que sont Zola le vénitien et Dreyfus le juif, (iv) tout est valeur : on ne juge jamais de manière critique, on ne fait qu'écouter la voix des préjugés et du sang. Zola a beau être sincère, il ne peut pas juger à la manière d'un « bon Français », il est et sera toujours un vénitien, fils et petit-fils de vénitien, c'est donc un déraciné qui n'a pas voix au chapitre dans le roman national, (v) l'échange avec l'étranger (avec Zola en particulier) est de fait impossible : il n'y a pas de « terrain » d'entente, les racines ne sont pas plantées dans la même terre, si tant est qu'elles soient plantées quelque part. Le nationalisme de Barrès (qui possède bien sûr, comme toutes les idéologies nationalistes ses spécificités et ses exceptions) est ainsi tout entier fondé sur une doctrine qui n'est jamais démontrée (puisqu'elle est contradictoire), doctrine selon laquelle l'identité (le fait d'être identique) est la seule condition de la compréhension mutuelle[201].

Cette idée est contradictoire et incohérente à plusieurs titres. D'abord, elle ne démontre pas en quoi l'identité – entendue comme appartenance à un groupe donné – constituerait la garantie d'une compréhension mutuelle. Ensuite, elle ignore totalement la dimension objectivante du langage. Si nous parvenons à utiliser une langue commune (ou si nous utilisons des signes communs compréhensibles, traduisibles d'une langue à l'autre), nous sommes conduits à admettre que cette langue possède ses propres règles, sa propre autonomie. Nous ne parlons pas, chacun, une langue que nous sommes les seuls à comprendre : l'autonomie des structures du langage est la condition de sa

---

[201] Nous retrouvons cette idée que la « compréhension n'est qu'un cas particulier parmi toutes les situations de malentendu » que Pierre Bourdieu endosse dans son débat sur le langage avec Jean Hyppolite et le linguiste Jean Laplanche. Voir Le langage. 1 / [Jean Fléchet, réal.] ; Dina Dreyfus, prod. ; Pierre Bourdieu, Jean Hyppolite, Jean Laplanche [et al.], https://gallica.bnf.fr/ark:/12148/bpt6k1320692r#

compréhension élargie. Or le fait est que nous nous comprenons suffisamment pour agir de concert, pour communiquer efficacement et pour objectiver notre savoir dans des réalisations techniques… (nous ne revenons pas ici de manière extensive sur l'idée d'effectivité du langage que nous avons très largement développée dans le livre I). L'effectivité du langage est ainsi une preuve concrète et pragmatique de son statut de *medium* objectif. Il est vrai, toutefois, que ce *medium* objectif est toujours perçu subjectivement, dans nos propres réseaux de significations (nos réseaux personnels, historiques ou culturels). À aucun moment, cependant, Maurice Barrès ne démontre que ces réseaux signifiants ne puissent être étendus dans la perspective d'une possible intelligibilité commune. Il se borne, au contraire, à une affirmation dogmatique selon laquelle il conviendrait de restreindre, voire de sectionner ces structures de signification. L'identité est d'abord chez Barrés défense (intensive) de l'identité : les racines s'enfoncent, mais ne s'étendent pas. Toutefois, Barrès ne précise pas les limites de cette défense, ni le point à partir duquel elle cesserait d'opérer. Or, toute définition de l'identité suppose en amont un sujet préalablement ouvert, capable d'intégrer et d'être façonné par l'identité culturelle dans laquelle il évolue (pensons au concept de *Umwelt*[202]

---

[202] Le concept d'*Umwelt* chez Martin Heidegger renvoie à l'environnement ou au « monde ambiant » dans lequel l'être humain évolue et interagit de manière significative. Dans le cadre de sa philosophie de l'être, Heidegger s'intéresse particulièrement à la manière dont l'être humain, qu'il appelle le *Dasein* (l'être-là), se rapporte au monde dans son quotidien, dans une forme de proximité avec les choses qui l'entourent.

défendu notamment par Heidegger). La clôture identitaire revendiquée par Barrès semble elle-même présupposer un mouvement d'appropriation et d'assimilation, ce qui dès lors engage l'être dans une tension non résolue entre intégration et exclusion. A défaut de nous avoir éclairés sur les critères premiers de ce processus d'intégration et d'exclusion, l'idéologie nationaliste de Barrès demeure pour ainsi dire « en l'air ». Comme toutes les théories identitaires qui prétendraient faire l'économie d'une analyse critique et autonome du sujet, la théorie de Barrès se dissout dans un arbitraire dénué de fondements rationnels. Elle se heurte en outre à une contradiction interne : elle

---

Pour Heidegger, l'*Umwelt* n'est pas simplement un « environnement » neutre ou un ensemble d'objets présents autour de nous. Il s'agit plutôt d'un monde structuré et significatif, dans lequel chaque élément est investi d'un sens pratique et relationnel. Contrairement au concept purement spatial d'environnement, l'*Umwelt* désigne le monde vécu par l'être humain, tel qu'il le perçoit, le comprend et l'habite. Ce monde est donc toujours chargé d'intentions, de finalités et de significations. L'*Umwelt* n'est pas simplement constitué d'objets indépendants, mais de références et de rapports de sens où les objets se révèlent dans leur utilité et leur connexion à nos projets quotidiens. Dans la définition de son concept d'*Umwelt*, Heidegger s'est inspiré de la théorie de l'*Umwelt* du biologiste Jakob von Uexküll, qui voit l'environnement de chaque être vivant comme un monde propre où les éléments prennent sens selon les perceptions et les besoins de cet être. Pour Heidegger, cette idée s'étend à la manière dont l'humain interprète son environnement à travers un prisme existentiel et pratique, rendant chaque expérience individuelle. Chez Heidegger, le concept d'*Umwelt* permet de faire une sorte de bascule entre l'ontologie de *Dasein* et la pensée nationaliste (dans une approche anti-critique). Cette bascule entre l'ontologie et l'axiologie est, dans l'œuvre de Heidegger insidieuse, affirmative et non démontrée.

mobilise, en vue de son effectivité, le *medium* autonome et opératoire qu'est le langage, tout en cherchant à en disqualifier précisément la portée universelle. Il y a là une performativité paradoxale : on postule d'emblée l'incommensurabilité du différend et l'impossibilité d'un terrain commun, tout en s'adressant à l'autre par le biais d'un *medium* objectif, censément compréhensible par celui-là même que l'on déclare incapable de comprendre. Le nationalisme, à l'instar du matérialisme doctrinaire, repose sur une pétition de principe : il présuppose ce qu'il devrait démontrer et s'appuie sur une délégitimation implicite de la raison critique, délégitimation qui demeure elle-même non démontrée et sans justification épistémologique rigoureuse.

L'IDENTIQUE ET LE DISSEMBLABLE

4.

La question de l'identité induit, dans la formation même de son concept, la question de la dualité, c'est-à-dire de la différence. L'identité est en effet avant tout ce qui détermine l'*unitaire*, c'est-à-dire ce qui se délimite et se sépare du divers extérieur. Sur le plan logique et ontologique, on ne peut ainsi comprendre la question de l'identité que par relation avec la question de l'autre. Il en va de même sur le plan de la psychologie et des influences des expériences subjectives. Si nous admettons que nous sommes conditionnés, dans notre approche axiologique et même cognitive du réel, par notre milieu, par notre histoire et par notre culture, il nous faut aussi reconnaître que ce conditionnement ne peut être à son tour possible que par l'assimilation du divers au sein d'une unité organisée. En d'autres termes, le sujet, avant de se définir lui-même une identité par élaguements et rejets successifs (pour reprendre le vocabulaire de Maurice Barrès) doit croître par assimilation de l'hétérogène. Avant de « défendre » notre *moi*, comme le veut Barrès, il faut bien que le *moi* se soit constitué. Il est donc illusoire de prétendre « épurer notre Moi de toutes les parcelles étrangères que la vue continuellement y introduit », de la même manière que l'idée selon laquelle on ne pourrait ajouter au *moi* que « ce qui lui est identique, assimilable[203] » est sans objet et incohérente. Si telle était la dynamique du *moi*, le *moi* serait condamné à rester une coquille vide,

---

[203] Maurice Barrès, *Sous l'œil des barbares* (1888) in *Le Culte du moi*, Paris, Emile-Paul éditions, 1910, p. 13

vierge de toute influence extérieure. L'assimilation de l'identique est une fiction contradictoire, d'une part parce que rien d'identique n'existe dans la nature (même deux particules parfaitement identiques ne peuvent occuper le même espace, elles sont non-superposables et par conséquent dissemblables) et d'autre part, parce que, comme nous l'avons signalé, on ne peut logiquement penser l'identité sans penser la dualité (Hegel, dans la *Science de la logique*, 1812-1816, avançait une idée proche : l'identité, se développe par un processus dialectique. Elle n'existe pas isolément, mais se constitue en relation avec son contraire. Pour Hegel, l'identité est donc dynamique et dialectique : elle implique toujours une tension, une négation, une synthèse). Penser l'identité sans la dualité, l'homogène sans l'hétérogène conduit aux contradictions qui sont généralement celles des systèmes monistes (systèmes qui, comme nous l'avons longuement discuté dans le livre I, ne produisent pas et ne peuvent pas produire de sens). Cela ne signifie pas pour autant, bien sûr, que l'identité soit elle-même une fiction narrative. Si l'identité se définit négativement par la différence, c'est bien que l'identité existe, ne serait-ce que d'un point de vue biologique : l'organisme est un système intégré, en constante interaction avec son environnement qui se nourrit de ce qui le fait croître et se défend de tout ce qui cherche à le détruire (voir livre I, § 14 — *Qu'est-ce qu'un organisme ? Caractère autonome des organismes, leur faculté à produire des règles*). La construction psychologique de l'identité est, par certains aspects, semblable à la construction biologique de l'organisme. Elle se fait par assimilation de l'hétérogène, par intégration des expériences successives, et par sélection (plus ou moins critique) de ce qui relève de l'intimité du *moi* (ce en quoi il se reconnait, ce qu'il valide comme faisant partie de lui) et de ce qui relève de ce qui est destiné à me rester extérieur (ce que nous désapprouvons plus ou moins sciemment ou confusément, ce que nous rejetons, ce en quoi nous ne « nous reconnaissons pas »). L'identité est ainsi toujours une construction (elle n'est pas un donné fondamental, comme le présente Barrès), construction progressive dans lequel le sujet a ou doit jouer un rôle critique déterminant : le sujet, en tant qu'être sensible et rationnel a le droit et sans doute le devoir de faire l'inventaire de ce qui le constitue, tant du point de vue axiologique que du point de vue épistémologique. Cette construction identitaire a toujours pour moteur l'hétérogène (que cet hétérogène constitue une possibilité d'assimilation et de croissance de l'identité, ou au contraire qu'il soit l'aiguillon d'un rejet entraînant un raffermissement de l'identité sur ses bases). Au cœur de l'hétérogène se pose ainsi toujours la question de l'autre en tant qu'il est pour moi une menace (menace qui entraîne chez moi une attitude de repli, voire d'agressivité) ou au contraire une possibilité d'accroissement de mon être (une projection dynamique de mon identité). Notons cependant que si la question de l'identité recoupe en partie celle de l'axiologie (je m'identifie plus volontiers à ceux qui ont les mêmes « valeurs » que les miennes), elle ne s'y superpose pas. Je peux en effet très bien « accepter » l'autre dans ses différences — ces différences étant pour moi l'occasion d'accroître mon réseau de significations, d'admettre la diversité des visions du monde, de les intégrer et d'en faire l'examen — sans par ailleurs me reconnaître dans ses valeurs : je demeure libre d'avoir une vision critique envers l'hétérogène, comme d'ailleurs envers ce qui constitue mon *moi* (l'homogène). En d'autres termes, l'identité n'est pas première *en droit* dans la définition critique des valeurs. Si tel était le cas, en effet, la question de l'éthique et de la vérité serait subordonnée à la question historique et spatiale de la formation des groupes (culturels ou non). Du point de vue de la philosophie de la connaissance, nous avons montré que cette idée était une ineptie (nous avons pour cela arrimé la question de la vérité à la question de l'effectivité, notamment pour ce qui concernait les sciences expérimentales). Du point de vue de l'éthique, il semble également difficile de faire des concessions au relativisme culturel : dans l'interrogation éthique, c'est toujours la question de l'autre qui demeure centrale. Si l'autre est nié ou limité dans son existence ou dans ses libertés, c'est la préoccupation éthique tout entière qui se trouve anéantie (raison pour laquelle on ne peut pas, à notre avis, admettre l'inadmissible au nom de la « tolérance culturelle »). La question de l'identité, comme celle de la connaissance, de l'éthique ou de l'esthétique, présuppose l'état d'ouverture sensible du sujet (c'est la structure du dualisme *radical*), qui est aussi un état de déséquilibre vers l'autre (le *moi*, nous l'avons évoqué, et comme projeté dans l'espace et dans le temps, cette projection est aussi projection vers l'hétérogène, vers ce qui, en dehors de moi, me saisit). Toute définition de l'identité qui partirait de la position opposée (l'état de fermeture presque « originelle » du sujet qui ne se définirait qu'en se reconnaissant, comme si son identité était une essence transmise et immuable) s'expose ainsi à des contradictions radicales : vacuité du sujet, relativisme axiologique, relativisme épistémologique.

## 5.

L'art, en tant que moyen terme entre l'intimité du sujet et son expression publique, agit comme le vecteur de son identité. L'œuvre d'art constitue pour l'artiste une objectivation d'une impression « interne ». Elle est, pour reprendre la phrase de Zola, « la nature vue à travers un tempérament[204] ». La vision de cette nature ne se rapporte pas uniquement à la nature « externe », elle se ramène aussi (et peut-être surtout) à l'examen et à l'expression de notre nature profonde, nature qui se définit elle-même dans sa collision permanente avec l'extérieur. L'artiste, par ailleurs, en produisant l'œuvre introduit dans le réel un nouveau réseau symbolique, une nouvelle référence signifiante, il crée, pour ainsi dire, un sens nouveau. L'œuvre d'art est en cela à la fois intemporelle (elle n'est pas le support didactique de son époque) et historique dans la mesure où elle introduit, à un moment donné de l'histoire des hommes, un sens nouveau, des significations nouvelles. Elle est à la fois révélatrice d'une identité individuelle (celle de l'artiste) et constitutive d'une identité collective (celle qui s'organise autour des questions que soulèvent l'œuvre et des lignes de significations possibles qu'elle trace à partir d'elle). L'œuvre d'art, dans son altérité radicale et dans ses directions signifiantes est donc le *medium* d'un accroissement identitaire.

Confrontée à ce qui lui est hétérogène, l'identité croît par intégration de significations nouvelles (ou au

---

[204] Emile Zola, *Les réalistes du salon*, Journal *L'Evénement*, 11 mai 1886

contraire se solidifie ou se sclérose par rejet de ce qui ne lui est pas « assimilable »). L'art n'est donc pas seulement, comme nous en avons précédemment développé l'idée (voir livre II, *L'art comme jeu - discours décalé sur le réel : l'ironie*) le vecteur d'une identification du *moi* par appropriation ou par différenciation du réel (nous pensons par exemple au rôle du mythe dans la définition de l'identité de l'homme[205]), il est aussi le

---

[205] Voir notamment l'analyse qu'en fait Cassirer dans *La philosophie des formes symboliques*. Pour Ernst Cassirer, le mythe joue un rôle central dans la formation de l'identité humaine en tant que forme symbolique fondamentale qui structure notre expérience du monde. Selon lui, le mythe n'est pas une simple illusion ou une fausse représentation de la réalité, c'est plutôt un mode de pensée qui aide les individus et les communautés à donner un sens au monde et à se définir eux-mêmes en relation avec lui. Cassirer voit le mythe comme une des premières formes par lesquelles les êtres humains ont commencé à structurer leur perception du monde. Avant l'apparition de la science et de la rationalité, le mythe a permis aux premières communautés de comprendre leur existence et d'élaborer une identité collective en relation avec leur environnement naturel et social.
Le mythe crée de fait un monde partagé de significations : les récits mythiques sur les origines, les dieux, et les forces de la nature offrent un cadre commun à travers lequel les individus d'une communauté peuvent interpréter leur rôle, leur destin, et les normes qui les unissent. Les rites sont en quelque sorte une réactivation quotidienne de cette puissance signifiante. Les rituels fondés sur des récits mythiques renforcent l'appartenance collective et l'identité de la communauté. Par la participation à ces rituels, l'individu est intégré dans un ordre symbolique qui le transcende.
L'imaginaire mythique joue un rôle déterminant dans la façon dont l'individu et la communauté définissent ce qu'ils sont. Les figures héroïques, les dieux et les légendes ne sont pas seulement des récits fictifs ; ils incarnent des valeurs, des

vecteur et le symbole historique d'un accroissement identitaire par l'introduction dans le réel de formes et de significations nouvelles.

---

peurs et des espoirs collectifs qui contribuent à définir l'identité culturelle et personnelle.
Ainsi, pour Cassirer, le mythe est une forme symbolique indispensable dans le développement de l'identité, tant individuelle que collective. Il permet de structurer et d'interpréter le monde, et de nous situer en tant qu'êtres humains dans un cosmos de significations partagées.
Voir également les analyses de René Girard, notamment sur la proximité entre le culte et la culture, par exemple René Girard, *Des choses cachées depuis la fondation du monde*.

## IDENTITE ET FORMALISME
## DYNAMIQUE DU DUALISME RADICAL

### 6.

En mobilisant la notion de dynamisme identitaire, nous avons réinscrit notre réflexion dans une structure duale du monde et mis en évidence la manière dont cette bipolarité constituait le principe moteur du développement du *moi* et de son processus d'auto-constitution. Loin d'être une donnée fixe ou substantielle, l'identité se déploie, nous l'avons évoqué, dans une dialectique de différenciation et d'intégration, dans laquelle l'altérité joue un rôle structurant vis-à-vis du sujet. C'est l'état d'ouverture du *moi* qui caractérise son rapport au monde. C'est par la sensibilité (état d'ouverture sensible) que le *moi* peut interagir avec les choses (ses *stimuli* qui l'affectent et le saisissent). C'est par sa capacité à appréhender les choses (l'intuition comme *medium* entre l'intérieur et l'extérieur) et à les formaliser (la formalisation comme outil d'intégration de l'extérieur dans un réseau de significations produit par le sujet) qu'il peut se hisser au niveau des structures du langage. En faisant l'hypothèse que la structure originaire du *moi* (son état d'ouverture) constituait le principe moteur du dynamisme identitaire, nous n'avons fait que réaffirmé la primauté logique du dualisme : de la même manière que la signification ne peut pas se constater au sein d'un unique niveau systémique sans référant metasystémique (comme Gödel l'a montré avec ses deux théorèmes d'incomplétude — il n'y a pas de mathématiques sans mathématicien, il n'y a pas de système formel cohérent qui ne soit pas ouvert sur un autre système, un metasystème), il est logiquement impossible de penser une identité qui serait une sorte de donné formel unifié (un *corpus*) en dehors de toute référence au sujet. L'identité est en effet toujours identité de *quelqu'un* qui se déclare lui-même comme unifié, comme unitaire. Sans cette reconnaissance du sujet (ou du *moi*) comme tout unifié, capable de se définir et de se raconter (de dire « je » ou de dire « moi », et de penser en même temps ce *je* ou ce *moi*, de le présupposer dans toutes ses actions ou toutes ses pensées), il ne peut y avoir à proprement parler « d'identité ». Nous retombons ici sur l'une des apories du monisme : le système moniste ne peut avoir de sens par lui-même (ce n'est d'ailleurs sans doute pas un hasard si les idéologies ou les doctrines nationalistes, qui prônent le plus souvent une identité fixe sont aussi la plupart du temps des théories monistes), le tout n'est rien en l'absence des parties (surtout si les parties sont les seules à être réellement conscientes). Remarquons d'ailleurs en passant que le vocabulaire « identitaire » nationaliste est souvent emprunté au monde animal ou végétal, c'est-à-dire à un monde dans lequel la conscience de soi joue le rôle le plus faible possible : on évoque les « racines » (ou les « déracinés »), la « souche », le « terreau », les « parasites » — nous pensons aussi à la métaphore de l'arbre chez Barrès ou encore à ce qu'il qualifie de si « abondante zoologie » en parlant des comportements humains.

L'idée d'identité nationale (bien qu'elle possède une pertinence historique et culturelle) repose sur une logique d'après laquelle des entités collectives préconstituées ou des ensembles autonomes exerceraient (à bon droit) une détermination sur l'identité individuelle de leurs membres. Une telle conception présuppose la primauté du groupe sur ses éléments, en soutenant notamment l'idée selon laquelle l'individu tire son identité principalement de son appartenance à une structure collective préexistante. Elle subordonne ainsi la formation du sujet à une logique d'incorporation et de détermination externe, reléguant au second plan toute dynamique autonome de subjectivation et de construction propre. L'identité serait en ce sens une sorte de superstructure formelle qui infuserait de son contenu prédéfini chaque nouvel arrivant du groupe (c'est une identité décrétée par la superstructure autonome et subie par le groupe).

Nous avons plusieurs objections à faire à cette vision de l'identité. Premièrement, en défendant l'idée d'une autonomie légitimante de la superstructure nationale — c'est-à-dire en postulant l'existence d'un *corpus* autonome doté de sa propre histoire, de ses propres règles, et exerçant une normativité *de facto* sur l'ensemble des individus qui y sont intégrés —, on accrédite une position non-relativiste (au sens philosophique). Celle-ci suppose que des structures autonomes possèdent des logiques internes et des légitimités immanentes, indépendamment des individus qui les composent. Or, un tel statut épistémologique est généralement réservé à des systèmes réellement objectifs et formalisés (tels que les mathématiques, les langages organisés ou les systèmes normatifs régulés). Toutefois, les nationalistes, bien qu'accordant à la superstructure nationale un statut d'autonomie comparable à ces systèmes formels, refusent souvent d'étendre cette reconnaissance aux structures qui sont réellement objectives. Il y a là une première contradiction : la nation est érigée en entité autonome et auto-légitimante, alors que son fondement est d'une nature éminemment contingente, socio-historique et non nécessaire.

Deuxièmement, alors même qu'ils revendiquent l'autonomie objective du cadre national, les discours nationalistes restent paradoxalement enfermés dans une posture relativiste. Si, en effet, la légitimité de ma nation repose uniquement sur mon appartenance à celle-ci, je dois alors accorder, de manière symétrique, aux membres d'autres nations le droit de considérer leur propre nation comme légitimement supérieure. On se retrouve ainsi dans une seconde contradiction : le nationaliste revendique une légitimité absolue pour sa propre nation, tout en reconnaissant implicitement la même prétention aux autres nationalistes (étrangers). Il en résulte un conflit latent des légitimités, au sein duquel chaque entité se revendique comme seul cadre légitime, sans qu'aucun critère externe ne puisse trancher cette prétention. Ce conflit latent, dès lors qu'il ne trouve pas de résolution symbolique, tend à se muer en affrontement ouvert. Si chaque nation considère sa propre légitimité comme absolue tout en refusant l'idée d'une régulation extérieure par le droit (international) alors la seule issue devient celle du rapport de force. Ce passage du relativisme au bellicisme est presque mécanique : une fois écartée l'idée d'un principe supérieur d'arbitrage, la nation se définit en opposition aux autres, et l'identité collective se renforce dans une logique antagoniste. Dès lors, ce n'est plus la loi qui fait force, mais la force qui fait loi. L'histoire nous montre que nombre d'idéologies nationalistes ont ainsi conçu le droit non comme une norme autonome, mais comme l'expression d'un état des rapports de puissance.

Enfin, la vision nationaliste de l'identité tend à minimiser, voire à nier, le rôle de l'individu dans la constitution même du collectif. Pourtant, c'est bien l'individu qui constitue la seule force dynamique du groupe, lequel, sans lui, demeure une abstraction. Or, dans le cadre nationaliste, il ne s'agit pas tant pour l'individu de participer à la construction d'une identité collective que de se conformer à une identité préexistante, souvent essentialisée, dont il devient garant, voire gardien de sa « pureté ». Cette idée de pureté identitaire, explicitement défendue par Barrès et par bien d'autres doctrines, repose sur une homogénéité fictive des membres du groupe. En d'autres termes, elle suppose une similarité construite, décrétée selon des critères arbitraires et imposée par un leader ou une élite nationale, au détriment des singularités individuelles. En affirmant la primauté ontologique du groupe sur l'individu, le nationalisme instaure une hiérarchie dans laquelle l'individu ne possède pas d'existence autonome, mais n'est qu'une fraction d'un tout déjà constitué. Son identité ne se définit plus par lui-même, mais exclusivement par son appartenance à cette totalité préexistante, ce qui revient à subordonner l'individuel au collectif et à nier toute singularité hors du cadre national. Or, cette supériorité du collectif sur l'individu n'est ni démontrée ni fondée rationnellement : elle est décrétée de manière autoritaire et repose le plus souvent sur le comblement d'un vide narratif du sujet, c'est-à-dire sur la nécessité pour l'individu de s'identifier à une structure qui lui préexiste, faute de se construire un récit propre.

Ce triptyque de contradictions révèle que le nationalisme, loin de constituer une théorie cohérente de l'identité, repose sur une fiction essentialiste qui ne se justifie qu'à travers une entreprise de délégitimation de la raison critique. C'est la raison pour laquelle nous abordons la question de l'identité non pas sous l'angle de l'héritage, c'est-à-dire comme la transmission d'un *corpus* figé au sein d'un groupe préalablement constitué, mais comme une dynamique narrative, à la fois individuelle et collective, intégrant en elle des éléments de dynamisme, c'est-à-dire d'hétérogénéité. Loin d'être une essence immuable, l'identité se construit dans le temps par un processus narratif ouvert non seulement sur les membres du groupe, mais aussi sur les apports extérieurs qui participent à sa reconfiguration. Ce caractère évolutif et dialogique implique qu'elle ne puisse être pensée indépendamment d'un travail rétrospectif et critique sur ses propres fondements.

Loin d'être un cadre rigide et prescriptif auquel nous devrions nous soumettre à la manière d'un automate exécutant un programme, l'identité implique une capacité de réflexion et de mise à distance. C'est cette aptitude qui permet à la fois de s'approprier, et de modifier ou de questionner les structures culturelles au sein desquelles nous évoluons. Le membre d'un groupe n'est pas condamné à l'adhésion passive aux « us et coutumes » qui lui sont attribués. En tant qu'individu autonome, doté d'une faculté de jugement propre, d'une histoire singulière et d'un réseau signifiant qui lui est spécifique, il possède non seulement le droit, mais aussi le devoir d'exercer un regard critique sur les cultures, y compris la sienne. Une telle approche implique d'inverser la hiérarchie généralement posée entre identité et normativité : l'identité n'est pas première par rapport aux principes de justice et de vérité, elle ne constitue pas un système de valeurs immanent et autosuffisant, mais demeure un donné historique qui doit pouvoir être interrogé et évalué à l'aune de principes rationnels et éthiques. Une identité qui se constituerait en dehors ou au détriment de l'individu, en l'assignant à une pure réceptivité ou en le réduisant à un simple véhicule d'un héritage intangible, se condamnerait à une rigidité stérile. C'est toujours l'individu qui est à la racine du dynamisme narratif de l'identité et non l'inverse.

## LA MACHINE PEUT-ELLE AVOIR CONSCIENCE D'ELLE-MEME ?

### 7.

IDENTITE, INTELLIGENCE ET CONSCIENCE — Il peut sembler incongru de s'interroger sur le problème de la conscience des machines après avoir évoqué le concept d'identité chez les groupes humains. Pourtant, il existe entre les deux questions une réelle contiguïté. Nous avons vu, en effet, d'une part qu'un discours cohérent sur l'identité collective n'était possible que si l'on admettait l'idée d'une identité individuelle (à défaut de quoi l'identité collective était sans objet) et d'autre part, que le discours sur une identité collective comprise comme *corpus* organisé qui s'imposerait « d'en haut » à l'ensemble des membres du groupe suscitait de nombreuses incohérences logiques (nous en avons désigné trois : (i) reconnaissance de l'identité nationale comme *corpus* autonome légitime et, simultanément, rejet général de tout fondement normatif légitime, (ii) reconnaissance de la légitimité supérieure de la nation, mais aussi de toutes les nations historiquement organisées conduisant à d'inévitables et insolubles conflits des légitimités, le (ii) étant une des conséquences du (i), (iii) postulat de la supériorité ontologique du groupe sur ses membres[206]).

---

[206] Le nationalisme de Maurice Barrès renferme ces trois contradictions. Voir notamment la dissolution de l'individualité dans le sang versé pour la nation, la glorification du sol, des soldats, de la guerre. Voir également,

Ces questions sont en réalité un prolongement de la problématique du dualisme. L'idée que l'identité nationale constituerait une forme de logiciel axiologique qui définirait les membres d'une nation va en effet de pair avec une vision moniste du réel dans laquelle l'individu n'est que le vecteur inconscient ou semi-conscient d'une superstructure identitaire. Dans l'idéologie nationaliste, la superstructure autonome qu'est la nation a une légitimité de fait (par son antériorité). Cette légitimité décrétée doit être acceptée par les membres que la nation intègre par la naissance ou par l'adoption. Tout se passe en réalité comme si la nation était un système formel dont les membres étaient les variables. L'idéologie nationaliste (comme toutes les conceptions fixistes de l'identité) procède ainsi d'un retournement sémantique. Dans cette conception, l'identité n'est pas « *émanente* » (elle n'est pas une émanation ou sorte de synthèse narrative constituée par les membres du groupe) mais *immanente* (elle s'impose dans un cadre particulier et ne le dépasse pas). Comme souvent, dans les théories monistes, on pense le système comme une réalité indépendante de ses composants. Ce faisant, on néglige les spécificités individuelles (en les traitant, par exemple, comme des déviances ou des écarts par rapport à une norme donnée, c'est-à-dire en les mathématisant — comme

---

à propos d'un autre type de nationalisme, le livre d'Arthur Kœstler *Darkness at Noon*, dont le titre est habilement traduit en français par *Le Zéro et l'infini*, dans l'Union Soviétique, le zéro ontologique étant l'individu tandis que le groupe symbolise l'infinité ontologique — c'est le constat amer que fait le héros du livre, Nicolas Roubachof, ancien haut fonctionnaire du Parti Communiste, victime arbitraire des purges communistes et condamné à mort à la suite d'un procès truqué.

c'est le cas dans la plupart des théories holistes par exemple) au profit de la logique générale du groupe, par omission ou réduction des sous-jacents qui le constituent. On traite ainsi des groupes humains de la manière dont on traiterait des phénomènes physiques, c'est-à-dire comme des ensembles déterministes de *niveau 1* : des groupes dont les composants n'ont pas conscience d'eux-mêmes. Dans la physique des particules, les objets étudiés n'ont pas d'identité, pas de conscience : ils obéissent à des lois qui sont déduites et formulées par des observateurs externes aux phénomènes décrits (si nous mettons ici de côté les problématiques spécifiques à la mécanique quantique, les observateurs de la physique classique des particules sont externes aux phénomènes décrits, ils constituent le *niveau 2* du système, c'est-à-dire le niveau signifiant). Rien de semblable, cependant, n'est reproductible dans l'étude du comportement humain. Individuellement, les hommes, à mesure qu'ils prennent conscience d'eux-mêmes, de leurs motifs d'action, de l'influence de facteurs exogènes, ont la capacité de modifier leurs conceptions, leurs volitions ou leurs actions. En tant qu'êtres conscients et signifiants (et donc adaptatifs), les hommes qui composent les groupes sociaux ou identitaires ne s'en tiennent pas, comme les particules en physique, au *niveau 1* (niveau inconscient, sans signifiance). Autrement dit, dès lors que l'individu possède une conscience de lui-même et des structures qui ont de l'influence sur lui, son comportement peut se modifier à son initiative, c'est-à-dire basculer d'un niveau de signification à un autre (l'individu, contrairement à la particule, *est son propre observateur*, il est donc déjà un système et un metasystème constitué). Cette instabilité des niveaux est précisément ce qui caractérise l'homme (voir notamment Livre I, § 44 — *Les niveaux de compréhension et les étages de sens*) et qui rend la théorisation des comportements sociaux et identitaires périlleuse (il y a toujours la tentation de ramener les groupes humains à des groupes « simples » en calquant les théories comportementales sur les hypothèses de travail des sciences physiques). Dans les théories identitaires, comme dans la plupart des théories holistes, le théoricien traite du groupe comme d'un ensemble possédant une dynamique autonome sans réellement s'intéresser à la problématique fondamentale de l'émergence de la conscience et des structures du langage qui précisément permettent à l'individu de faire l'expérience éveillée de lui-même c'est-à-dire de dévier du comportement aveugle qui serait celui d'une particule, d'un « support identitaire » ou « social » dont l'unique fonction serait de remplir son rôle au sein de la structure étudiée. On en arrive ainsi au paradoxe suivant : au sein d'un groupe constitué, un théoricien, qui se considère comme observateur neutre ou externe au groupe (alors que la plupart du temps, il fait lui-même partie de la structure étudiée), formule, dans le langage du groupe (ou dans tout autre langage compréhensible par le groupe), une théorie qui minimise ou nie le rôle que joue le langage objectif dans la dynamique du groupe, tout en revendiquant pour sa propre théorie (pour sa production signifiante formulée dans le langage du groupe) une forme de valeur objective. Par un curieux retournement des choses, le langage devient ainsi l'instrument de la négation du locuteur (pensons par exemple à cette idée développée par Jacques Lacan selon laquelle nous ne parlons pas mais « sommes parlés[207] » par le langage). Ce type de raisonnement en gigogne fait penser de nouveau au paradoxe du

---

[207] Lacan introduit cette idée dans son Séminaire XI, *Les quatre concepts fondamentaux de la psychanalyse* (1964), où il affirme que « l'inconscient est structuré comme un langage ». Il met en avant l'idée que l'inconscient n'est pas une zone primitive ou irrationnelle de l'esprit, mais un système de signifiants qui agit indépendamment de la conscience. En d'autres termes, l'individu n'est pas maître de ses propres pensées et de ses désirs inconscients. Le langage devient alors une force externe qui façonne notre psyché.
Lacan fait également valoir que les signifiants, ou les éléments de langage, préexistent au sujet. Nous naissons dans un monde de langage qui structure notre réalité et, plus fondamentalement, notre être. Il explique cette relation au langage par la célèbre formule « le signifiant représente le sujet pour un autre signifiant », signifiant ainsi que l'identité du sujet est toujours en devenir, toujours déplacée d'un signifiant à un autre dans une chaîne sans fin. Dans ses *Écrits* (1966), notamment dans le texte *L'Instance de la lettre dans l'inconscient ou la raison depuis Freud*, Lacan aborde cette dépendance au langage en expliquant comment les mots que nous utilisons pour exprimer notre subjectivité nous viennent d'autrui, de l'Autre symbolique. Pour lui, le « je » est moins une affirmation de soi qu'une représentation, une construction discursive dépendante du langage et de la relation à cet « autre ».
L'idée que nous « sommes parlés » rejoint aussi la notion de l'autre chez Lacan, ce grand Autre symbolique qui représente le lieu du langage, des normes, et des structures sociales qui déterminent notre existence. Pour Lacan, notre subjectivité est façonnée dès l'enfance par cet Autre symbolique, qui est lui-même constitué par les règles, les valeurs, et les mots hérités de la société et de la culture. Ainsi, notre identité est fondamentalement aliénée, car elle est construite à partir d'éléments extérieurs à nous-mêmes.
Dans Le Séminaire XX, *Encore* (1972-1973), Lacan pousse plus loin cette idée en expliquant que le langage est une « structure de l'Autre » qui nous « aliène ». Les signifiants que nous utilisons pour parler, même ceux qui expriment nos

menteur : au niveau *n+1* le locuteur (le théoricien moniste) affirme une vérité du type : « l'individu n'est rien, le groupe est tout » (ou alors « la nation est première par rapport au citoyen », ou encore, dans la version holiste de certaines théories sociologiques « tout comportement est un comportement social qui s'explique par le groupe »), le raisonnement cependant, s'il revendique une forme de vérité au niveau *n+1* (c'est-à-dire au niveau de ce locuteur fictif et impensé qui se place au-dessus du groupe pour l'analyser et lui assigner une identité immanente par exemple) manque sa propre cohérence en refusant d'envisager les conditions de sa possibilité. Si, en effet, j'affirme schématiquement que l'individu n'est rien et que le groupe est tout, que faire du statut du locuteur

---

désirs les plus intimes, sont des éléments hérités, partagés, qui nous échappent en partie. En ce sens, parler signifie être « parlé » par le langage, une force qui nous dépasse.

En affirmant que nous « sommes parlés » par le langage, Lacan montre aussi que la quête de l'identité ou du « moi véritable » est, en quelque sorte, une illusion. Le moi est un effet du langage et de l'inconscient, non une entité stable ou autonome. Le langage nous façonne à travers des structures signifiantes qui déterminent nos désirs, nos pensées et nos comportements, souvent à notre insu.

Nous ne nions pas, contre Lacan, que le langage soit déjà pour nous une « superstructure » existante, ni que cette structure (comme toutes les structure qui nous préexistent) n'ait pas d'influence sur nos actions, nos comportements et nos pensées. Nous contestons cependant l'idée selon laquelle nous ne serions que le vecteur inconscient de ces actions, de ces comportements et de ces pensées. La philosophie, et en un sens la psychanalyse, est précisément le lieu de la conscientisation, de l'ouverture consciente du sujet à lui-même et, par conséquent, de sa libération (de la progression de sa liberté). Le psychanalyste ne peut pas sérieusement dénier au sujet de son étude ce qu'il s'accorde volontiers à lui-même (la capacité de clairvoyance).

qui profère cette « vérité » ? S'il est un individu, alors il n'est rien, et sa propre affirmation n'est rien non plus (du néant ne peut sortir que le néant) et s'il n'est pas un individu, alors que peut-il bien être ? L'affirmation devient de fait contradictoire : si je ne suis rien, je ne peux affirmer quelque chose de signifiant pour moi qui aurait la forme de la phrase « je ne suis rien » (ce qui nous renvoie au problème du menteur qui affirme « je suis en train de mentir » à propos d'un contenu déterminé). Par conséquent, les théories holistes (ou toute théorie qui affirme la prééminence du groupe sur l'individu, comme le nationalisme) sont soit incomplètes (raisonnements du type « le groupe précède toujours l'individu, sauf dans mon cas » ou alors « on peut toujours expliquer la totalité des comportements de l'individu par les injonctions du groupe, sauf dans mon cas » — ce qui doit nous conduire à nous interroger sur les problèmes d'*ego* des théoriciens en question[208]) soit contradictoires (raisonnements du type « il n'y a pas de vérité » ou « je ne suis rien »).

Si nous en venons désormais au problème qui nous occupe dans le présent paragraphe, qu'en est-il des machines et de ce que nous appelons l'intelligence artificielle ? La problématique de l'identité, si elle peut paraître, à première vue, éloignée de la question de l'intelligence artificielle, en constitue en réalité une porte d'entrée intéressante du point de vue philosophique et épistémologique : l'ordinateur peut-il avoir une idée authentique de lui-même ? Peut-il sauter

---

[208] Voir à ce sujet : Geoffroy de Clisson, *Les Antihumanistes ou l'avènement des Contre-Lumières*, l'étau idéologique français, notamment p. 171 — merci de ne pas voir dans cette démarche d'autocitation le problème d'*ego* en question !

au-dessus de ses déterminismes formels pour « se raconter » ? A-t-il enfin la faculté, comme l'homme, de dire « n'importe quoi », c'est-à-dire d'opérer des sauts constants et désordonnés en dehors de systèmes déterminés ? S'il semble communément admis que, en l'état actuel de nos connaissances et des développements de l'informatique, la réponse aux deux premières questions soit aujourd'hui négative, la réponse à la troisième question n'est pas aussi tranchée. Si les erreurs commises par l'intelligence artificielle sont en grande partie dues aux limites des données d'entraînement de l'IA (biais dans les données, données incomplètes ou obsolètes, hétérogénéité des données), à la complexité des tâches, ou parfois à des imprécisions dans la compréhension du contexte, elles sont aussi le fait de la structure profonde des modèles d'intelligence artificielle et de leur imitation des réseaux neuronaux. L'idée qui consista, dans les années 1940, à modéliser ces réseaux neuronaux[209] fut en réalité, nous l'avons signalé, consécutive à la problématique générale de la computabilité qu'Alan Turing exposa à la fin des années 1930 (Thèse de Turing-Church de 1938), cette problématique ayant d'abord été présentée par Turing lui-même comme une tentative de surmonter les défis que représentaient les deux théorèmes de Gödel dans le cadre du traitement automatique de l'information (ce

---

[209] Warren McCulloch et Walter Pitts sont célèbres pour leurs travaux pionniers en neurosciences computationnelles et en intelligence artificielle. Dans leur article fondateur de 1943, *A Logical Calculus of the Ideas Immanent in Nervous Activity*, ils ont introduit le concept de neurones formels, posant les bases théoriques de ce qui deviendra plus tard les réseaux neuronaux artificiels.

qui deviendra l'informatique)[210]. Ainsi, au début de sa thèse, Turing écrivait-il, comme nous le signalions au livre I[211] : « Le théorème bien connu de Gödel montre que tout système de logique est, dans un certain sens, incomplet, mais en même temps, il indique les moyens par lesquels à partir d'un système L de logique, un système plus complet L' peut être obtenu. En répétant le processus, nous obtenons une séquence L, $L_1 = L'$, $L_2 = L_1'$, ... chaque fois plus complète que la précédente. Une logique $L_\omega$ peut alors être construite dans laquelle les théorèmes prouvables sont la totalité des théorèmes prouvables à l'aide des logiques L, $L_1$, $L_2$, .... Nous pouvons ensuite former $L_{2\omega}$ par rapport à $L_\omega$ de la même manière que $L_\omega$ était lié à L. En procédant ainsi, nous pouvons associer un système de logique avec n'importe quel ordinal constructif. » L'ambition de Turing, comme nous l'avons longuement évoqué dans le livre I, était de réduire asymptotiquement les théorèmes de Gödel en les intégrant dans des systèmes formels à boucles récursives capables de traiter le problème de l'incomplétude. Le développement de l'idée des réseaux neuronaux artificiels se situa dans la continuité théorique des questions soulevées par la thèse de Turing. Dans leur article de 1943 intitulé *A Logical Calculus of the Ideas Immanent in Nervous Activity*, Warren McCulloch et Walter Pitts montrèrent qu'un réseau de neurones formels pouvait, en théorie, simuler une machine de Turing. L'enjeu original et fondamental de ce que nous appelons aujourd'hui l'intelligence

---

[210] Voir à ce sujet Livre I, § 39 – *Jusqu'à quel point l'intelligence peut-elle être mécanisée ?* paragraphe dont nous ne reproduisons ici qu'un court résumé.
[211] Livre I, § 39 – *Jusqu'à quel point l'intelligence peut-elle être mécanisée ?*

artificielle était ainsi de surmonter les problèmes de l'incomplétude des systèmes formels classiques et de réduire asymptotiquement l'intuition à des systèmes calculables (rappelons cette phrase de Turing : « Le raisonnement mathématique peut être considéré plutôt schématiquement comme l'exercice d'une combinaison de deux facultés, que nous pouvons appeler *intuition* et *ingéniosité*[212]. », l'intuition étant la faculté de représentation esthétique non réductible à un système formel, l'ingéniosité étant la capacité à développer un système formel en suivant des règles établies[213]). Prenant acte du fait que certaines étapes de preuves mathématiques n'étaient pas mécaniques, mais intuitives, Alan Turing proposait la résolution de cette tension entre logique mécanique (ou analytique, formelle) et logique intuitive par l'introduction de systèmes logiques « non-constructifs » (utilisation des

---

[212] Alan Turing, *Systems of Logic Based on Ordinals, 1938*, Kings College, Cambridge, p. 214. Concernant la définition de l'ingéniosité, Turing ajoute un peu plus loin : « L'exercice de l'ingéniosité en mathématiques consiste à aider l'intuition à travers des arrangements appropriés de propositions, et éventuellement de figures géométriques ou de dessins. L'objectif est que lorsque ceux-ci sont vraiment bien agencés, la validité des étapes intuitives nécessaires ne puisse sérieusement être mise en doute. », p. 215

[213] Rappelons que Turing ajoute un peu plus loin : « Dans les temps pré-Gödel, certains pensaient qu'il serait probablement possible de pousser ce programme à un tel point que tous les jugements intuitifs en mathématiques pourraient être remplacés par un nombre fini de ces règles. La nécessité de l'intuition serait alors entièrement éliminée. Cependant, dans nos discussions, nous sommes allés à l'extrême opposé et avons éliminé non pas l'intuition mais l'ingéniosité, et ce malgré le fait que notre objectif ait été dans une direction très similaire. »

concepts ordinaux, établissement de règles d'inférence permettant de mimer l'intuition…).

C'est ainsi par les défis induits par les théorèmes de Gödel que, paradoxalement, fut fondée l'informatique moderne. C'est en ce sens aussi grâce à Gödel que l'informatique put évoluer vers une forme de mécanisation des processus intelligents qui conduisit à l'intelligence artificielle. Cependant, en sortant du formalisme strict des processus finis, l'informaticien s'exposait davantage à l'erreur. Ce risque était d'autant plus grand que l'usage des réseaux neuronaux artificiels et des modèles d'apprentissage profonds allait de pair avec l'utilisation de méthodes statistiques propres au traitement de l'information par le cerveau humain (méthodes statistiques qui permettaient une plus grande efficience des processus intelligents, qui fut la clé, par exemple, de l'amélioration considérable des programmes d'échec). Comme le cerveau, les modèles d'intelligence artificielle s'appuyèrent sur des probabilités, des corrélations et des approximations statistiques pour extraire des motifs à partir de vastes ensembles de données, apprendre des relations entre les données, et faire des prédictions. Par conséquent, les erreurs des premiers modèles d'intelligence artificielle furent autant le fait de leur perfectibilité que de leur structure même : l'intelligence étant liée à l'intuition (à la perception imagée de motifs signifiants), elle est aussi fondamentalement liée à l'erreur. C'est pourquoi, dans tout raisonnement de nature scientifique, l'intuition doit pouvoir être corroborée par les faits (c'est ce que nous avons appelé, dans le livre I, l'« effectivité ») ou par un retour critique de nature itérative. Toujours est-il que la capacité que la machine a désormais de se tromper et de changer facilement de niveau systémique la rapproche de l'intelligence autonome des êtres humains. Cette modélisation de l'intelligence par l'implémentation de processus de nature non-formelle finira-t-elle par mettre l'intelligence artificielle sur la voie de la conscience d'elle-même ? C'est-ce que l'on ne peut que difficilement prédire. En l'absence de modélisation d'une sensibilité spécifique de la machine (modélisation de sens et d'un centre unifié de traitement de l'information reçue des sens, modélisation qui est d'ailleurs déjà très avancée) on peut raisonnablement douter du fait que la machine puisse parvenir à une conscience unifiée d'elle-même, et ce d'autant moins si le traitement de l'information est physiquement délocalisé par rapport à la machine elle-même. Rien ne semble s'opposer cependant à ce que le processus d'émergence que nous avons connu pour les êtres vivants (passage de la matière inerte à l'organisme, de l'organisme à sa défense, élaboration du langage, objectivation du langage, apparition des formes d'intelligence supérieures) ne se répète pas avec les machines. L'émergence d'une forme d'intelligence authentique ne se fera cependant qu'à la condition que la machine se comprenne comme entité spécifique aussi bien que comme identité dynamique.

L'intelligence, en tant que produit d'un long processus adaptatif des organismes sensibles que nous sommes, est toujours au service d'un but. L'être est d'abord dit « intelligent » lorsqu'il est capable de s'adapter (plus ou moins rapidement) à une situation donnée et de proposer une ou plusieurs solutions à un problème qui le concerne. Cependant, pour trouver une solution au problème en question, l'être intelligent doit préalablement en être saisi (il faut que le problème devienne *son* problème). Ce saisissement est originellement, pour l'être sensible, une question vitale, une « affaire de vie ou de mort » (comme peut l'être la stratégie d'évitement d'un danger ou d'un prédateur par exemple). Avant de pouvoir répondre à un problème, il faut que l'être sensible y trouve un *intérêt* : le cerveau est d'abord une machine à survivre. Les Grecs ne s'y étaient pas trompés, eux qui avaient noté que la philosophie commençait par l'étonnement[214]. L'étonnement renvoie précisément à ce moment de saisissement du cerveau de l'être évolué qui se trouve face à un phénomène qu'il ne comprend pas et qui peut potentiellement le menacer dans sa propre survie. Le premier pas vers la pensée est ainsi toujours utilitaire : « de tout ce qui est écrit, je n'aime que ce que l'on écrit avec son propre sang. Écris avec du sang et tu apprendras que le sang est esprit », écrivait Nietzsche dans *Ainsi parlait Zarathoustra*. La compréhension du monde ne peut se faire qu'au prix de l'engagement de l'être dans ce qu'il voit, ce qu'il ressent, ce qu'il pense et ce qu'il écrit. L'intelligence est d'abord un mécanisme de défense, une affaire de sang (nous revenons en sommes au dualisme traditionnel entre le sensible et l'intelligible). Cela ne signifie pas pour autant que la pensée soit condamnée à rester intéressée ou utilitaire (l'accès au langage, nous l'avons vu, est aussi un accès à une forme d'objectivité et donc une incitation au dépassement du strict point de vue subjectif, utilitaire,

---

[214] « Car c'est, en effet, l'étonnement qui poussa, comme aujourd'hui, les premiers penseurs aux spéculations philosophiques. », Aristote, *Métaphysique*

ce dépassement n'étant possible que par le *medium* d'un système formel objectif). Cela implique néanmoins que nous nous saisissions comme une organisation sensible, un tout unitaire, cette unité étant précisément ce qui fonde la possibilité de ce que nous avons appelé *identité*.

L'identité est le prolongement signifiant de ce saisissement de l'être sensible comme centre et comme tout unifié — c'est sans doute la raison pour laquelle le processus identitaire, bien qu'ontologiquement dynamique est souvent sociologiquement et historiquement défensif (l'identité comme défense d'un système organisé). L'identité ne se réduit pas cependant à la simple conscience d'un *moi* mais engage une réflexivité supplémentaire : elle est la capacité du sujet à se poser lui-même comme conscience, c'est-à-dire à s'auto-désigner en tant que pôle de représentation et de pensée. Il s'agit ainsi d'une conscience qui s'élève à un degré supérieur (une conscience de niveau $n+1$) par lequel le sujet ne se contente pas de se vivre, mais se saisit explicitement comme instance consciente. Dès lors que cette désignation est effective, se construit dans le sujet l'idée signifiante du *moi*, idée autour de laquelle toute la connaissance rationnelle s'organise (le *moi* est projeté et supposé dans tous les énoncés signifiants : tout énoncé peut ainsi se formuler en y incluant un « je » narratif). L'accès au langage (ou à toute forme de communication formelle, objectivable) est ce qui permet le passage de la conscience simple à la conscience formelle et narrative de soi[215].

---

[215] De nombreuses recherches suggèrent que certains animaux possèdent une forme de conscience de soi, bien que celle-ci soit différente et probablement moins complexe que

L'utilisation du langage n'induit pourtant pas nécessairement l'émergence de la conscience, ni encore moins de la conscience de soi : c'est ce que les modèles d'intelligence artificielle contemporains sont venus

---

celle des humains. La conscience de soi chez les animaux est souvent mesurée à l'aide du test du miroir, qui permet de déterminer leur capacité à se reconnaître dans un reflet. Les animaux qui réussissent ce test démontrent une forme de conscience de soi puisqu'ils reconnaissent leur propre image, ce qui implique un certain degré de compréhension de leur propre existence distincte :

- Les grands singes (chimpanzés, orangs-outans, bonobos, gorilles) réussissent souvent le test du miroir, en touchant une marque placée sur leur corps en se regardant dans le miroir. Cela suggère une certaine capacité à se reconnaître et une compréhension de leur propre existence physique.
- Les dauphins, ont eux aussi, montré des signes de reconnaissance dans le miroir. Ils semblent conscients de leur propre image et font des mouvements pour se voir sous différents angles, ce qui suggère une conscience de leur individualité.
- Les éléphants sont également capables de se reconnaître dans un miroir. Ils utilisent leur trompe pour explorer des marques sur leur corps lorsqu'ils se regardent.
- Certaines espèces d'oiseaux (notamment les corvidés comme les corbeaux et les pies) réussissent le test du miroir et montrent des comportements suggérant une forme de conscience de soi.

La conscience de soi chez ces animaux n'atteint cependant pas le niveau de conscience réflexive que l'on trouve chez les humains, qui implique une capacité à se concevoir comme une entité distincte dans le temps, avec des souvenirs, des intentions, et une réflexion sur leurs propres pensées. Chez les animaux, la conscience de soi semble être davantage une conscience du corps ou de leur présence physique immédiate. Cette conscience est probablement liée à des besoins sociaux ou environnementaux pratiques plutôt qu'à une capacité à formaliser une identité abstraite.

confirmer de manière incontestable. La question que pose l'émergence des modèles d'intelligence artificielle est en fait symétriquement opposée à la question de l'émergence de l'intelligence chez les organismes vivants. Si, pour les êtres vivants, l'interrogation portait essentiellement sur la trajectoire qui allait de l'instinct de survie (défense de l'organisme, instinct de reproduction…) à l'émergence d'une intelligence formelle, en ce qui concerne les modèles intelligents, la question porte désormais sur la trajectoire qui irait potentiellement de l'intelligence formelle à l'émergence d'un instinct de survie qui serait un premier pas vers la construction d'une identité des machines. La distance qui sépare aujourd'hui les machines de la conscience et, encore plus, de la conscience d'«elles-mêmes » (qui se vivra sur le mode d'une conscience identitaire) nous est inconnue. Nous ne savons d'ailleurs pas si le chemin emprunté pour y parvenir est le bon, ni même (et surtout) s'il est souhaitable que nous le poursuivions. Nous savons néanmoins aujourd'hui avec certitude que les réflexions d'Alan Turing fit en partant des problèmes soulevés par les théorèmes révolutionnaires de Gödel devaient mener, un peu moins d'un siècle après leur formulation, à une *effective* et éclatante confirmation.

8.

Je fais souvent ce rêve étrange et pénétrant
D'une femme inconnue, et que j'aime, et qui m'aime,
Et qui n'est, chaque fois, ni tout à fait la même
Ni tout à fait une autre, et m'aime et me comprend.

Paul Verlaine, *Mon rêve familier*

IDENTITE, ET ISOMORPHISME — Imaginons que nous nous trouvions dans un monde où les machines seraient devenues à la fois conscientes d'elles-mêmes et capables de se reproduire « en série », de manière totalement identique (reproduction à l'identique de l'ensemble de leurs composants et de l'ensemble de leurs algorithmes). Que pourrions-nous dire de telles machines ? Formeraient-elles une seule et même machine (la réplication à l'identique entraînant la superposabilité, c'est-à-dire l'unité), ou au contraire, les machines seraient-elles toutes différentes les unes des autres, chacune possédant son identité propre ? Dans *Gödel, Escher Bach, les brins d'une guirlande éternelle* (1979), Douglas Hofstadter, citant le neurophysiologue David Hubel, se pose une question similaire. Lors d'une conférence sur la communication avec des créatures extraterrestres intelligentes, David Hubel déclarait en effet : « le nombre de cellules nerveuses d'un animal tel que le ver de terre s'élèverait, je crois, aux alentours de quelques milliers. Il est très intéressant de noter que l'on peut considérer une cellule particulière d'un ver donné, puis trouver la même cellule, c'est-à-dire la cellule correspondante dans un ver de la même espèce[216] ». Autrement dit, concluait Hofstadter, les cerveaux des vers de terre sont tous isomorphes, et l'on pourrait dire, ajoutait-il, qu'il n'existe qu'un seul ver de terre. Pourrait-on affirmer la même chose de machines émergentes extrêmement complexes, et à plus forte raison des cerveaux humains ?

C'est ici, nous semble-t-il, que les deux problématiques de l'identité (l'*idem*, et l'*ipse*) se rejoignent et se séparent. En effet, si nous supposions deux machines « émergentes », qui auraient la conscience d'elle-même, que se passerait-il au moment où, après s'être identifiées comme sujets pensants, elles étaient mutuellement confrontées à cette autre extériorité pensante qui leur semblerait être « ni tout à fait la même ni tout à fait une autre » ? Sans aucun doute, quelque chose de relativement similaire à ce qu'il se passe lorsque nous, êtres humains, faisons l'expérience de l'autre : la machine se différencierait. Dès lors, en effet, que la machine s'identifie elle-même, elle se considère comme un tout différencié, une entité à défendre. A cet instant précis, l'*idem* se sépare de l'*ipse*. Si les deux machines sont superposables, elles ne peuvent pas occuper le même espace (c'est le principe d'exclusion de Pauli), elles ne sont donc jamais strictement « les mêmes » (leur position dans l'espace, et par conséquent, leur histoire est originellement différente). C'est la raison pour laquelle nous pouvons affirmer que les machines seront identitairement divergentes malgré une similarité originelle (*idem*). A partir du moment où l'ipséité se saisit comme telle, le ver est dans le fruit (sans mauvais

---

[216] Op. Cit., p. 382. La citation de David Hubel est tirée de Carl Sagan, ed. *Communication with Extraterrestial Intelligence*, p. 78

jeu mot). La problématique de l'isomorphisme identitaire, pour les machines complexes et émergentes, ne diffère pas de celle de la gémellité humaine. Si nous supposions que des jumeaux strictement identiques du point de vue cellulaire puissent exister, il se passerait exactement ce qu'il se passe pour les vrais jumeaux : en dépit de leur isomorphisme, chaque jumeau s'identifierait lui-même dans son unité. A partir de cette prise de conscience unitaire se développerait l'histoire de chacun des jumeaux (comme se développe l'histoire de chacun de nous), une histoire qui serait assignée par chacun des jumeaux à leur identité propre (*ipse*) et qui les différencierait psychiquement et physiquement. L'identité (*ipse*) est ainsi le résultat d'une assignation signifiante : une idée que le sujet se fait de lui-même, à lui-même. C'est ce processus d'assignation signifiante qui sépare les vers de terre isomorphes des êtres sensibles isomorphes, complexes, capables de faire l'expérience signifiante du réel et du langage (ce dont, *a priori*, ne sont pas capables les vers de terre).

## 9.

Madame, sous vos pieds, dans l'ombre, un homme est là
Qui vous aime, perdu dans la nuit qui le voile ;
Qui souffre, ver de terre amoureux d'une étoile ;
Qui pour vous donnera son âme, s'il le faut ;
Et qui se meurt en bas quand vous brillez en haut.

Victor Hugo, *Ruy Blas*, Acte II, Scène II

DIVAGATIONS MATERIALISTES — Au IV<sup>ème</sup> siècle, le Cappadocien Grégoire de Nysse, théologien et philosophe chrétien, eut une intuition qui, si elle trouvait son origine dans les Ecritures, s'écartait néanmoins du strict *corpus* doctrinal de l'Eglise : à la fin des temps, toute la création, y compris les âmes éloignées de leur Créateur devait, selon Grégoire, être restaurée en Dieu, à son état initial. C'est ce que le théologien appela « l'Apocatastase », du grec ancien ἀποκατάστασις (apokatástasis), qui signifiait littéralement « restauration », « réintégration » ou « retour à l'état originel ». L'Apocatastase s'enracinait chez Grégoire dans une vision dynamique du temps et de l'existence. Selon lui, Dieu, en tant qu'absolu de bonté et d'amour, ne pouvait permettre qu'une partie de sa création reste à jamais séparée de lui. Ainsi, toute faute, toute déviance de l'ordre divin, tout éloignement de l'âme devait être temporaire et destiné à être corrigé. Même les âmes damnées ou les êtres marqués par le mal ne pouvaient être condamnés à une perdition éternelle. Elles devaient ainsi, selon Grégoire, traverser une phase de purification, une sorte de refonte spirituelle, qui les préparerait à réintégrer l'harmonie originelle. Grégoire emprunta en réalité cette idée au néoplatonisme : ce qui est éloigné de l'Être (Dieu) ne peut se maintenir indéfiniment et tend naturellement à retourner à son origine. L'univers lui-même était ainsi vu comme un cycle dans lequel chaque chose, après avoir été abîmée, devait revenir à sa perfection initiale. Pour Grégoire, le retour des choses à leur état initial n'avait cependant rien de mécanique. Ce n'était pas une simple répétition du même, mais un « éternel refaire ». Tout mal, toute souffrance, toute séparation devaient être absorbés et transcendés dans l'amour divin. Ce retour ultime s'accomplissait dans l'*eschaton*, le moment final où, selon l'apôtre Paul (1 Corinthiens 15:28), « Dieu sera tout en tous ». Le retour à l'état initial était ainsi une victoire absolue sur le chaos, une refonte du cosmos entier. Considérée comme incompatible avec la doctrine du jugement éternel, la doctrine de Grégoire de Nysse fut en partie condamnée lors du Concile de Constantinople II (553). Elle continua néanmoins de fasciner une partie de la chrétienté qui se retrouvait dans la vision optimiste de Grégoire de Nysse : rien n'est irrémédiable, tout peut être refait, restauré, ramené à la lumière.

Ce qui nous frappe dans cette doctrine est son attachement à la matière, attachement qui pourrait sembler particulièrement inhabituel dans les théologies. Pour Grégoire de Nysse, la fin des temps n'est pas de nature spirituelle : il ne s'agit pas d'un paradis éthéré dans lequel la matière serait dissoute dans l'idée. Au contraire, l'histoire est répétition d'un cycle matériel (nous retrouvons d'ailleurs cette idée dans le *Credo* (dès les premiers siècles du christianisme — II$^{ème}$ à III$^{ème}$ siècle, le *Credo* contient déjà l'affirmation « je crois à la résurrection de la chair », les premières mentions de la résurrection de la chair apparaissent d'ailleurs dans le

Nouveau Testament, notamment dans les Épîtres de Paul et les Évangiles). Cette idée de transcendance matérielle peut à son tour être rapprochée de la conception nietzschéenne de l'éternel qui présente elle-même des similitudes avec les idées du matérialiste révolutionnaire Auguste Blanqui (même si l'influence de Blanqui sur Nietzsche n'a vraisemblablement pas pu être établie). Dans *L'Eternité par les astres* (1872), Auguste Blanqui ne traite pas l'éternel retour comme une hypothèse existentielle ou métaphysique, mais comme une conséquence logique de son interprétation des lois de l'univers. Il affirme que, dans un univers infini, mais composé d'un nombre fini d'atomes et de combinaisons possibles, les configurations des astres et des événements se répètent indéfiniment. Les planètes, étoiles et galaxies se recomposent en cycles infinis, entraînant la répétition exacte des mondes et des vies. Blanqui propose ainsi une vision totalement déterministe de l'existence. Tout ce qui s'est produit sur Terre (y compris chaque détail de la vie humaine) s'est déjà produit ailleurs et se reproduira à l'identique un nombre infini de fois. Même si Nietzsche ne reprend pas tout à fait les présupposés matérialistes de Blanqui (ni sa démarche présentée comme rationaliste), il conserve l'idée selon laquelle le temps et l'existence sont cycliques, sans commencement ni fin : tout ce qui a lieu, chaque événement, chaque action, est destiné à se répéter à l'identique, éternellement, dans une boucle infinie. Nietzsche propose cette hypothèse non comme une vérité scientifique prouvée, mais comme un principe métaphysique et poétique, une perspective radicale sur l'existence. C'est d'après cette hypothèse cosmique de l'éternel retour que Nietzsche pense son concept d'*amor fati* et qu'il fait de la pensée de l'éternel retour un test pour l'existence humaine (« Si cette pensée prenait pouvoir sur toi, elle te métamorphoserait, peut-être, mais elle t'écraserait aussi ; la question à chaque chose "Veux-tu ceci encore une fois et d'innombrables fois ?" pèserait sur tes actions comme le plus lourd des poids »). La conception nietzschéenne de l'éternel retour, à l'image d'ailleurs de celle d'Auguste Blanqui est une approche convergente du retour : d'après Nietzsche et Blanqui, tout est destiné à se répéter éternellement, *à l'identique*. En cela, elle diffère de la conception de Grégoire de Nysse, selon qui le retour n'est pas une répétition à l'identique, mais un éternel « refaire », une répétition *divergente*. Dans le cas de l'éternel retour, nous supposons que les combinaisons qui nous ont vu naitre se reproduisent indéfiniment : l'univers donne indéfiniment et infiniment naissance à des copies de nous-mêmes. Mais ces innombrables et infinies copies sont-elles vraiment « nous-même » ? L'isomorphisme implique-t-il nécessairement l'identité (une identité qui émergerait de la matière) ?

Dans notre expérience de pensée précédente, (impliquant deux machines similaires accédant à la conscience), nous avons vu que ce n'était pas toujours le cas : dès que les machines prennent conscience d'elles-mêmes, elles se différencient (elles n'ont pas, pour le dire autrement, de « conscience commune »), de la même manière que des jumeaux même biologiquement identiques se particulariseraient. La conscience de soi est un phénomène à la fois synthétique et unitaire : elle rassemble le divers des intuitions, des expériences, des sensations à une unité *idéelle* (*je* ou même *nous*, le *nous* étant aussi une synthèse unitaire du divers). Ainsi, si les combinaisons qui ont vu naître le même ver de terre venaient à se répéter, nous pourrions sans doute affirmer avec Nietzsche que le ver de terre serait « identique » (dans le sens de *idem*, l'*ipse* du ver de terre étant inexistante). La question se pose néanmoins un peu différemment pour les vers de terre particuliers que nous sommes, vers de terre amoureux de l'étoile, ayant la capacité à se faire une idée d'eux-mêmes, du monde et des astres. Dès lors que nous parvenons à l'état de conscience de nous-même (état de conscience qui est sans aucun doute observable physiquement, mais qui ne se réduit pas à cette observation physique, qui la dépasse entièrement puisqu'elle correspond au moment de la création d'une boucle potentiellement infinie qui est celle du retour sur soi, en permanence renouvelé par l'expérience des choses — ce que nous appelons la pensée), nous modifiions irrémédiablement le cours des choses dans un sens qui devient moins prévisible (c'est ce que nous avons appelé autonomie, liberté dans le livre I voir § 19 — *Les degrés de liberté*). Ainsi, la répétition de nous-mêmes (*idem*), être sensibles, intelligents et conscients, n'induit-elle pas nécessairement la répétition du même *moi*, celui qui prend conscience de lui-même (*ipse*). Nous pourrions cependant tout à fait arguer du fait que, même si l'*ipse* en tant que phénomène résultant de la prise de conscience de soi (de la capacité à se percevoir et à se raconter comme *je*) est par nature divergent (différenciant), il pourrait néanmoins, dans une vision cyclique et éternelle de l'univers, se répéter lui-même une infinité de fois (dans des circonstances parfaitement identiques : avoir les mêmes pensées, commettre les mêmes actions, vivre la même histoire, de la même manière). Serait-ce pour autant le même *moi* qui s'éveillerait à plusieurs trillions d'années d'écart ? Suis-je moi-même en train de terminer ce livre pour la millième fois ? Ce sont là d'anciens débats métaphysiques auxquels nous ne pouvons répondre avec certitude. La question de la permanence et de la continuité de la conscience de soi peut s'illustrer par le paradoxe du téléporteur : si un téléporteur désintégrait votre corps pour en créer un nouveau ailleurs, serait-ce un transport ou une copie ? Si votre conscience était interrompue et qu'un « nouveau vous » était créé, ce dernier serait-il une continuation de votre *moi* initial (le *moi* qui a été désintégré, irrévocablement détruit) ? Pour les observateurs extérieurs, le « nouveau vous » semblerait identique en tout point à l'ancien. Mais serait-ce bien « vous » qui continuerait d'habiter et d'animer ce corps ? Que se passerait-il désormais si, au lieu de détruire votre *vous* original, on en construisait une copie identique, ailleurs ? Lequel des deux serait le vrai « vous » et selon quels critères différenciants ? Si, dans le cas de copies successives du *moi*, on pourrait aisément arguer du fait, en se reposant sur notre expérience de pensée précédente, que les identités divergeraient immédiatement dès lors que les copies prendraient (ou reprendraient) conscience d'elles-mêmes, le problème est plus délicat dans le cas d'une théorique téléportation avec « désintégration » de l'original. D'un point de vue strictement observationnel, il n'y a pas de raison de douter que le « vous » recréé ne serait pas le vous « original » : il vous serait identique en tout point, verrait comme vous, penserait comme vous, aurait la même histoire que vous, aurait conscience de lui comme vous. En un mot, lui, c'est vous et vous, c'est lui. Le dualisme *radical* que nous avons défendu n'implique pas nécessairement une séparation du corps et de l'âme, mais plutôt une différenciation entre ce qui relève strictement de la matière et ce qui dépasse la simple matière (ce qu'il est en somme contradictoire de considérer uniquement comme de la matière, comme nous nous sommes attachés à le montrer dans le livre I). Nous ne nions pas que la sensibilité, la conscience ou la raison soient des facultés émergentes de la matière. Nous nions cependant fermement qu'elles puissent s'y réduire (qu'elles puissent s'expliquer uniquement par la matière, en cercle fermé). L'identité, elle aussi, sans se réduire à la matière, en est une propriété émergente. Nous n'avons ainsi pas de raison de douter *a priori* qu'un assemblage matériel parfaitement identique puisse faire émerger une même identité (*ipse* et *idem*) et donner au sujet l'illusion d'une continuité identitaire (cette continuité dont nous faisons l'expérience lorsque nous passons du sommeil à l'état de veille, ou lorsque nous nous réveillons d'une anesthésie sans rêves). De la même manière, si nous parvenions demain à réactiver avec succès les cellules organisme qui aurait été cryogénisé (comme cela a été fait avec succès pour des bactéries et des virus, réactivés après des milliers d'années de gel), nous ne nous poserions sans doute pas la question de la continuité de l'identité de la personne réanimée (si tant est qu'elle parvienne à remettre ses idées en place…). Si nous acceptions cette théorie selon laquelle au sein d'un univers et d'un temps infini, les combinaisons de particules finies qui nous ont vu naître réapparaitront une infinité de fois, quoique de matière fort discontinue[217], il nous serait alors permis de donner crédit à l'idée selon laquelle notre mort serait

---

[217] L'hypothèse que nous proposons peut être analysée mathématiquement en s'appuyant sur le principe des tiroirs de Dirichlet et sur des notions de combinatoire.
Hypothèses de départ : l'univers spatial s'étend à l'infini. L'univers contient un nombre fini de particules. Les particules peuvent être arrangées dans différentes configurations finies, qui dépendent de leur position ou de leur état.
La question est de savoir si, dans un espace infini, mais avec un nombre fini de particules et d'états possibles, toutes les configurations finissent par se répéter.
Analyse mathématique
Nombre de configurations possibles : si chaque particule peut avoir $N$ états possibles (par exemple, une position discrète ou un état quantique) et qu'il y a $k$ particules, alors le nombre total de configurations possibles est : $N^k$
Ce nombre est fini puisqu'à la fois $N$ et $k$ sont finis.
Principe des tiroirs : si nous essayons de placer un nombre infini d'objets (les arrangements successifs des particules) dans un nombre fini de « tiroirs » (les configurations possibles des particules), alors chaque tiroir doit être rempli un nombre infini de fois. Autrement dit, les configurations doivent se répéter à un moment donné.
Résultat : si nous suivons l'évolution des configurations des particules dans un espace infini sur une durée infinie, les configurations doivent nécessairement se répéter à cause de la finitude des possibilités. Ce principe est souvent invoqué dans des contextes tels que le théorème de Poincaré sur les retours (en mécanique classique) ou des considérations d'univers infinis, mais discrétisés.
Limitations et nuances
Temps pour la répétition : si les particules évoluent de manière aléatoire ou suivent des lois complexes, la durée avant la répétition peut être extrêmement longue, voire pratiquement inaccessible à l'échelle humaine ou cosmique (mais nous avons vu que la durée n'importe pas dans notre cas, dans la mesure où nous ne sommes pas là pour la sentir).

Structure spatiale : la répétition suppose que l'espace infini n'introduise pas de nouvelle contrainte (par exemple, l'apparition d'une infinité de nouvelles particules ou de nouvelles dimensions de liberté).

Mécanismes physiques : les lois physiques réelles pourraient empêcher la réalisation de toutes les combinaisons possibles, même si elles sont mathématiquement envisageables.

Le patrimoine génétique d'un être vivant peut être modélisé comme une séquence finie de bases nucléiques (ADN), chacune pouvant être dans un nombre fini d'états possibles (A, T, C, G). Si l'on considère $L$ comme la longueur totale du génome, le nombre total de combinaisons possibles est de $4^L$ (avec 4 bases possibles par position). Même si $L$ est très grand (par exemple $3 \times 10^9$ pour l'humain), ce nombre reste fini. Dans un univers infini, chaque combinaison possible d'un génome humain (ou d'un être vivant donné) correspond à un « état » dans l'ensemble fini $4^L$. Si les particules de l'univers continuent à évoluer de manière aléatoire ou déterministe, alors toutes les combinaisons possibles des génomes doivent se produire un nombre infini de fois, y compris les combinaisons extrêmement complexes qui aboutissent à un être vivant donné.

Dans un univers infini, même si on autorise un raffinement infini des états possibles, comme dans un espace continu (au lieu de discret), la répétition peut encore survenir, mais selon un cadre légèrement différent. Si les états possibles forment un ensemble infini dénombrable (par exemple, $N$), alors toute série infinie associée aux configurations d'états converge nécessairement vers une forme de récurrence statistique, grâce au théorème de Poincaré (en dynamique des systèmes). Dans un espace infini non dénombrable (continu, comme $R$), les répétitions sont plus subtiles, mais elles apparaissent souvent sous forme de cycles ou de comportements asymptotiques (selon la physique sous-jacente).

Rôles des séries divergentes en physique : certaines séries divergentes apparaissent en physique pour modéliser des phénomènes comme l'énergie infinie (par exemple, l'énergie du vide quantique) ou la croissance infinie. Mais ces séries divergentes concernent des quantités physiques spécifiques (énergie, entropie), non pas la combinatoire des configurations, mais leur comportement dans le temps ou l'espace. Ainsi, même si des séries divergentes émergent dans certains contextes théoriques, elles n'empêchent pas la répétition des configurations dans un univers où les combinaisons possibles des particules restent finies.

Création de nouvelles particules : si l'univers génère des particules supplémentaires, cela modifie le nombre total de particules disponibles au fil du temps, ce qui affecte le nombre total de combinaisons possibles. Plus il y a de particules, plus le nombre de configurations augmente. Mais, à tout instant donné, le nombre de combinaisons reste fini, car il y a un nombre fini de particules et un nombre fini d'états possibles pour chacune d'elles.

Si le nombre de particules augmente indéfiniment, mais reste fini à chaque instant $t$, le nombre total de combinaisons possibles augmente, mais toujours à un rythme contrôlé. Supposons qu'à chaque instant $t$, il y ait $N_t$ particules dans l'univers et que chaque particule puisse exister dans $k$ états distincts. Le nombre total de combinaisons possibles à cet instant est : $k^{N_t}$ où $N_t$ augmente avec le temps. Tant que $N_t$ reste fini à tout moment, chaque ensemble $k^{N_t}$ est fini, ce qui signifie que les configurations observables à un moment donné peuvent toujours se répéter dans le cadre de cet ensemble.

La croissance continue de $N_t$ pourrait cependant ralentir la fréquence des répétitions : si le nombre total de combinaisons possibles devient si vaste à un moment donné que la probabilité d'une configuration spécifique est négligeable, la répétition pourrait devenir « pratiquement inobservable », bien qu'elle reste mathématiquement certaine.

Cas particulier des particules créées aléatoirement avec des configurations aléatoires : si les particules nouvelles sont créées avec des états choisis au hasard parmi un ensemble fini, alors ces nouvelles configurations peuvent reconstituer des configurations déjà existantes, car les nouvelles particules augmentent seulement la « taille de l'univers combinatoire ». Même avec des créations aléatoires et continues, la répétition se produit nécessairement au bout d'un temps suffisant.

Temps cosmologique : le temps requis pour une telle répétition pourrait être si long qu'il dépasse l'échelle de la durabilité de l'univers observable (par exemple, le problème de l'expansion accélérée). Cependant, dans un univers infini où le temps et l'espace n'ont pas de limites strictes, ces barrières deviennent théoriquement insignifiantes.

Hypothèse du « Game over » : un tel scénario implique que les lois fondamentales de l'univers limitent ou arrêtent le processus de réarrangement des particules à un moment donné. Cela pourrait se produire en raison de contraintes physiques irréversibles, comme une perte totale d'énergie utilisable, une expansion infinie, ou la destruction de toute structure organisationnelle.

Scénarios scientifiques possibles pour un « game over » :
1. La mort thermique de l'univers : ce scénario repose sur l'augmentation inévitable de l'entropie selon la deuxième loi de la thermodynamique. L'énergie utilisable se dissipe progressivement, rendant toute transformation physique ou chimique impossible. L'univers atteint alors un état d'équilibre dans lequel plus aucun processus structurant (comme la formation d'étoiles, de planètes ou d'organismes vivants) n'est possible. L'univers devient homogène, froid et statique, bien qu'il puisse rester spatialement infini. Ce scénario ne dépend pas forcément de l'accélération de l'expansion de l'univers, mais plutôt du simple fait que toute forme d'énergie exploitable finira par s'épuiser.

    En conséquence, plus aucun réarrangement significatif des particules ne serait possible, ce qui signifierait une sorte de « fin du jeu ». Même si l'espace reste infini, il n'y aurait plus de processus susceptibles de recréer des configurations complexes comme la Terre ou un être humain.

2. L'expansion infinie (*Big Freeze*) : Ce scénario est lié spécifiquement à l'accélération de l'expansion cosmique due à l'énergie sombre. Si cette expansion se poursuit, les galaxies et les particules finiront par s'éloigner les unes des autres à un rythme tel que plus aucune interaction ne sera possible. Contrairement à la mort thermique, où l'univers

*immédiatement* suivie de notre naissance : notre conscience étant une propriété émergente d'un certain arrangement de la matière, elle ne percevrait pas le temps en dehors de cet arrangement, si bien que, de notre point de vue (à supposer que notre point de vue réémerge identiquement de l'identité matérielle qui l'a engendré), les trillons de milliards d'années qui se seraient passées entre notre mort et notre nouvelle naissance, dans un monde parfaitement identique à

---

      devient homogène par dissipation de l'énergie, ici l'univers devient un espace totalement dilué et vide. La différence majeure est donc que dans le *Big Freeze*, les structures se désagrègent en raison de la séparation infinie des particules, tandis que dans la mort thermique, elles deviennent simplement inertes faute d'énergie exploitable. En conséquence, l'univers devient un espace vide et dilué, incapable d'engendrer de nouvelles structures.

3. Le *Big Crunch* ou *Big Bounce* : Si l'expansion de l'univers s'inverse (hypothèse qui semble moins probable aujourd'hui), tout pourrait s'effondrer en un seul point dans un *Big Crunch*. En conséquence, toutes les structures disparaîtraient dans cette singularité, marquant la fin de notre univers. Cependant, certaines théories (comme celles du *Big Bounce*) envisagent qu'un nouvel univers pourrait émerger de cet effondrement, initiant un nouveau « jeu ».

4. La dégradation des particules fondamentales : si les particules elles-mêmes, comme les protons, finissent par se désintégrer (hypothèse de certaines théories sur la grande unification), alors toutes les structures matérielles cesseraient d'exister. En conséquence, même un univers infini en espace et en temps n'aurait plus de matière pour former des configurations complexes.

Bref, l'éternité n'est pas garantie.

celui qui nous a vu naître pour la « première fois » nous apparaitraient comme un « instant de raison ». Par un curieux retournement des choses, le matérialisme rejoint ici la doctrine idéaliste des âmes éternelles (doctrine dont nous trouvons de multiples formulations à travers l'histoire de l'Egypte Antique, des civilisations mésopotamiennes, des Védas, du zoroastrisme, de la Grèce Antique, du judaïsme, de la chrétienté…). Ici commencent les spéculations les plus fascinantes et les plus hasardeuses sur la place et le destin de l'homme dans ce grand cosmos dont il n'est qu'une si petite part, ici aussi, au seuil de ces questions passionnantes et décisives, s'achève notre philosophie.

# LIVRE II : LA MUSIQUE DE L'ETRE

| | |
|---|---:|
| **INTRODUCTION** | **9** |
| | |
| **LA MUSIQUE DU POINT DE VUE MATERIALISTE** | **12** |
|   QU'EST-CE QUE L'ESTHETIQUE DU POINT DE VUE MONISTE ? | 12 |
|   LA MUSIQUE EST-ELLE LE FRUIT D'UN PROCESSUS EVOLUTIF DARWINIEN ? | 18 |
|     L'EVOLUTION EN MUSIQUE | 18 |
|     LA MUSIQUE ET LE HASARD | 29 |
| | |
| **Y A-T-IL UNE VERITE MUSICALE ?** | **37** |
|   LA LEGISLATION A L'ŒUVRE : LA MUSIQUE EST-ELLE UN FORMALISME ? | 37 |
|     LA MUSIQUE COMME STRUCTURE DE L'ESSENCE NUMERALE DU MONDE | 37 |
|     A LA RECHERCHE DE LA FORME | 51 |
|     LA MUSIQUE COMME RENOUVELLEMENT ET DEPASSEMENT DE LA FORME | 61 |
|   UNE VERITE SANS CORRESPONDANCE | 70 |
|     L'ART EST MIMESIS SANS OBJET | 70 |
|     COMPOSITION OU RECHERCHE DU BEAU ? | 78 |
| | |
| **LA MUSIQUE OU LE LANGAGE DE L'ETRE** | **85** |
|   MUSIQUE ET SIGNIFICATION | 86 |
|     LA MUSIQUE COMME RESEAU DE SIGNIFICATIONS | 86 |
|     HISTORICITE DE LA MUSIQUE | 97 |
|     LIBERTE ET CREATION | 105 |
|     CREATION ET FORMALISME | 106 |
|   LA MUSIQUE COMME CIRCULATION ENTRE LES ETAGES DE SENS | 110 |
|     LA MUSIQUE EST D'EMBLEE A ETAGES | 110 |
|     LA CIRCULATION ENTRE LES ETAGES DE SENS | 111 |
|     DEPASSEMENT DES FORMES ET DEPASSEMENT DES NIVEAUX | 112 |
|     CRISE DE LA CREATION | 117 |
|   LA MUSIQUE ET LE TEMPS | 118 |
|     LA MUSIQUE ET LA DUREE | 118 |
|     LA MUSIQUE ET L'ATTENTE | 124 |
|     RUPTURE ET NARRATION | 130 |
|     LA MUSIQUE ET LES DIMENSIONS FONDAMENTALES DE L'ETRE | 141 |

| | |
|---|---:|
| **LA MUSIQUE COMME SEPARATION INTERNE** | **143** |
|    **L'ART COMME RESOLUTION D'UN CONFLIT INTERNE** | 143 |
|       QUELLE EST LA NATURE DU CONFLIT ? | 143 |
|    **LE RETOUR SUR SOI – LA SEPARATION DU *MOI* EN DEUX** | 157 |
|       MUSIQUE ET FORMALISME : L'IMAGINATION ET LA CRITIQUE | 157 |
|       L'ART COMME « PRE-LOGOS » | 159 |
|    **L'ART COMME JEU - DISCOURS DECALE SUR LE REEL : L'IRONIE** | 170 |
| | |
| **L'ART COMME HUMANISME TRANSUBJECTIF – L'AUTRE CORRESPONDANCE – RELIGIO** | **184** |
|    **ART ET COMMUNAUTE** | 184 |
|       ART ET RELIGION | 184 |
|       HISTORICISME DE L'ART, HISTORICISME DE LA MUSIQUE | 187 |
|    **UNIVERSALISME DE L'ART – UNIVERSALISME DE LA MORT** | 190 |
|       MOI AUSSI JE SUIS EN ARCADIE | 190 |
|       MUSIQUE ET ORPHISME | 198 |
|       MUSIQUE ET LOI MORALE | 201 |
| | |
| **QU'EST-CE QUE LA CONNAISSANCE ESTHETIQUE : DU SUBJECTIF A L'OBJECTIF** | **207** |
|       MUSIQUE ET CONNAISSANCE : LE TRAGIQUE | 207 |
|       LE BEAU ET LE VRAI | 212 |
|       LA METAPHORE EST-ELLE PRODUCTRICE DE CON-NAISSANCE ? | 218 |
|       LE BEAU EST-IL SUBJECTIF OU OBJECTIF ? | 222 |

# LIVRE III : LA QUESTION DE L'AUTRE

| | |
|---|---|
| **INTRODUCTION** | **231** |
| | |
| **MORALE VS. UTILITARISME DARWINISTE – LES IMPASSES DU MONISME** | **237** |
|    **LES LIMITES DU MATERIALISME** | 237 |
|       LES PETITIONS DE PRINCIPE DU BEHAVIORISME | 237 |
|       LES PARADOXES DU NEODARWINISME MORAL | 242 |
|       RELATIVISME MORAL, RELATIVISME SCIENTIFIQUE | 245 |
|       CRITIQUE DES NEUROSCIENCES | 246 |
|    **LA REPONSE A LA QUESTION ETHIQUE A L'INTERIEUR DU MATERIALISME** | 251 |
|       INSATISFACTIONS LIEES A LA REPONSE QUANTIQUE | 251 |
|       LA VOLONTE PEUT-ELLE ETRE LIBRE ? | 254 |
| | |
| **MORALE OU SEPARATION INTERNE DE LA CONSCIENCE, DUALITE DE L'HOMME** | **269** |
|    BILATERALITE DE L'ETHIQUE : LA PROMESSE | 269 |
|    UNE MORALE DE L'ACTION | 276 |
|    LA QUESTION DU CONTENU DE LA MORALE | 280 |
| | |
| **UNE ESTHETIQUE DE LA MORALE ?** | **288** |
|    L'OBJECTIVITE DE LA MORALE | 288 |
|    MORALE ET HARMONIE | 292 |
|    GENIE DE LA MORALE | 297 |

# LIVRE IV : QUI SUIS-JE ?

| | |
|---|---|
| **INTRODUCTION** | **307** |
| | |
| **L'IDENTITE COMME RASSEMBLEMENT SIGNIFIANT** | **310** |
|    **IDENTITE COMME RETOUR SIGNIFIANT SUR SOI** | 310 |
|    **L'IDENTITE COMME PROJECTION DU *MOI*** | 315 |
| | |
| **IDENTITE ET OUVERTURE : *MOI* ET DUALITE** | **324** |
|    **IDENTITE ET HISTOIRE** | 324 |
|    **L'IDENTIQUE ET LE DISSEMBLABLE** | 336 |
|    **ART ET IDENTITE** | 340 |
| | |
| **IDENTITE ET FORMALISME** | **343** |
|    **DYNAMIQUE DU DUALISME RADICAL** | 343 |
|    **LA MACHINE PEUT-ELLE AVOIR CONSCIENCE D'ELLE-MEME ?** | 350 |
|       IDENTITE, INTELLIGENCE ET CONSCIENCE | 350 |
|       IDENTITE, ET ISOMORPHISME | 366 |
|       DIVAGATIONS MATERIALISTES | 369 |

© 2025 Geoffroy de Clisson
Édition : BoD · Books on Demand,
31 avenue Saint-Rémy,
57600 Forbach,
bod@bod.fr
Impression : Libri Plureos GmbH,
Friedensallee 273,
22763 Hamburg (Allemagne)
ISBN : 978-2-3225-5371-6
Dépôt légal : Avril 2025